伊藤塾 合格セレクション

司法試験・予備試験

[第2版]

短答式過去問題集

民事訴訟法

伊藤 真 監修・伊藤塾 編

日本評論社

第2版　はしがき

introduction

　本書の初版を出版してから僅か1年余りではありますが、多くの受験生に利用していただき、幸い好評を得ることができました。そこで、更に受験生の便宜を図るため、憲法、民法、刑法に続き、第2版を刊行することとしました。

　手続法である民事訴訟法の学習においては、手続の全体像を把握するとともに、重要な基本概念を定義も含めて理解することが不可欠です。民事訴訟法の概念はイメージが持ちにくい場合も多いですが、本書に登載された問題の演習が理解の手助けとなることでしょう。また、他の科目と同様に条文・判例知識の習得も重要です。

　そこで、受験生が限られた学習時間を使って、効率よく必要な知識を習得できるよう、改めて構成の見直しを行いました。

　第2版における主な変更点は、以下のとおりです。

1　2022（令和4）年の予備試験の問題を収録

　初版と同様の問題選定基準に従い、初版出版後に実施された、2022（令和4）年の予備試験の問題を新たに収録しました。

　さらに、これらの問題に対応した **CORE PLUS** を新たに追加し、最新の試験傾向に沿った知識を習得できるようにしました。

2　登載する **CORE TRAINING** の見直し

　CORE TRAINING として登載する問題を直近12年分に絞り、それ以前の問題については原則として登載しないことにしました。受験生にとって本当に必要な問題だけを収録し、全体のボリュームを抑えることによって、限られた学習時間を効率よく使ってもらうためです。

　ただし、特定分野における登載問題が極端に少なくなる場合や、学習上重要であることが認められる場合には、13年以上前の問題であっても掲載しています。

3　法改正等の新しい情報を追加

　初版の刊行後に出た判例や法改正などの新しい情報を盛り込みました。これによって、最新の知識も得られます。

　なお、法改正に関しては、未施行のものも含まれているため、凡例（xxi頁）を参

i

照のうえ、受験する年に沿った使い方をしてください。

　今回の改訂にあたっては、2022年司法試験に優秀な成績で合格された香西佑樹さん
を始めとして、亀井直哉さん、外久保海さんに、その実力とノウハウを惜しみなく本
書に注いでいただきました。また、伊藤塾の書籍出版において従前から貢献していた
だいている近藤俊之氏（54期修習）と永野達也氏（新65期）にご助力いただきました。
そして、伊藤塾の誇るスタッフと日本評論社のご協力を得て、初めて刊行することが
できました。ここに改めて感謝いたします。

　2022年12月

伊藤　真

はしがき

introduction

　この「合格セレクションシリーズ」の刊行を開始した2020年は、Covid-19が世界中で猛威を振るい、地球が有限である以上に、私たちの命も有限であることを強く認識させられ、当たり前と思っていたことが当たり前でなくなる現実を目の当たりにして、精一杯生きる一日一日の大切さを痛感しました。

　こうしたなかで、新型コロナ禍で可処分時間が増えたことをむしろチャンスと捉え、伊藤塾で勉強を開始して将来に備えようとする受験生が増えたことは、とても頼もしく思えました。今後も何が起こるか予測もつかない未来に向かって、外部環境の変化に振り回されないだけの自己資源を蓄える準備を着々と進めていくことは、自分の中の不安に打ち勝つ克己心がないとできないことです。

　短答式試験は、予備試験において最初に通過しなければいけない関門です。伊藤塾は、これまで合格するためのノウハウを出し惜しみしないという方針で進化し続け、圧倒的な合格実績を出し続けてきました。本シリーズにおいては、短答式試験に特化して、そのノウハウを公開します。

　短答式試験の学習において受験生が直面する問題に向き合って制作したものですから、短答式試験の学習に苦しさを感じている受験生は、是非一度手に取って学習してほしいと思います。

1　はじめに

　司法試験・予備試験受験者にとって、短答式試験は論文式試験と同じ、あるいはそれ以上の重要性を持っています。

　短答式試験の勉強をするにあたって、短答式試験の過去問や一問一答形式の問題をただひたすらに解き続けても、なかなか新規の問題の正答率があがらないとか、他の勉強や仕事との兼ね合いで短答式試験の過去問すべてに触れる時間が取れなくなっているという悩みを持っている人も多いことでしょう。2011（平成23）年から始まった予備試験は既に12回目となるため、過去問は毎年蓄積され、年を追うほどに、過去問をすべて解いて短答式試験の対策を行うという方法は採りづらくなってきています。

　本書は、短答式試験で高得点を取りたいとか、短答式試験の勉強を開始したばかりという受験生の勉強のツールとして役立つのはもちろんのこと、ひたすらに短答式試験の過去問を解き続けていたが成績があがらず、勉強法に悩みを抱えていたり、短答式試験の過去問をすべて解くには時間的余裕がないという悩みを抱えている受験生に向けて、構成に工夫をほどこして、効率よく、最速で短答式試験に合格するための道

しるべとなるものです。

2 本書の特長

【1】 厳選した過去問と工夫を施した解説

短答式試験の過去問は年々増加する一方なので、すべての問題で問われた知識を遮二無二理解して記憶しようとすれば、膨大な時間がかかってしまいます。しかし、実は毎年のように問われている問題も多く、合格のために最低限必要な知識は限られているのです。それらの知識は限られた数の過去問を解き、理解することで身に付けることができます。そこで、効率よく合格に必要な知識を身に付けられるよう、本書には創意工夫を施しています。

まず、短答式試験の実践的な学習をしたい受験生のために、直近12年分の司法試験及び予備試験問題のなかから、司法試験受験者の正答率が約80パーセント以上の問題、また、予備試験受験者の正答率が65パーセント以上の問題を、法改正のない限りそのまま掲載しました。以下では、そのまま収録した問題を「フル問題」と記述します。なお、受験者の正答率に関しては、伊藤塾が毎年本試験後に行っている解答調査を基準としています。

フル問題は、受験生の多くが解答できている問題であり、問われている知識も基礎的な知識であることが多いです。また、こうした基礎知識は短答式試験において頻繁に出題される傾向があります。受験生は、フル問題で問われている知識については正確に理解し記憶しておくことが望ましいといえます。

フル問題の登載を直近12年に絞ったのは、限られた学習時間を効率よく使うために、受験生にとって本当に必要な問題だけを収録し、全体のボリュームを抑えるための工夫です。ただし、法改正や最新判例の導入等によって掲載問題が極端に少なくなった分野の問題や、学習上重要な問題については、13年以上前であっても掲載しています。これによって、短答式試験対策だけに必要以上の時間を取られる心配はありません。

次に、短答式試験の学習が無機質に感じられて、なかなかはかどらないと悩みを抱えている受験者のために、**CORE TRAINING** 及び **CORE PLUS** というものを各章又は節ごとに設けています。

CORE TRAINING とは、司法試験と予備試験の問題を各記述（以下「選択肢」と記述します）ごとに分けたうえで、その選択肢の正誤を判断するために必要な知識は何かを分析し、習得すべき知識のみを抽出したものです。具体的には、これまで実施された司法試験と予備試験の問題のうち、合格に必要十分な点数を確保できるように、フル問題の基準に満たない問題を正答率の高いほうから順に採用し、各選択肢の正解を○×形式で、端的な根拠を付し、効率よく問題を解けるようにしました。

なお、予備試験においては合格率が約24パーセントと低く、より高い得点率が要求されるため、受験者の正答率が低い問題であっても、フル問題と合わせて当該年度の

得点率が７割に届くように、正答率が高いものから順番に採用しました。

　これらによって、各年度共通して問われる知識が何であるのかが明確となり、短答式試験の合格に必要な知識を効率よく習得することができるようになっています。

　また、短答式試験の科目や分野によっては改正や最新判例の導入等で、既存の知識以上のものが要求されることもあります。そのため、**CORE TRAINING** では、そのような点を解消すべく、過去問のほかに、必要に応じて伊藤塾で創作した問題（本書において「オリジナル問題」と表示）を掲載しています。

　受験生においては、**CORE TRAINING** に記載されている問題の知識をも自分のものとすることで、確実な合格を目指すことができるでしょう。

　加えて、知識の習得を促進させるため、**CORE PLUS** というものを設けています。ここでは、短答式試験において必要不可欠だと考えられる知識を、**CORE TRAINING** を解くに当たって必要な知識と一部対応させるかたちで図表化し、掲載しています。**CORE PLUS** では、短答式試験に直結する知識だけではなく、その周辺知識まで網羅し、汎用性の高い知識を習得できるように工夫しています。

【２】　判例知識、手続の流れをわかりやすく視覚化

　民事訴訟法の短答式試験では、同じトピックに関する複数の判例を比較するかたちで出されたり、民事訴訟の手続の流れを問う問題が出されたりします。確実に得点するためには、これらを正確におさえる必要がありますが、文字だけではイメージし難い場合もあります。そこで、本書では図表を多用し、判例知識や手続の流れを視覚化するかたちで整理しました。

【３】　登載フル問題一覧による年度別演習

　巻末に、本書の登載基準を満たす問題の一覧表を掲載しました。この一覧表には、直近12年以前の登載していない過去問であっても司法試験受験者の正答率が80パーセントを超えるもの、また、予備試験受験者の正答率が65パーセント以上のもの、および、登載基準は満たしているが、問題内容の重複によって、登載を見合わせたものも加えました。そのため、すべての年における正答率が高い問題が一目で分かります。

　法務省ホームページに挙がっている年ごとの問題を利用するなどして、年度別に学習する際に、正解しなければならない問題が明確となるので、より戦略的な時間配分が可能になります。

　また、この登載フル問題一覧表を目次と併せて利用することで、複数回出題された問題を更に可視化できます。複数回出題されるということは、それだけ重要度が高く、今後も出題可能性が高いといえ、確実におさえておく必要があることが分かります。

　このように、一覧表を復習時に役立ててください。

3 本書の構成と利用法

　本書は、前述の基準で選定した問題を伊藤塾のカリキュラムに従った体系順に並べて掲載しています。これは、『伊藤真試験対策講座』（弘文堂）の登載順でもあるため、書籍を中心に学習する独学者にも使いやすいことでしょう。そして、各章の終わりに、**CORE TRAINING**、**CORE PLUS** を置いてあります。章中の分野が多岐にわたり、当該章のフル問題、**CORE TRAINING** が多い場合には、学習の便宜を考慮し、各節ごとに、**CORE TRAINING**、**CORE PLUS** を置きました。

【1】 フル問題 ⇨ A　（後掲レイアウト見本参照。以下同じ）
（1）問題 ⇨ a

　フル問題は、司法試験と予備試験の問題のうち直近12年分について、2014（平成26）年以前は、受験者の正答率が約80パーセント以上の問題、また、予備試験のみとなった2015（平成27）年以降は、受験者の正答率が65パーセント以上の問題を掲載しています。フル問題で問われている知識については、正確に理解し、当該知識が問われている問題に出会ったら反射的に解答を導き出せるようにしておくことが望ましいです。そうすることで、より難易度が高い問題や、読解力が要求される問題などに時間を割くことができるからです。

　具体的な正答率は、解説右上に記載しています。この正答率を見ながら、他の受験者に差を付けられないよう、危機意識を持ってフル問題に取り組んでください。
⇨ h

　短答式試験においては、必ずしもすべての選択肢についての正誤が分かる必要はなく、一部の選択肢の正誤が正確に分かっていれば最終的な解答を導き出すことができる問題も多く出題されています。もちろんすべての選択肢の正誤が正確に分かるのが望ましいですが、試験時間の制約上、一部の選択肢のみを見て解答を導き出す場面も多いことでしょう。このような一部の選択肢の正誤を見て解答を導き出すという解答方法は、本試験と同様の形式でしか身に付けられないため、本書のフル問題を通して感覚をつかんでください。

　そのほかにも、受験生の学習の効率化を考え、次のような工夫をしています。

ア　出題分野、出題年 ⇨ b

　各問題の冒頭におおまかな出題分野を示すタイトルを付したことにより、各自の学習状況に合わせて、必要な分野を重点的に学習することができます。

　司法試験、予備試験の単体問題には出題年番号を記載し、司法試験と予備試験で同一の問題については、それぞれの出題年番号を併記しています。

　なお、本書では出題内容の重複するフル問題は掲載していませんが、出題頻度の高さから重要性を認識してもらうため、内容の共通する選択肢の解説部分に類題マーク（類）と出題年番号を記載しています。⇨ n

vi

はしがき

イ　論点マーク　▌論▐　⇨ c

論点マークは、当該問題の選択肢の過半数が論文式試験において出題可能性のある論点である場合に付しています。短答式試験と論文式試験は、形式こそ違いますが解答するために必要となる知識が重複していることが多いです。▌論▐のある問題を復習する際には、論文式試験で出題がされた場面を想定しながら学習し、短答式試験で要求される知識と論文式試験で要求される知識を有機的に紐付け、理解していくことをお勧めします。

ウ　チェック欄

出題テーマと出題年番号の記載があるすぐ横に、当該問題を解いたかどうかと、月日を記入するチェック欄を設けました。短答式試験は、その重要性が高い一方で、対策に割くことができる時間は限られています。チェック欄を利用して短答式試験対策を計画的に進め、ある程度余裕をもって短答式試験対策をすることができるようにしましょう。⇨ d

また、各選択肢の横にもチェック欄を設けました。短答式試験の問題自体を解答するためには、必ずしもすべての選択肢を完全に理解している必要はありませんが、特にフル問題のような正答率が高い問題については、問題の解答を導き出すのに必ずしも必要とはいえない選択肢についても、次年度以降で再び出題される可能性が高いといえます。そこで、問題そのものの正誤にかかわらず、理解の正確性が不安な選択肢には、チェックを付けておき、後々復習することで、より深い知識を身に付けることが必要です。また、復習の際には、チェックが付いている選択肢のみを復習することで、手早く苦手分野を復習することができるので、時間がない場合にはそのように利用することも想定しています。⇨ e

（2）解説　⇨ f

解説は、当該問題を解答するために必要かつ十分な知識をコンパクトに示すことに重点を置き、作成しています。太い文字で示した部分は、伊藤塾の講師が講義で強調したところです。これらによって、知識を確実に効率よく身に付けられるでしょう。なお、解説中のカギ括弧内は、条文や判例を原文のまま引用した箇所です。

また、正解欄の横にワンポイントアドバイスを付しました。当該問題を正解するためにはどのような学習を行えばよいのか、どのような点に注意して学習を進めればよいのか、といった点について簡潔にアドバイスしています。当該問題の出題分野の学習に困った場合には参考にしてください。⇨ g

そのほか、末尾にある文献に、拙著ではありますが『伊藤真試験対策講座』、『伊藤真の判例シリーズ』（弘文堂）を挙げました。短答式試験の学習をする際に、教科書などに立ち戻って理解することも有効です。更に理解を深めて、確実な知識としたいときにこれらの教材を参照してください。⇨ i

vii

■ レイアウト見本

A

確認の利益に関する次の1から5までの各記述のうち、判例の趣旨に照らし正しいものを2個選びなさい

1．相続開始後に遺言の無効確認を求める訴えは、遺言が有効であるとすれば、それから生ずべき現在の特定の法律関係が存在しないことの確認を求めるものと解される場合であっても、確認の利益を欠く。

2．共同相続人間における遺産確認の訴えは、特定の財産が現に共同相続人による遺産分割前の共有関係にあることの確認を求めるものと解される場合であっても、確認の利益を欠く。

3．共同相続人間において、具体的相続分についてその価額又は割合の確認を求める訴えは、確認の利益を欠く。

4．遺言者生存中に遺言の無効確認を求める訴えは、たとえ遺言者が精神上の障害により事理を弁識する能力を欠く常況にあり、当該遺言の撤回又は変更の可能性が事実上ない状態であっても、確認の利益を欠く。

5．共同相続人間において、共同相続人の一人についての相続欠格事由の存否を争う場合に、その者が被相続人の遺産につき相続人の地位を有しないことの確認を求める訴えは、確認の利益を欠く。

　裁判上の自白とは、①**口頭弁論**又は**弁論準備手続における弁論としての陳述**であって、②**相手方の主張と一致する**③**自己に不利益な事実を認める陳述**である。そして、判例は、**自己に不利益な事実とは、相手方が証明責任を負う事実**をいうとしている（大判昭8.2.9）。

1　誤り。
　要物契約としての金銭消費貸借契約成立の要件事実は、金銭授受の事実と金銭消費貸借契約締結（返還合意）の事実である。そして、本記述では、被告は金銭授受の事実については認めているものの、金銭消費貸借契約締結の事実については認めていないため、後者の事実について裁判上の自白は成立しない。

〜〜

5　正しい。　　　　　　　　　　　　　　　　　　　　　　　類 予R3-39-3
　裁判上の自白は、**当事者が自ら自己に不利益な事実を陳述し、後に相手方がこれを援用した場合にも成立する**（先行自白）。そして、所有権に基づく建物明渡請求訴訟において、原告が被告との間で当該建物の賃貸借契約を締結したとの事実は、原告の建物明渡請求権の発生を障害する事実であるから、被告が証明責任を負うため、原告にとって、「自己に不利益な事実」に当たる。したがって、本記述の場合、賃貸借契約締結の事実につき裁判上の自白が成立する。

文献　試験対策講座324、325頁

（3）総合問題

出題分野がまたがっていたり、民事訴訟法全体の理解を問うていたりして特定の章・節に掲載することができないフル問題は、最後にまとめて掲載しました。

予備試験の短答式試験合格のためには、個別の知識のみならず、制度の横断的な知識も不可欠です。「第8編　総合問題」を活用して、合格に必須な民事訴訟法の体系的な理解ができているかを確かめてください。

【2】 CORE TRAINING ⇨ B

CORE TRAINING には、司法試験と予備試験の問題のうち直近12年分について、受験者の正答率が60パーセント以上80パーセント未満の問題を、これに加えて、予備試験のみとなった2015（平成27）年以降は、受験者の正答率が65パーセント未満の問題であっても、フル問題と合わせて当該年度の得点率が7割に届くように正答率が高いものから順に一問一答形式で掲載しました。なお、過去問の出典の表記については、凡例（xx頁）に記載します。⇨ j

短答式試験においてより高得点を取るためには、受験生の大多数が理解している知識だけではなく、他の受験生と差を付けることができる範囲の知識についてもある程度身に付ける必要があります。このような知識をストックするために利用してほしいのが、この **CORE TRAINING** です。

なお、法改正等に対応させるために実際の出題から問題の内容を改変した場合には、

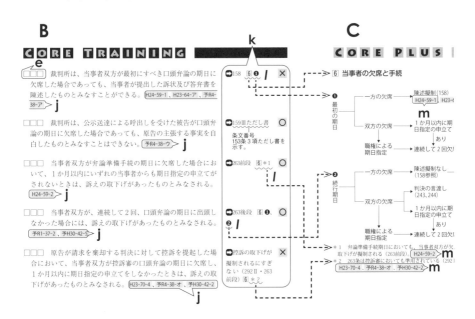

出題年番号の後に「改題」と付しています。一方で、問題の内容に変更はなくとも、一問一答形式に対応させるため形式的な改変を加えた場合については、「改題」とは付していません。

CORE TRAINING の解説では、【3】に後述する **CORE PLUS** と併用してより確実に知識を身に付けられるように工夫を施しました。⇨ **k**

具体的には、一問ごとの解説では、可読性を重視し、問題の正誤及び必要最低限のごく簡単な解説を付すのみとしました。そして、その直後に、当該 **CORE TRAINING** で問われている知識について、**CORE PLUS** 内に詳細な解説を記載しています。

また、**CORE TRAINING** の解説の末尾に記載した番号等は、当該問題と **CORE PLUS** の図表との対応を示すものです。これにより、一目で問題の詳しい解説を探すことができます。⇨ **l**

CORE TRAINING と **CORE PLUS** を対応させて学習することで、単純に知識を1つひとつ覚えるのではなく、体系的な位置づけや周辺知識を意識しつつ学習することができるようになっています。

CORE TRAINING を効率よく活用し、短答式試験の過去問学習をコンパクトかつ質の高いものにしてください。

【3】 **CORE PLUS** ⇨ **C**

CORE PLUS は、短答式試験において必要不可欠と考えられる知識を図表化したものです。**CORE TRAINING** と対応させて、1つひとつの知識を体系立てて、有機的に関連させて学習できるよう、多数の図表を掲載しています。また、短答式試験の過去問だけでなく、その周辺知識までを網羅し、汎用性の高い知識を習得できるように工夫しています。短答式試験で通用するような質の高い知識を身に付けるために重要なのは、がむしゃらに過去問を解き続けて出てきた知識をその都度1つひとつ単純に覚えていくことではなく、知識を体系立てて、あるいは論文式試験で要求される知識とも関連づけ、あらゆる切り口からの問題に対応できるような汎用性の高い知識を身に付けることです。そのためにも、**CORE PLUS** に掲載されている知識を確実に記憶していくことが望ましいのです。

また、**CORE PLUS** にも過去問の出題年番号を同様に付してあります。⇨ **m**
これによって、必要な知識がより明確で、かつ、短答式試験の合格に必要な知識が網羅されていますから、短答式試験の直前期などには、番号が付された箇所の知識を見返すことによって、得点アップにつながります。

4 おわりに

司法試験においては、いくら自分で勉強したと思っていても合格できないことがあります。基礎・基本が不十分であったり、勉強の方向性を誤ったりすると、なかなか

はしがき

結果が出ません。大切なことは勉強の量よりも勉強の質なのです。

　本書は、一般の短答式試験対策問題集と比べてコンパクトですから、知識量が足りるのか不安になる受験生もいるかもしれませんが、合格するためにセレクトされた問題から、おさえるべき知識はすべて掲載しています。

　短答式試験合格に必要なのは大量の曖昧な知識ではなく、洗練された正確な知識と体系立った理解です。本書に掲載されている知識については繰り返し復習して、新たな問題を解く際や本番の短答式試験の際にも使えるような実践的な質の高い知識としてください。

　本書を通して、最短で司法試験・予備試験の短答式試験の対策を完成させ、1人でも多くの受験生が、司法試験・予備試験の短答式試験に合格されることを願っています。

　なお、制作に当たり、2020年司法試験に合格された伊藤塾出版編集課の皆さんから引継ぎ、2021年司法試験に優秀な成績で合格された井手俊輔さん、小澤瑞生さん、久郷浩幸さん、佐藤諒一さん、高橋粒さん、中野瀬里奈さんを始めとする合格者に、その実力とノウハウを惜しみなく本書に注いでいただきました。また、伊藤塾の書籍出版において従前から貢献していただいている近藤俊之氏（54期修習）には、草稿段階から貢献していただきました。そして、伊藤塾の誇るスタッフと日本評論社のご協力を得て、初めて刊行することができました。ここに改めて感謝いたします。

　2021年9月

伊藤　真

もくじ

contents

第 2 版はしがき　　i
はしがき　　iii
凡例　　xix

第1編　　民事訴訟法のかたち

第 1 章　民事訴訟法とは
第 1 節　民事訴訟法の意義
第 2 節　民事紛争の処理方法
第 3 節　民事訴訟法の全体像とメリハリ
第 4 節　民事訴訟制度の目的と基本理念
CORE TRAINING　**CORE PLUS** ……………………………………… 3

第 2 章　民事訴訟の流れと重要基本概念
第 1 節　民事訴訟の流れ
第 2 節　重要基本概念 ………………………………………………… 5
CORE TRAINING　**CORE PLUS** ……………………………………… 13

第2編　　民事訴訟の主体

第 3 章　裁判主体に関する問題
第 1 節　裁判権・管轄 ………………………………………………… 17
第 2 節　裁判所の構成
CORE TRAINING　**CORE PLUS** ……………………………………… 21

xiii

第4章 当事者に関する問題
第1節 当事者とその確定 ………………………………………… 31
第2節 当事者能力 ………………………………………………… 33
第3節 訴訟能力 …………………………………………………… 35
第4節 訴訟上の代理人 …………………………………………… 37
CORE TRAINING **CORE PLUS** ……………………………… 44

第3編 訴訟の開始

第5章 訴え提起
第1節 訴えの概念と種類 ………………………………………… 51
第2節 訴えの手続 ………………………………………………… 55
第3節 訴え提起の効果
CORE TRAINING **CORE PLUS** ……………………………… 57

第6章 訴訟物と処分権主義
第1節 訴訟物とその特定基準
第2節 処分権主義 ………………………………………………… 67
第3節 一部認容 …………………………………………………… 71
第4節 一部請求
CORE TRAINING **CORE PLUS** ……………………………… 73

第7章 訴訟要件
第1節 訴訟要件総論
第2節 訴えの利益 ………………………………………………… 75
第3節 当事者適格 ………………………………………………… 81
CORE TRAINING **CORE PLUS** ……………………………… 85

もくじ

第4編　訴訟の審理

第8章　訴訟の審理と口頭弁論
第1節　口頭弁論の意義と諸原則 ……………………………………… 91
第2節　口頭弁論の準備 ………………………………………………… 93
第3節　口頭弁論の実施
CORE TRAINING　**CORE PLUS** ………………………………… 109

第9章　審理の進行と当事者の訴訟行為
第1節　審理の進行 …………………………………………………… 123
第2節　当事者の訴訟行為 …………………………………………… 125
CORE TRAINING　**CORE PLUS** ………………………………… 127

第10章　弁論主義
第1節　弁論主義と職権探知主義
第2節　弁論主義の適用対象
第3節　弁論主義の修正・補充 ……………………………………… 131
CORE TRAINING　**CORE PLUS** ………………………………… 133

第11章　証拠
第1節　証拠総則
第2節　証明対象と不要証事実 ……………………………………… 135
第3節　自由心証主義 ………………………………………………… 137
第4節　証明責任
第5節　証拠調べ手続 ………………………………………………… 141
CORE TRAINING　**CORE PLUS** ………………………………… 159

xv

第5編 訴訟の終了

第12章 当事者の意思による訴訟終了
第 1 節　訴えの取下げ ……………………………………………………… 183
第 2 節　請求の放棄・認諾
第 3 節　訴訟上の和解 ……………………………………………………… 187
CORE TRAINING　CORE PLUS …………………………………… 189

第13章 終局判決による訴訟終了
第 1 節　裁判 ………………………………………………………………… 197
第 2 節　判決の効力
第 3 節　既判力 ……………………………………………………………… 201
第 4 節　執行力
第 5 節　形成力
CORE TRAINING　CORE PLUS …………………………………… 210

第6編 複雑訴訟

第14章 複雑請求訴訟
第 1 節　訴えの客観的併合 ………………………………………………… 221
第 2 節　訴えの変更
第 3 節　反訴
第 4 節　中間確認の訴え
CORE TRAINING　CORE PLUS …………………………………… 223

第15章 多数当事者訴訟
第 1 節　共同訴訟 …………………………………………………………… 229
第 2 節　補助参加訴訟 ……………………………………………………… 239
第 3 節　三面訴訟 …………………………………………………………… 243

xvi

第4節　当事者の交替 ………………………………………… 247
CORE TRAINING **CORE PLUS** ……………………………… 249

第7編　不服申立手続と略式手続

第16章　上訴
第1節　上訴総説 …………………………………………… 267
第2節　控訴 ………………………………………………… 269
第3節　上告 ………………………………………………… 275
第4節　抗告・特別上訴
CORE TRAINING **CORE PLUS** ……………………………… 277

第17章　再審
第1節　再審
CORE TRAINING **CORE PLUS** ……………………………… 282

第18章　特別手続
第1節　特別手続 …………………………………………… 285
CORE TRAINING **CORE PLUS** ……………………………… 287

第8編　総合問題

総合問題 ……………………………………………………… 293

登載フル問題一覧　　300

xvii

凡例

explanatory notes

1 法令名の表記

問題文中を除き、括弧内の法令名については、以下のとおり略記しました。

なお、紛らわしくない場合は「（民訴）」を省略し、条文（項・号）番号のみ表示しています。

憲法……憲

民法……民

刑法……刑

刑事訴訟法……刑訴

刑事訴訟規則……刑訴規

民事訴訟法……民訴

民事訴訟規則……民訴規

民事執行法……民執

民事保全法……民保

民事訴訟費用等に関する法律……民訴費

借地借家法……借地借家

会社法……会社

会社更生法……会更

商法……商

手形法……手

人事訴訟法……人訴

家事事件手続法……家事

裁判所法……裁

非訟事件手続法……非訟

一般社団法人及び一般社団法人に関する法律……一般法人

宗教法人法……宗法

仲裁法……仲裁

2 条文の表記

条文（項・号）番号の表記については、番号を併記するときは〈、〉で、準用条文を表すときは〈・〉で区切っています。

CORE TRAINING の右欄及び図表内において、アラビア数字は条文番号、ローマ数字（Ⅰ、Ⅱ、Ⅲ……）は項、丸数字（①、②、③……）は号を表しています。

xix

3 判例の表記

① 最高裁については、大法廷を「最大」、その他を「最」
② 大審院については、連合部を「大連」、その他を「大」
③ 判決を「判」、決定を「決」
④ 元号の明治・大正・昭和・平成・令和をそれぞれ「明・大・昭・平・令」、年月日を「○.○.○」、と略記します。

例えば、「最高裁判決平成30年11月30日」は「最判平30.11.30」といった表記になります。

4 過去問の表記

過去の司法試験及び予備試験問題は、以下のように略記しています。

司法試験の出題年度－問題番号－記述番号

例えば、「H30-19-1, H23-18-4, 予R3-7-5」は、平成30年司法試験の第19問の1、平成23年司法試験の第18問の4、令和3年予備試験の第7問の5となります。

また、このように複数併記してある場合は、司法試験、予備試験の順で、各々出題年の新しいほうから並べています。

司法試験と予備試験が同一の問題である場合には、司法試験問題番号のみ表記してあります。

5 参考文献 （→以下は、本文表記名）

伊藤真・伊藤真試験対策講座11民事訴訟法〔第4版〕（弘文堂）→ 試験対策講座
伊藤眞・民事訴訟法〔第7版〕（有斐閣）
新堂幸司・新民事訴訟法〔第6版〕（弘文堂）
高橋宏志・重点講義民事訴訟法（上）・（下）〔第2版補訂版〕（有斐閣）
裁判所職員総合研修所・民事訴訟法講義案（三訂版）（司法協会）
司法研修所編・3訂紛争類型別の要件事実（法曹会）
司法研修所編・新問題研究要件事実付—民法（債権関係）改正に伴う追補—（法曹会）
秋山幹男他・コンメンタール民事訴訟法Ⅰ・Ⅱ〔第3版〕・Ⅲ～Ⅴ〔第2版〕・Ⅵ・Ⅶ（日本評論社）
兼子一他・条解民事訴訟法〔第2版〕（弘文堂）
民事訴訟法判例百選〔第5版〕（有斐閣）→ 百選
伊藤真の判例シリーズ6民事訴訟法（弘文堂）→ 判例シリーズ

6 法改正に関して

　近時、民事系において複数の法改正がなされています。

　まず、「民法等の一部を改正する法律」（令和3年法律第24号）によって、民法及び民事訴訟法が改正されました。これは、物権編と相続編について条文が改められたものです。この改正法は、2023（令和5）年4月1日に施行され、2023年司法試験及び予備試験の出題範囲となるため、本書は、この改正に即した内容となっています。

　また、「民事訴訟法等の一部を改正する法律」（令和4年法律第48号）によって、民事訴訟法が改正されています。これは、民事訴訟手続のIT化を図るものです。この改正法は、2022（令和4）年5月25日に公布され、公布の日から起算して4年を超えない範囲内において政令で定める日までの間に段階的に施行される予定です。そのため、2023年司法試験及び予備試験の出題範囲となる可能性は低いですが、該当する箇所に注記を加えています。

　なお、各種試験においては、施行日によって、出題範囲が異なる場合があります。ご注意のうえ、ご利用ください。

司法試験・予備試験 効果的学習法

　合格セレクションシリーズに掲載されている問題やここで記述したような学習方法は、伊藤真塾長や伊藤塾で開発した数多いテキストや講義のうちの一部を紹介したにすぎません。「伊藤真塾長ってどんな人かな」「伊藤塾の講義を体験してみたい」「直近合格者の勉強方法を知りたい」「伊藤塾テキストを見たい」……。そう思ったら、伊藤塾ホームページにアクセスしてください。無料でお得な情報が溢れています。

　　　スマホ・パソコン共通URL　→　https://www.itojuku.co.jp/

伊藤塾ホームページにある情報の一例

- 塾長雑感（塾長エッセイ）
- 無料体験講座
- 合格者の声──合格体験記・合格者メッセージ──
- 合格後の活躍──実務家レポート──
- 講師メッセージ
- 伊藤塾の書籍紹介

　講座は、受験生のライフスタイルに合わせ、**在宅（通信）**受講と**通学（校舎）**受講、**インターネット**受講を用意しています。どの受講形態でも**学習フォローシステムが充実**しています。

第**1**編

民事訴訟法のかたち

〈CORE TRAINING〉1　民事訴訟法の意義／2　民事紛争の処理方法

1章
民事訴訟法とは

［第1編第1章（民事訴訟法とは）には、基準を満たすフル問題を登載していません。］

CORE TRAINING

01　民事訴訟法の意義

□□□　甲土地は、もともとAが所有していた。Xは、Aの唯一の相続人として、甲土地の所有権を相続により取得したと主張しているが、YはAから、ZはXから、それぞれ甲土地を買い受けたと主張している。甲土地につき、AからX、XからZへと所有権移転登記がされているので、Yは、X及びZを共同被告として、Xに対しては所有権移転登記手続を求め、Zに対しては所有権移転登記の抹消登記手続を求める訴えを提起したとする。Yは、この訴えを提起するに当たり、Zに対する所有権移転登記抹消登記請求権を被保全権利として、甲土地について、仮差押命令の申立てをすることができる。H18-57-5

➡ 仮差押命令を発することができるのは、金銭の支払を目的とする債権を被保全権利とする場合に限られる（民保20Ⅰ）　✕

02　民事紛争の処理方法

□□□　非訟手続においては、当事者のためにもっとも妥当な結論は何かという観点から裁判所が合目的的な紛争処理を迅速に図るという手続だから、二当事者対立構造が採られている。
オリジナル

➡ 非訟手続は、二当事者対立を前提としていない
①❶b　✕

CORE PLUS

1 訴訟と非訟の比較

	a 訴　訟	b 非　訟
❶ 事　　件	二当事者対立構造　必要	二当事者対立構造　不要 オリジナル
❷ 目　　的	権利関係の存否を確定判決から生じる既判力をもって確定（民訴114）	権利の具体的態様を定める（決定〔非訟54〕によるため、その判断は確定力を持たない）
❸ 裁判手続	口頭弁論（憲32、82、民訴87Ⅰ本文） ⅰ　公開 ⅱ　対審	非口頭弁論（非訟30） ⅰ　非公開 ⅱ　審問
❹ 裁判資料	弁論主義（原則）	職権探知主義（原則）

3

〈CORE TRAINING〉3　民事訴訟制度の目的と基本理念

CORE TRAINING

03　民事訴訟制度の目的と基本理念

□□□　民事訴訟の審理過程は、事実上の主張の段階と立証の段階の2段階に限られる。オリジナル

➡ 民事訴訟にはこれ以外に、訴訟物の段階及び法律上の主張の段階が存在する　2

✕

CORE PLUS

2　民事訴訟の4段階構造モデル　オリジナル

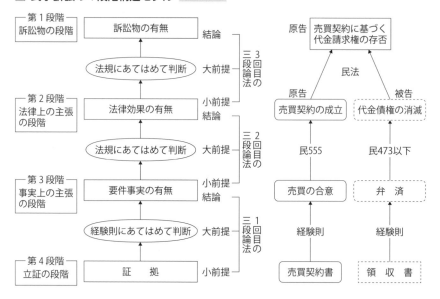

第1節　民事訴訟の流れ／第2節　重要基本概念

No.
001

抗　弁

H25-63

☐　月　　日
☐　月　　日
☐　月　　日

2章
民事訴訟の流れと重要基本概念

　　Xは、甲土地を前所有者であるAから買い受けたところ、Yが同土地を占有しているとして、Yに対し、所有権に基づく甲土地の明渡しを求める訴えを提起した。

　　これに対し、Yが次のアからオまでの各主張をした場合において、その主張がXの請求原因に対する抗弁を含まないものの組合せとして正しいものは、後記1から5までのうちどれか。

☐☐☐　ア．Xが甲土地をAから買い受けたことはなく、甲土地は、現在もAが所有している。

☐☐☐　イ．Xは、甲土地をAから買い受けた後、Bに売り渡した。

☐☐☐　ウ．Xは、甲土地をAから買い受けたが、Yも、甲土地をAから買い受けた上で自らに対する所有権移転登記を経由した。

☐☐☐　エ．Yの占有は、Xが甲土地を買い受ける前から、同土地をAから無償で借り受けていることに基づく。

☐☐☐　オ．Yの占有は、Xが甲土地を買い受けた後、同土地をXから賃借していることに基づく。

1．ア　ウ　　　2．ア　エ　　　3．イ　エ　　　4．イ　オ　　　5．ウ　オ

5

第1編　民事訴訟法のかたち

| No.001 | 正解 2 | ある主張が抗弁に当たるか否かを判断できるように、抗弁の定義を理解しよう。 | 正答率83.3% |

　本問におけるXの訴えは、所有権に基づく返還請求としての土地明渡請求訴訟であり、Xの主張する請求原因事実は、①Aが甲土地を所有していたこと、②XがAから甲土地を買い受けたこと、③Yが現在甲土地を占有していることである。そして、抗弁とは、**請求原因事実と両立し、請求原因事実から生じる法律効果を障害、消滅又は阻止**する**法律効果を持つ事実で被告が証明責任を負うもの**をいう。

ア　抗弁を含まない。

　アの主張は、Xが証明責任を負うべき請求原因事実②を理由を付さずに否定するものであり、単純否認に当たる。

イ　抗弁を含む。

　イの主張は、請求原因事実①②を認めたうえで、XがBに甲土地を売り渡したことでその所有権を喪失したことを主張するものであるが、これは、請求原因と両立しながら、請求原因によって生じる法律効果（所有権に基づく返還請求権）の消滅をもたらす事実の主張で、Yが証明責任を負うものであるため、抗弁に当たる（所有権喪失の抗弁）。

ウ　抗弁を含む。

　ウの主張は、請求原因事実①②を認めたうえで、自己もAから甲土地を買い受けており、更に所有権移転登記を経由したことで、確定的に所有権を取得した（民177条）ことを主張するものである。これは、請求原因と両立しながら、請求原因によって生じる法律効果（所有権に基づく返還請求権）の発生の障害をもたらす事実の主張で、Yが証明責任を負うものであるため、抗弁に当たる（対抗要件具備による所有権喪失の抗弁）。

エ　抗弁を含まない。

　エの主張は、請求原因事実①②③を認めたうえで、自己の占有がAとの間の使用貸借（民593条）に基づくものであることを主張するものである。もっとも、使用借権は、第三者に対抗することができないため、Yが、Aから甲土地を買い受けた第三者Xからの明渡し請求に対して、Aとの間の使用貸借の事実を主張しても、請求原因によって生じる法律効果（所有権に基づく返還請求権）の発生の障害、消滅又は阻止をもたらす事実の主張とはならず、主張自体失当となる。

オ　抗弁を含む。

　オの主張は、請求原因事実①②③を認めたうえで、自己の占有がXとの間の賃貸借（民601条）に基づくものであることを主張するものである。これは、請求原因と両立しながら、請求原因によって生じる法律効果（所有権に基づく返還請求権）の阻止をもたらす事実の主張で、Yが証明責任を負うものであるため、抗弁に当たる（占有権原の抗弁）。

文献　試験対策講座56、57、101～103頁

第2節　重要基本概念

No. 002　抗　弁

予H30-38

□　月　日
□　月　日
□　月　日

2章　民事訴訟の流れと重要基本概念

　抗弁に関する次のアからオまでの各記述のうち、誤っているものを組み合わせたものは、後記1から5までのうちどれか。

□□□　ア．10年の時効取得を原因とする土地の所有権移転登記手続を求める訴えの請求原因に対する「原告は、占有開始の時に当該土地の所有権を有しないことを知っていた。」との主張は、抗弁である。

□□□　イ．売買契約に基づく動産の引渡しを求める訴えの請求原因に対する「原告が被告に対して代金の支払をするまで当該動産の引渡しを拒絶する。」との主張は、抗弁である。

□□□　ウ．消費貸借契約に基づく貸金返還を求める訴えの請求原因に対する「金銭の交付が贈与契約に基づくものであったから、金銭の返還請求権は発生しない。」との主張は、抗弁である。

□□□　エ．所有権に基づく土地の明渡しを求める訴えの請求原因に対する「原告は、他の第三者に対して当該土地を売り、所有権を失った。」との主張は、抗弁である。

□□□　オ．保証契約に基づく保証債務の履行を求める訴えの請求原因に対する「主債務者が保証契約書を偽造した。」との主張は、抗弁である。

1．ア　イ　　　2．ア　エ　　　3．イ　ウ　　　4．ウ　オ　　　5．エ　オ

7

第1編　民事訴訟法のかたち

| No.
002 | 正解　4 | いずれも要件事実の基本的知識であるから、正
確におさえよう。 | 正答率
65.3% |

ア　正しい。

　抗弁とは、**請求原因事実と両立し、請求原因事実から生じる法律効果の発生を障害、消滅又は阻止**する法律効果を持つ**事実で被告が証明責任を負う**ものをいう。10年の時効取得（民162条2項）を原因とする土地の所有権移転登記手続を求める訴えの請求原因事実は、①ある時点で当該土地を占有していたこと、②　①の時から10年経過した時点で当該土地を占有していたこと、③占有開始時に善意であることについて無過失であることを基礎付ける評価根拠の事実、④援用権者が相手方に対し時効援用の意思表示をしたことである。そして、占有者の「善意」については、民法186条1項は「占有者は、所有の意思をもって、善意で、平穏に、かつ、公然と占有をするものと推定する」としているため、主張責任が転換され、取得時効の成立を争う被告が、原告の悪意を主張・立証すべきこととなる（暫定真実）。したがって、被告は悪意の抗弁を主張立証できる。本件における「原告は、占有開始の時に当該土地の所有権を有しないことを知っていた。」との主張は、この反対事実を主張するものであり、抗弁に当たる。

イ　正しい。

　売買契約に基づく動産の引渡しを求める訴えの請求原因事実は、原告が被告との間で売買契約を締結したことである。そして、売買契約は双務契約であり、双務契約の当事者間の公平を図るために同時履行の抗弁権（民533条）が認められている。代金の支払いと動産の引渡しは、売買契約から生じた相対する債務であるため、同時履行の関係にある。したがって、「原告が被告に対して代金の支払をするまで当該動産の引渡しを拒絶する。」との主張は、原告被告間の売買契約締結の事実と両立するもので、目的物引渡請求権の行使を阻止し、被告が証明責任を負う事実の主張であるから、抗弁である。

ウ　誤り。

　消費貸借契約（民587条）に基づく貸金返還請求の請求原因事実は、①原告が被告との間で金銭の返還の合意をしたこと（返還約束）、②原告が被告に対し金銭を交付したこと（要物性）、③原告が被告との間で弁済期の合意をしたこと、④弁済期が到来したことである。そして、消費貸借契約に基づく貸金返還請求に対し、「金銭の交付が贈与契約に基づく」との主張は、請求原因の1つである消費貸借契約を否定しており、請求原因事実と両立しない。したがって、当該主張は、抗弁ではなく、積極否認（理由付き否認、相手方の主張と両立しない事実を積極的に述べて、相手方の主張を否定する陳述のこと）である。

エ　正しい。

　所有権に基づく土地の明渡しを求める訴えの請求原因事実は、①原告が当該土地を所有していること、②被告が当該土地を占有していることである。そして、本記述におけ

8

る「原告は、他の第三者に対して当該土地を売り、所有権を失った。」との主張は、過去の一時点において原告が当該土地を所有していたことを前提として、それ以降に第三者が当該土地の所有権を承継取得したことにより、原告が当該土地の所有権を喪失したという実体法上の効果（権利の消滅）を主張するものであり、被告が証明責任を負うから、抗弁に当たる。

オ　誤り。

　保証契約に基づく保証債務の履行を求める訴えの請求原因事実は、①主たる債務の発生原因事実、②被告が原告との間で①の債務を保証するとの合意をしたこと、③被告の②の意思表示が書面によること（民446条2項）である。そして、「主債務者が保証契約書を偽造した。」との主張は、②の保証の合意を否定するものであるから、抗弁ではなく、積極否認である。

文献　試験対策講座101〜103頁

第1編　民事訴訟法のかたち

MEMO

第2節　重要基本概念

No.	論	否認と抗弁の区別	□ 月 日
003		H24-68	□ 月 日
			□ 月 日

2章 民事訴訟の流れと重要基本概念

　XがYに対し、絵画の売買代金の支払を求める訴えを提起した場合において、次のアからオまでのYの各陳述のうち、当該訴えの請求原因に対する抗弁となり得るものを組み合わせたものは、後記1から5までのうちどれか。

　ア．その絵画は、Aから買ったものであり、代金もAに支払っています。

　イ．その絵画は、Xから買ったものですが、まだ、引渡しを受けていません。

　ウ．その絵画は、XからBが買い、Bから私が買ったものです。

　エ．その絵画は、Xから買ったものですが、既にXには代金全額を支払いました。

　オ．その絵画は、Xから贈与されたものです。

　1．ア　ウ　　　2．ア　エ　　　3．イ　エ　　　4．イ　オ　　　5．ウ　オ

第1編　民事訴訟法のかたち

| No. 003 | 正解 **3** | 具体的な事例で抗弁と否認の区別ができるように、抗弁の定義を正確に理解しよう。 | 正答率 72.8% |

本問におけるＸの訴えは、売買契約に基づく代金支払請求訴訟であり、Ｘが主張すべき請求原因事実は、「ＸがＹとの間で売買契約を締結したこと」である。そして、**抗弁とは、請求原因事実と両立し、請求原因事実から生じる法律効果を障害、消滅又は阻止する法律効果を持つ事実で被告が証明責任を負う**ものをいう。

ア　抗弁となり得ない。

「その絵画は、Ａから買ったものであり、代金もＡに支払っています。」とのＹの陳述は、当該絵画の売買契約がＡＹ間で締結された旨の主張であり、請求原因事実と両立しない事実を主張するものであるから、積極否認に当たる。

イ　抗弁となり得る。

「その絵画は、Ｘから買ったものですが、まだ、引渡しを受けていません。」とのＹの陳述は、当該絵画の売買契約がＸＹ間で締結されたことを認めたうえで、Ｘの履行がいまだなされていない旨の主張であり、請求原因と両立し、Ｙが証明責任を負う事実を主張するものである。売買契約は、双務契約であり、代金支払債務と目的物引渡債務は、原則として同時履行の関係にあるため（民533条本文）、Ｙとしては、代金支払請求に対し、Ｘが目的物の引渡しをするまで代金の支払を拒絶する旨の権利主張（権利抗弁）をすることができる（同時履行の抗弁）。

ウ　抗弁となり得ない。

「その絵画は、ＸからＢが買い、Ｂから私が買ったものです。」とのＹの陳述は、当該絵画の売買契約がＸＹ間で締結されたものではない旨の主張であり、請求原因事実と両立しない事実を主張するものであるから、積極否認に当たる。

エ　抗弁となり得る。

「その絵画は、Ｘから買ったものですが、既にＸには代金全額を支払いました。」とのＹの陳述は、当該絵画の売買契約がＸＹ間で締結されたことを認めたうえで、既に債務の弁済をした旨の主張であり、請求原因事実と両立し、Ｙが証明責任を負う事実を主張するものである。弁済とは、債務の内容たる給付を実現させる債務者等の行為をいい、これにより債権はその目的を達して消滅するという効果を生じる。したがって、Ｙの弁済の主張は、売買契約に基づく代金支払請求権の消滅原因として、抗弁となる（弁済の抗弁）。

オ　抗弁となり得ない。

「その絵画は、Ｘから贈与されたものです。」とのＹの陳述は、当該絵画についてＸＹ間で贈与契約が締結された旨の主張であり、請求原因事実と両立しない事実を主張するものであるから、積極否認に当たる。

文献　試験対策講座56、57、102、103頁

〈CORE TRAINING〉民事訴訟の流れ

CORE TRAINING

□□□ 抗弁とは、請求原因事実と両立し、請求原因事実から生じる法律効果の発生を障害、消滅又は阻止する法律効果を持つ事実で、被告が証明責任を負うものをいう。 オリジナル①　　➡ 1 ❷ b ii　○

□□□ 不知とは、相手方の主張を認めないとする陳述をいい、これは否認であると推定される。 オリジナル②　　➡ 159Ⅱ 1 ❷ c ii　○

□□□ 弁論の全趣旨から事実を争うものと認められる場合であっても、相手方の主張する事実に対する認否を明らかにしない場合には、自白したものとみなされる。 オリジナル③　　➡ 159Ⅰただし書 1 ❷ c iv　×

CORE PLUS

1 当事者の訴訟行為

	a 意 義	b 内 容	c 効果（相手方当事者の態度）
❶ 法律上の主張	当事者が自ら事案に対して法律を適用した法律効果を述べること	解除の主張等	i 反論する場合 →答弁書に「争う」と記載するのが一般的 ii 認める場合 →権利自白の問題
❷ 事実上の主張	事実の存否に関する当事者の認識又は判断の報告	i 請求原因事実 原告が権利の発生を主張する場合に、その発生を基礎付ける根拠規定に該当する具体的な事実（主要事実）の主張 ii 抗弁 請求原因事実と両立し、請求原因事実から生じる法律効果の発生を障害、消滅又は阻止する法律効果を持つ事実で、被告が証明責任を負うもの オリジナル①	i 否認 相手方の主張を認めないとの陳述 ii 不知 相手方の主張を知らないとの陳述。否認と推定（159Ⅱ）される オリジナル② iii 自白 相手方の主張する自己に不利益な事実を認めて争わない旨の陳述 iv 沈黙 相手方の主張する事実に対する認否を明らかにしないこと。弁論の全趣旨から事実を争うものと認められない場合には、自白とみなされる（擬制自白、159Ⅰ） オリジナル③

2章 民事訴訟の流れと重要基本概念

13

〈CORE TRAINING〉民事訴訟の流れ

CORE PLUS

② 訴状の見本

訴　　状

令和2年2月1日

東京地方裁判所　民事部　御中

〒100-0013　東京都千代田区霞が関○丁目×番△号
原　告　　甲　野　一　郎
（事務所及び送達場所）
〒100-0006　東京都千代田区有楽町△丁目×番○号
南ビル○○○号
上記原告訴訟代理人弁護士　乙山花子　㊞
電　話　03-1234-5678
ＦＡＸ　03-1234-5679
〒103-0006　東京都中央区瓦町×丁目○番△号
被　告　　株式会社　ヘイカワ
上記代表者代表取締役　丙　川　三　郎

貸金請求事件
訴訟物の価額　　金2億円
貼用印紙類　　　金62万円

第1　請求の趣旨
1　被告は原告に対し、金2億円及びこれに対する平成28年12月1日から支払済まで
年8分の割合による金員を支払え。
2　訴訟費用は被告の負担とする。
との判決並びに仮執行宣言を求める。

第2　請求の原因
1　原告は、平成27年10月11日、被告との間で、次の約定にて、金銭消費貸借契約を
締結し、被告に対し、被告の事業の運転資金として金2億円を貸し付けた（甲第1
号証）。
(1) 被告は、平成28年11月30日までに元金を返済する。
(2) 利息は年8分とし、上記期日までに元金と共に支払う。
2　ところが、被告は利息の支払をしたのみで元金の返済をしない（甲第2号証）。
3　よって、原告は被告に対し、貸金元金2億円及びこれに対する約定の返済翌日である
平成28年12月1日から支払済まで約定利率の年8分の割合による遅延損害金の支払
を求める。

以上

証拠方法
1　甲第1号証（借用書）　　　　　　　　　1通
2　甲第2号証（内容証明郵便）　　　　　　1通

添付書類
1　商業登記簿謄本　　　　　　　　　　　　1通
2　訴訟委任状　　　　　　　　　　　　　　1通

第**2**編

民事訴訟の主体

第1節　裁判権・管轄

No. 004	管　轄	□ 月 日
	予R1-31	□ 月 日
		□ 月 日

　　管轄に関する次の1から5までの各記述のうち、判例の趣旨に照らし誤って
いるものを2個選びなさい。

□□□　　1．管轄の有無は、口頭弁論の終結の時を基準に判断される。

□□□　　2．原告が特定の裁判所を専属的な管轄裁判所とする合意に反して、当該裁
　　　　　判所以外の裁判所に訴えを提起した場合であっても、被告が応訴すれば、
　　　　　応訴管轄が生ずる。

□□□　　3．当事者は、合意により特定の高等裁判所を控訴審の管轄裁判所と定める
　　　　　ことができる。

□□□　　4．裁判所は、管轄に関する事項について、職権で証拠調べをすることがで
　　　　　きる。

□□□　　5．被告が第一審裁判所において管轄違いの抗弁を提出した後に本案につい
　　　　　て弁論をした場合には、応訴管轄は生じない。

3章
裁判主体に
関する問題

第2編　民事訴訟の主体

No.
004　正解 **1、3**　管轄に関する問題では条文知識が重要である。条文をしっかり読み込もう。　正答率 79.7%

1　誤り。

　管轄の有無は訴え提起の時を基準に判断される（15条）。これは、訴え提起の時に存在した管轄権を、その後の事情の変動によって失わせないようにして、手続の安定を図ったものである。したがって、口頭弁論の終結の時を基準に判断されるわけではない。

2　正しい。

　特定の裁判所だけを管轄裁判所として法定管轄を排除する専属的合意（11条）がなされても、「法令に専属管轄の定めがある場合」（13条1項）には当たらない（大判大10．5．18）。そのため、原告がその専属的合意がなされた裁判所以外に訴えてしまった場合であっても、被告がこれに応訴したときには、その裁判所に管轄が生じることになる（12条）。

3　誤り。

　当事者は、**第一審に限り**、**合意**により**管轄裁判所**を決定できる（11条1項）。そのため、当事者は、合意により特定の高等裁判所を控訴審の管轄裁判所と定めることはできない。

4　正しい。

　管轄権の存在は極めて公益的要請の強い訴訟要件であるから、職権で調査を開始することも（職権調査事項、14条）、職権で事実や証拠を探知することもできる（職権探知主義）。それゆえに、裁判所は、管轄に関する事項について、職権で証拠調べをすることができる。

5　正しい。

　応訴管轄は管轄違いの抗弁を提出しないで本案について弁論した場合に生じる（12条）ことからすれば、管轄違いの抗弁を提出した後、本案について答弁しても、管轄違いの抗弁が撤回されたと認められる特別の事情がある場合を除き、応訴管轄は生じない。

文献　試験対策講座106、112～115頁

18

第1節　裁判権・管轄

No. 005 ｜ 論 ｜ **合意管轄**

☐ 月 日
☐ 月 日
☐ 月 日

H19-55

　売買契約書中に、当該契約に関する紛争についてＡ裁判所に専属管轄があると定める合意管轄条項がある場合の訴えに関する次の１から５までの各記述のうち、正しいものを２個選びなさい。

☐☐☐　1．訴えがＢ裁判所に提起され、被告が管轄違いの抗弁を提出しないで本案について弁論をした場合であっても、Ｂ裁判所は、当該訴訟をＡ裁判所に移送しなければならない。

☐☐☐　2．訴えがＡ裁判所に提起された場合であっても、事件の証人が法定管轄のあるＢ裁判所の管轄区域内に集中しており、訴訟の著しい遅滞を避ける必要があると認めるときには、Ａ裁判所は、当該訴訟をＢ裁判所に移送することができる。

☐☐☐　3．債権者代位権に基づいて、売主の債権者が買主に対して売買代金の支払を求める訴えを提起する場合、売主の債権者に対しても管轄の合意の効力が及ぶ。

☐☐☐　4．買主の債務不履行のため売主が売買契約を解除した場合には、解除により管轄の合意の効力も失われるので、売主は、解除を理由とする目的物の返還を求める訴えを法定管轄のあるＢ裁判所に提起することができる。

☐☐☐　5．未成年者があらかじめ法定代理人の同意を得た上で売買契約を締結した場合には、管轄の合意は有効であり、法定代理人による追認の対象とはならない。

3章
裁判主体に
関する問題

19

第2編　民事訴訟の主体

No.
005

正解　2、3

管轄は条文知識が重要なので、4条から22条まで繰り返し素読しよう。

正答率
93.6%

1　誤り。

　被告が第一審裁判所において管轄違いの抗弁を提出しないで本案について弁論をしたときは、その裁判所は、管轄権を有する（応訴管轄、12条）。もっとも、「訴えについて法令に専属管轄の定めがある場合」には、12条は適用されないが（13条1項）、専属的合意管轄（11条）は「法令に専属管轄の定めがある場合」に当たらない（前掲大判大10年）。したがって、本記述の場合、B裁判所は、管轄権を有しているので、訴訟をA裁判所に移送する必要はない。

2　正しい。

　第一審裁判所は、訴訟がその管轄に属する場合においても、尋問を受けるべき証人の住所その他の事情を考慮して、訴訟の著しい遅滞を避けるため必要があると認めるときは、申立てにより又は職権で、訴訟の全部又は一部を他の管轄裁判所に移送することができる（17条）。そして、17条は、専属的合意管轄（11条）がある場合にも適用される（20条1項括弧書参照）。したがって、本記述の場合、A裁判所は、訴訟をB裁判所に移送することができる。

3　正しい。

　債権者代位訴訟における代位債権者は、合意当事者の権利を行使するのであるから、管轄の合意の効力が及ぶ。

4　誤り。

　契約における管轄の合意には、原則として、契約解除によって生じる権利義務に関する訴訟についての管轄の合意も含まれると解される。そのため、管轄の合意は、契約解除による影響を受けない。したがって、本記述の場合、管轄の合意の効力は失われないので、売主は、解除を理由とする目的物の返還を求める訴えを法定管轄のあるB裁判所に提起することはできない。

5　誤り。

　未成年者による訴訟行為は、法律行為と異なり、法定代理人の同意があっても原則として無効であり、法定代理人の追認によって遡及的に有効となる（34条2項）。もっとも、「未成年者が独立して法律行為をすることができる場合」には、その者による訴訟行為は当初から有効であるが（31条ただし書）、この「独立して法律行為をすることができる場合」とは、営業の許可（民6条1項）等を指し、法定代理人による個別的な許可は、これに当たらない。そして、管轄の合意は訴訟行為であるから、本記述の場合であっても、当該合意は無効であり、法定代理人による追認の対象となる。

文献　試験対策講座112～116、136～139頁

20

〈CORE TRAINING〉1 裁判権・管轄

CORE TRAINING

01 裁判権・管轄

- □□□ 職分管轄については、当事者双方の合意によって異なる管轄裁判所を定める余地はない。H24-57-イ　　➡ 1 *1　〇

- □□□ 貸主である原告が、東京地方裁判所の管轄区域内に住所を有する複数の借主を共同被告として、各被告との間の同種の消費貸借取引に基づく貸金請求訴訟を、各被告に対する請求額を合算すると140万円を超えるとして、東京地方裁判所に併合して提起した場合には、東京地方裁判所は、各被告に対する請求額が140万円を超えず簡易裁判所の事物管轄に属するとして、被告ごとに弁論を分離した上で、訴訟を各被告の住所地を管轄する簡易裁判所に移送することはできない。予H29-31-2　　➡ 最決平23.5.30　1 *2　〇

- □□□ 企業間の商取引契約の下で生じた紛争について、訴え提起前に書面によってされた、特定の地方裁判所を第一審の専属管轄裁判所とするとの合意がされた場合であっても、本件契約の下で実際に生じた紛争に係る訴訟の目的の価額が140万円を超えないときは、その訴訟は、当該地方裁判所の管轄区域内の簡易裁判所の管轄に属する。予R2-38-オ　　➡ 8、裁24①、33Ⅰ①参照　1 *3　×

CORE PLUS

1 管轄の種類

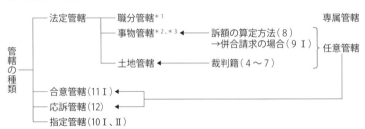

*1　職分管轄は、司法制度全体の運用という公益にかかわるものであり、専属管轄とされるので、当事者双方の合意によって異なる管轄裁判所を定める余地はない。H24-57-イ

*2　判例は、「38条後段の共同訴訟であって、いずれの共同訴訟人に係る部分も受訴裁判所が土地管轄権を有しているものについて、法7条ただし書により法9条の適用が排除されることはない」（最決平23.5.18）とした上で、38条後段の共同訴訟に当たる場合に、「いずれの被告に係る部分も受訴裁判所である名古屋地方裁判所が土地管轄権を有していることになり、相手方に係る部分を含む本件訴訟は、訴訟の目的の価額が法9条1項本文により140万円を超えることになり、同裁判所の事物管轄に属する」とした（最決平23.5.30）。予H29-31-2

*3　事物管轄は専属管轄でないため、これに反する合意管轄も認められる。予R2-38-オ

〈CORE TRAINING〉1 裁判権・管轄

CORE TRAINING

□□□ 株式会社がその事業を停止し、その事務所又は営業所が存在しなくなったときは、当該株式会社の普通裁判籍は、代表者その他の主たる業務担当者の住所により定まる。H25-59-1

➡ 会社4、民訴4 ○
Ⅳ

□□□ XはYとの間で、甲建物賃貸借契約を締結し、賃料、債務不履行に基づく損害賠償金その他の賃貸借契約に基づきYがXに支払う一切の金員は、Xが営む設計事務所に持参する方法により支払うものとされていた。その後、Yが賃料の支払を怠ったため、Xは、賃貸借契約を解除したが、Yは、甲建物の使用を続けている。そこで、Xは、Yに対し、賃貸借契約終了に基づく目的物返還請求として甲建物の明渡しを求める訴え及び賃貸借契約に基づく賃料の支払を求める訴え（以下「本件訴え」という。）を提起することにした。Xは、本件訴えを、設計事務所の所在地を管轄する裁判所に提起することはできるが、Yの自宅の所在地を管轄する裁判所に提起することはできない。なお、X及びYは、自然人で、各記述中の各所在地を管轄する裁判所は、いずれも異なるものとする。予H30-31-2

➡ 5①、4Ⅰ、Ⅱ ✕
2 *

□□□ 上記の事例において、Xは、本件訴えを、Yの自宅の所在地を管轄する裁判所に提起することはできるが、甲建物の所在地を管轄する裁判所に提起することはできない。予H30-31-3

➡ 4Ⅰ、Ⅱ、5⑫ ✕
2 ❷ⅰ

□□□ 大阪市に居住するXが、東京都千代田区に居住するYに対し、貸金100万円の返還を求める訴えを提起した。この訴訟の管轄を東京地方裁判所とする旨の合意がないにもかかわらず、Xがこの訴えを同裁判所に提起した場合であっても、東京地方裁判所は、相当と認めるときは、申立てにより又は職権で、訴訟について自ら審理及び裁判をすることができる。H25-56-4、H24-57-エ

➡ 4Ⅰ、裁33Ⅰ①、○
民訴16Ⅱ本文
3 ❷ⅰ

22

〈CORE TRAINING〉1　裁判権・管轄

□□□　大阪市に居住するXが、東京都千代田区に居住するYに対し、貸金100万円の返還を求める訴えを提起した。この訴訟の管轄を東京簡易裁判所の専属管轄とする旨の合意があるにもかかわらず、Xがこの訴えを東京地方裁判所に提起した場合には、東京地方裁判所は、相当と認めるときは、Yの移送の申立てにより、訴訟について自ら審理及び裁判をすることができる。H25-56-5

➡ 16Ⅱただし書、同項ただし書括弧書　3 ❷ⅲ　〇

CORE PLUS

2 裁判籍の種類

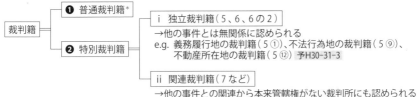

* 被告の普通裁判籍（住所・居所）の所在地を管轄する裁判所は管轄権を有するので（4Ⅰ、Ⅱ）、原告は、被告の自宅の所在地を管轄する裁判所に提訴することができる。予H30-31-2

3 管轄違いの場合の取扱い

❶ 管轄違いに基づく移送（16Ⅰ）	ⅰ 要件	○管轄違い ○当事者の申立て又は職権
	ⅱ 移送の態様	管轄権を有しない裁判所から管轄権を有する裁判所
	ⅲ 必要/任意	必要的
❷ 自庁処理（16Ⅱ）	ⅰ 原則：地方裁判所は、訴訟がその管轄区域内の簡易裁判所の管轄に属する場合であっても、相当と認めるときは、自ら審理・裁判をすることができる（16Ⅱ本文）H25-56-4、H24-57-エ
	ⅱ 例外：訴訟がその簡易裁判所の専属管轄である場合には、この限りでない（同項ただし書）
	ⅲ 例外の例外：当事者が11条の規定により、簡易裁判所を専属管轄とする合意をした場合には、16条2項本文が適用される（同項ただし書括弧書）H25-56-5

〈CORE TRAINING〉1 　裁判権・管轄

CORE TRAINING

□□□　当事者が専属的合意管轄を定めた場合には、法定管轄の　➡17類推　④＊1　✕
ある他の裁判所に訴えを提起することは管轄違いであるから、
訴えの提起を受けた裁判所は、当事者が合意した裁判所に訴訟
を移送しなければならない。 H21-57-エ

□□□　大阪市に居住するＸが、東京都千代田区に居住するＹに　➡18　④❷　◯
対し、貸金100万円の返還を求める訴えを提起した。Ｘがこの
訴えを東京簡易裁判所に提起した場合には、東京簡易裁判所は、
相当と認めるときは、申立てにより又は職権で、訴訟を東京地
方裁判所に移送することができる。 H25-56-1

□□□　大阪市に居住するＸが、東京都千代田区に居住するＹに　➡19Ⅰ　④＊2　◯
対し、貸金100万円の返還を求める訴えを提起した。Ｘがこの
訴えを大阪簡易裁判所に提起した後、Ｙから訴訟を東京簡易裁
判所に移送する旨の申立てがあり、Ｘが移送に同意した場合で
あっても、大阪簡易裁判所は、移送により著しく訴訟手続を遅
滞させることとなるときは、訴訟を東京簡易裁判所に移送しな
いことができる。 H25-56-2

□□□　簡易裁判所は、その管轄に属する不動産に関する訴訟に　➡19Ⅱ　④❹　◯
つき被告の申立てがあるときは、その申立ての前に被告が本案
について弁論をしていない限り、当該訴訟の全部又は一部をそ
の所在地を管轄する地方裁判所に移送しなければならない。
予H29-31-4

□□□　第一審裁判所は、訴訟が法令の定めによりその専属管轄　➡20Ⅰ、19Ⅰ本文　✕
に属する場合においても、当事者の申立て及び相手方の同意が
あるときは、訴訟の全部又は一部を申立てに係る地方裁判所又
は簡易裁判所に移送しなければならない。 H26-65-ア

□□□　簡易裁判所は、被告が反訴で地方裁判所の管轄に属する　➡274Ⅰ前段　◯
請求をした場合において、相手方の申立てがあるときは、決定　④❺
で、本訴及び反訴を地方裁判所に移送しなければならない。
H24-57-オ

24

〈CORE TRAINING〉 1 裁判権・管轄

CORE PLUS

④ 管轄裁判所による移送

	a 要　件	b 移送の態様	c 必要/任意
❶ 遅滞を避ける等のための移送 (17) *¹	○訴訟の著しい遅滞を避け又は当事者間の衡平を図るため ○当事者の申立て又は職権	管轄権を有する裁判所から他の管轄権を有する裁判所	任意的
❷ 簡易裁判所の裁量移送 (18) H25-56-1	○相当と認めること ○当事者の申立て又は職権	簡易裁判所から簡易裁判所の所在地を管轄する地方裁判所	任意的
❸ 必要的移送 (19 I)	○当事者の申立て ○相手方の同意 ○その他 *²	申立てにおいて指定された裁判所	必要的
❹ 不動産に関する訴訟の移送 (19 II) 予H29-31-4	○不動産に関する訴訟 ○被告の申立て ○被告の申立ての前に被告が弁論をしていないこと	簡易裁判所から簡易裁判所の所在地を管轄する地方裁判所	必要的
❺ 反訴提起に基づく移送 (274 I) H24-57-オ	本訴が簡易裁判所に係属することを前提として、 ○被告が反訴で地方裁判所の管轄に属する請求をしたこと ○反訴被告の申立て	本訴係属中の簡易裁判所から簡易裁判所の所在地を管轄する地方裁判所	必要的

*1　専属的合意管轄に反して、他の裁判所に訴えが提起された場合において、応訴管轄（12）が生じないときは、訴えの提起を受けた裁判所は、管轄違いとして訴訟を合意による管轄裁判所に移送するのが原則である（16 I）。しかし、合意管轄裁判所での審理が訴訟に著しい遅滞をもたらしたり、当事者間の衡平を害するおそれがあるときは、17条を類推適用して、裁判所は、訴訟を移送しないこともできると解されている。 H21-57-エ
*2　ⅰ 移送により著しく訴訟手続を遅滞させることとならないこと、ⅱ 移送の申立てが、簡易裁判所からその所在地を管轄する地方裁判所への移送の申立て以外のものであって、被告が本案について弁論をし、又は弁論準備手続において申述をした後にされたものであるときでないことが必要である（19 Iただし書）。 H25-56-2

3章 裁判主体に関する問題

25

〈CORE TRAINING〉1 裁判権・管轄

CORE TRAINING

□□□ 確定した移送の裁判は、移送を受けた裁判所を拘束するが、移送決定の確定後に新たな事由が生じたときは、移送を受けた裁判所は、更に事件を他の裁判所に移送することができる。 H25-56-3 、H21-57-ウ　　➡ 22 I 、II　5 ❶　　○

□□□ 移送の決定に対しては、即時抗告をすることができるが、移送の申立てを却下した決定に対しては、即時抗告をすることができない。 予H29-31-5　　➡ 21　5 ＊1　　✕

□□□ 大阪簡易裁判所が、事件が複雑であることから相当と認めてその管轄に属する訴訟の全部を大阪地方裁判所に移送した場合であっても、大阪地方裁判所は、証拠の偏在等の事情を考慮し当事者間の衡平を図るため必要があると認めるときは、当該訴訟の全部を更に他の管轄裁判所に移送することができる。 予H29-31-1　　➡ 東京地決昭61.1.14　5 ＊2　　○

□□□ 消滅時効の期間の満了前に訴えが提起されて時効の完成猶予の効力が生じた場合には、その後移送の申立てがされ、当該期間の経過後に移送の裁判が確定したとしても、その効力は影響を受けない。 予H29-31-3改題　　➡ 22III 、147　5 ❷　　○

CORE PLUS

5 移送の裁判

❶ 移送の裁判の拘束力	○確定した移送の裁判＊1 は、移送を受けた裁判所を拘束する（22 I ） ○移送を受けた裁判所は、更に事件を他の裁判所に移送することができない（22 II ）＊2 →移送決定確定後に新たな事由が生じたときは、更に事件を移送することができると一般に解されている H25-56-3 、H21-57-ウ
❷ 移送の効果	訴訟は最初の訴え提起の時点から受移送裁判所に係属していたものとみなされる（22III ） →訴え提起に基づく時効の完成猶予や法律上の期間遵守の効力は失われない（147） 予H29-31-3改題

＊1　移送の決定及び移送の申立てを却下した決定に対しては、不服を申し立てることができる（21）。ただし、反訴の提起による移送の決定があったときは、不服を申し立てることはできない（274 II ）。 予H29-31-5
＊2　裁判例は、22条2項の再移送の禁止について、これをいかなる場合であっても絶対に再移送を禁止する趣旨ではなく、「別個の事由によって再移送することは妨げられない」としている（東京地決昭61.1.14）。 予H29-31-1

〈CORE TRAINING〉2　裁判所の構成

CORE TRAINING

02　裁判所の構成

□□□　裁判所書記官は、忌避の対象にはなるが、除斥の対象とはならない。 H23-56-ア	➡ 27前段・23	×
□□□　合議体の構成員である裁判官の除斥については、その裁判官の所属する裁判所が、決定で、裁判をする。 H21-56-3	➡ 25Ⅰ	○
□□□　判例によれば、裁判官は、前審において口頭弁論を指揮し、証拠調べをした場合であっても、その裁判の評決に加わったことがなければ、その事件の上訴審において、職務の執行から除斥されない。 H21-56-1	➡ 最判昭28.6.26 6 *	○
□□□　裁判官が自らに除斥の原因があることを知らずに合議体の構成員として訴訟手続に関与した場合、除斥の原因のない裁判官によって構成される裁判所が当該手続をやり直す必要がある。 H23-56-エ	➡ 除斥原因のある裁判官の訴訟行為は無効なので、当該手続をやり直す必要がある 6 ❷ ii	○
□□□　終局判決が確定したときは、その判決に関与した裁判官について除斥の原因があることを理由として、その判決に対し、再審の訴えをもって不服を申し立てることはできない。 H23-56-オ	➡ 338Ⅰ② 6 ❷ iii	×

3章　裁判主体に関する問題

CORE PLUS

6 裁判官の除斥

❶ 除斥原因	i　裁判官と当事者の関係に基づく原因（23Ⅰ①〜③）
	ii　裁判官と事件の関係に基づく原因（23Ⅰ④〜⑥*）
❷ 除斥の効果	i　当該裁判官は、法律上当然にその裁判に関与し得なくなる
	ii　当該裁判官が関与してしまった場合、その裁判官の訴訟行為は無効となる H23-56-エ
	iii　iiに基づいた終局判決については、上告理由（312Ⅱ②）・再審事由（338Ⅰ②）となる H23-56-オ

*　判例は、裁判官が前審において口頭弁論を指揮し証拠調べをしても、その裁判の評決に加わらない限り、「前審の裁判に関与したとき」（23Ⅰ⑥）に当たらないとしている（最判昭28.6.26）。 H21-56-1

27

〈CORE TRAINING〉2　裁判所の構成

CORE TRAINING

□□□　裁判官について忌避の原因があるときは、裁判所は、当事者の申立てがなくても、当該裁判官を職務の執行から排除する旨の決定をする。 H23-56-ウ　　➡24Ⅰ参照　⑦❷　✕

□□□　当事者が忌避の原因のある裁判官の面前において弁論をし、又は弁論準備手続において申述をしたときは、たとえ忌避の原因があることを知らなかったとしても、その裁判官を忌避することができない。 H21-56-2　　➡24Ⅱただし書　⑦＊1　✕

□□□　忌避の原因のある裁判官が行った訴訟行為は、忌避の裁判の有無にかかわらず無効であり、その裁判官が終局判決に関与したことは、上告の理由及び再審の事由に該当する。 H21-56-5　　➡312Ⅱ②、338Ⅰ②　⑦＊2　✕

□□□　除斥又は忌避の申立てがあったときは、急速を要する行為を除いて、その申立てについての決定が確定するまで訴訟手続を停止しなければならない。 H21-56-4　　➡26　〇

□□□　専門委員について除斥の申立てがあったときは、その専門委員は、その申立てについての決定が確定するまでその申立てがあった事件の手続に関与することができない。 予H29-35-ア　　➡92の6Ⅱ　⑧❶ii　〇

□□□　裁判所は、当事者双方の申立てがあるときは、専門委員を手続に関与させる決定を取り消さなければならない。 予H29-35-ウ　　➡92の4ただし書　⑧❶iv　〇

□□□　裁判所は、争点の整理をするに当たり、訴訟関係を明瞭にするため必要があると認めるときは、当事者の意見を聴けばその同意がなくとも、専門的な知見に基づく説明を聴くために専門委員を手続に関与させることができる。 H26-65-ウ 、 予H30-36-4 、 予H29-35-イ　　➡92の2Ⅰ前段　⑧❷i　〇

□□□　裁判長は、当事者の意見を聴けばその同意がなくとも、証拠調べの手続に関与している専門委員が証拠調べの期日において証人に対して直接に問いを発することを許すことができる。 予H29-35-エ　　➡92の2Ⅱ後段　⑧❷ii、＊　✕

□□□　裁判所は、和解を試みるに当たり、必要があると認めるときは、当事者の意見を聴けばその同意がなくとも、当事者双方が立ち会うことができる和解を試みる期日において専門的な知見に基づく説明を聴くために専門委員を手続に関与させることができる。 予H29-35-オ　　➡92の2Ⅲ　⑧❷iii、＊　✕

28

〈CORE TRAINING〉2 裁判所の構成

7 裁判官の忌避

❶ 忌避原因	除斥原因（23Ⅰ）以外の事由により、裁判の公正を妨げるべき事情（24Ⅰ）
❷ 当事者の申立ての要否	必要（24Ⅰ）*1 H23-56-ウ
❸ 忌避の効果	忌避事由のある裁判官は、その裁判の確定を待って職務執行から排除される*2

*1 当事者が裁判官の面前において弁論をし、又は弁論準備手続において申述をしたときは、忌避申立権を失う（24Ⅱ本文）。ただし、当事者が忌避の原因があることを知らなかったとき、又は忌避の原因がその後に生じたときはこの限りでない（同項ただし書）。 H21-56-2

*2 忌避の原因のある裁判官（24Ⅰ）が訴訟行為を行っても、忌避の裁判がなければ、その裁判官が終局判決に関与したことは、上告理由（312Ⅱ②）及び再審事由（338Ⅰ②）には該当しない。 H21-56-5

8 専門委員制度

❶ 専門委員	ⅰ 専門委員は、裁判所が職権で関与させるもので、裁判所の補助者として非常勤の裁判所職員となる（92の5Ⅲ）
	ⅱ 裁判官の除斥、忌避、回避に関する規定が準用される（92の6Ⅰ） 予H29-35-ア
	ⅲ 裁判所が専門委員の指定をするに当たっては、当事者の意見を聴かなければならない（92の5Ⅱ）
	ⅳ 当事者双方の申立てがあったときは、専門委員を手続に関与させる決定を取り消さなければならない（92の4ただし書） 予H29-35-ウ
❷ 類型	ⅰ 争点・証拠整理手続や進行協議に関与させる場合 この場合、専門委員を関与させるためには、裁判所は当事者の意見を聴かなければならないが、同意は不要（92の2Ⅰ前段） H26-65-ウ、予H30-36-4、予H29-35-イ
	ⅱ 証拠調べに関与させる場合 この場合、専門委員を手続に関与させるためには、裁判所は当事者の意見を聴かなければならない（92の2Ⅱ前段）*。もっとも、専門委員が証拠調べにおいて証人等へ直接に発問をするためには、当事者の同意が必要（同項後段） 予H29-35-エ
	ⅲ 和解手続に関与させる場合 この場合、専門委員を手続に関与させるためには、当事者の同意が必要（92の2Ⅲ）* 予H29-35-オ

* 令和4年法律第48号により、92条の2第2項、第3項はそれぞれ第3項、第4項に繰下げとなる。なお、この法律は、公布日より4年以内に施行される。 予H29-35-エ・オ

第 2 編　民事訴訟の主体

MEMO

第1節　当事者とその確定

No.		
006	**当事者**	□　月　日
	予H30-32	□　月　日
		□　月　日

　当事者に関する次の1から5までの各記述のうち、判例の趣旨に照らし正しいものを2個選びなさい。

□□□　1．訴訟能力を欠く当事者がした訴訟行為は、これを有するに至った当該当事者の追認により、行為の時にさかのぼってその効力を生ずる。

□□□　2．遺言で遺言執行者が定められている場合に、既に完了している遺贈による登記について、相続人が原告となって抹消登記手続を求める訴えを提起するときは、受遺者ではなく、遺言執行者を被告としなければならない。

□□□　3．係属中の訴訟の原告と共同の利益を有する者がその原告を自己のためにも原告となるべき者として選定するためには、自ら訴えを提起して係属中の訴訟との併合を求め、共同訴訟関係を成立させなければならない。

□□□　4．権利能力のない社団は、構成員全員に総有的に帰属する不動産について、その所有権の登記名義人に対し、当該社団の代表者の個人名義に所有権移転登記手続をすることを求める訴訟の原告適格を有する。

□□□　5．未成年者が両親を法定代理人として訴えを提起した後に婚姻した後であっても、その両親は、法定代理人として訴訟行為をしなければならない。

4章

当事者に関する問題

第2編　民事訴訟の主体

| No. 006 | 正解 1、4 | 当事者能力・訴訟能力に関する28条から37条までは、正確に理解しよう。 | 正答率 69.6% |

1　正しい。

　訴訟能力を欠く者がした訴訟行為は、これを有するに至った当事者の**追認**により、**行為の時に遡ってその効力を生ずる**（34条2項）。これは、追認がなされた場合、相手方の手続保障上の地位を害さず、無能力者保護の趣旨にも反しないため、追認によりその本来の効力を認めて、従来の訴訟の成果を活かす趣旨である。

2　誤り。

　判例は、本記述と同様の事案において、「相続人は、遺言執行者ではなく、受遺者を被告として訴を提起すべき」としている（最判昭51.7.19百選12事件）。その理由について、判例は、「遺言執行者において、受遺者のため相続人の抹消登記手続請求を争い、その登記の保持につとめることは、……それ自体遺言の執行ではないし、一旦遺言の執行として受遺者宛に登記が経由された後は、右登記についての権利義務はひとり受遺者に帰属し、遺言執行者が右登記について権利義務を有すると解することはできない」としている。

3　誤り。

　係属中の訴訟の原告と共同の利益を有するが当事者でない訴訟外の第三者も、原告となっている者を選定当事者に選定することができる（30条3項）。

4　正しい。

　判例は、本記述と同様の事案において、「実体的には権利能力のない社団の**構成員全員に総有的に帰属する不動産**については、**実質的には当該社団が有している**とみるのが事の実態に即していることに鑑みると、**当該社団が当事者として当該不動産の登記に関する訴訟を追行し、本案判決を受けることを認めるのが、簡明**であり、かつ、**関係者の意識にも合致している**」としたうえで、当該不動産について「当該社団の代表者が自己の個人名義に所有権移転登記手続をすることを求める訴訟……が許容されるからといって、**当該社団自身が原告となって訴訟を追行することを認める実益がないとはいえない**」として、権利能力のない社団に原告適格を認めている（最判平26.2.27百選10事件）。

5　誤り。

　平成30年の民法改正により、成年年齢が18歳とされた（民4条）と共に、婚姻適齢も男女共に18歳とされたため（民731条）、未成年者が婚姻する場面は生じなくなった。したがって、婚姻した者は必ず成年であり、その両親の法定代理権は既に消滅しているため、両親は法定代理人として訴訟行為をすることはできない。

文献　試験対策講座136〜138、235、236頁。判例シリーズ10事件

32

No. 007 法人でない社団の当事者性

予R4-31

法人でない社団を当事者とする場合について述べた次のアからオまでの各記述のうち、判例の趣旨に照らし誤っているものを組み合わせたものは、後記1から5までのうちどれか。

ア．一定の村落住民が入会団体を形成し、それが権利能力のない社団に当たる場合には、当該入会団体は、構成員全員の総有に属する不動産につき、これを争う者を被告とする総有権確認請求訴訟の原告適格を有する。

イ．預託金会員制のゴルフ場の会員によって組織され、会員相互の親睦等を目的とする団体は、その財産的側面につき、団体として内部的に運営され対外的にも活動するのに必要な収入を得る仕組みが確保され、かつ、その収支を管理する体制が備わっている場合でも、固定資産ないし基本的財産がない限り、当事者能力を有しない。

ウ．権利能力のない社団は、構成員全員に総有的に帰属する不動産について、その所有権の登記名義人に対し、当該社団の代表者の個人名義に所有権移転登記手続をすることを求める訴訟の原告適格を有しない。

エ．普通地方公共団体の区域に属する特定地域の住民により、その福祉のため各般の事業を営むことを目的として結成された任意団体であって、当該地方公共団体の下部行政区画ではなく、代表者たる区長、評議員等の役員の選出、多数決の原則による役員会及び区民総会の運営、財産の管理、事業の内容等につき規約を有し、これに基づいて存続・活動しているものは、当事者能力を有する。

オ．ある会社に対して債権を有する三者が、それぞれの有する債権を出資し当該会社の経営を管理してその営業の再建整備を図ると共に、協力して三者それぞれの有する債権を保全回収するため、民法上の任意組合として結成し、代表者を定めたものは、当事者能力を有する。

1．アイ　　2．アオ　　3．イウ　　4．ウエ　　5．エオ

第2編　民事訴訟の主体

| No. 007 | 正解 3 | 判例の理解が重要となるので、判例をしっかり読み込もう。 | 正答率 73.1% |

ア　正しい。

　判例は、「村落住民が入会団体を形成し、それが権利能力のない社団に当たる場合には、当該入会団体は、構成員全員の総有に属する不動産につき、これを争う者を被告とする総有権確認訴訟を追行する原告適格を有するものと解するのが相当である」としている。(最判平6.5.31百選11事件)

イ　誤り。

　判例は、29条にいう「法人でない社団」に当事者能力を認める要件の一つとして、その組織において代表の方法、総会の運営、財産の管理等団体としての主要な点が確定していることを要するとしていたが（最判昭39.10.15）、「これらのうち、財産的側面についていえば、必ずしも固定資産ないし基本的財産を有することは不可欠の要件ではな」いとしている（最判平14.6.7）。

ウ　誤り。

　判例は、本記述と同様の事案において、「実体的には権利能力のない社団の構成員全員に総有的に帰属する不動産については、実質的には当該社団が有しているとみるのが事の実態に即していることに鑑みると、当該社団が当事者として当該不動産の登記に関する訴訟を追行し、本案判決を受けることを認めるのが、簡明であり、かつ、関係者の意識にも合致している」としたうえで、当該不動産について「当該社団の代表者が自己の個人名義に所有権移転登記手続をすることを求める訴訟……が許容されるからといって、当該社団自身が原告となって訴訟を追行することを認める実益がないとはいえない」として、権利能力のない社団に原告適格を認めている（前掲最判平26年）。

エ　正しい。

　設問の任意団体は、代表者たる区長、評議員等の役員の選出、多数決の原則による役員会及び区民総会の運営、財産の管理、事業の内容等につき規約を有していることが明らかとなっているため、当事者能力の要件を満たす（前掲最判昭39年、最判昭42.10.19百選8事件）。

オ　正しい。

　判例は、**民法上の組合**の当事者能力について、「『**権利能力なき社団にして代表者の定あるもの**』として」訴訟上の当事者能力があるとしている（最判昭37.12.18百選9事件）。

　文献　試験対策講座132～134頁。判例シリーズ5、7事件

34

第3節　訴訟能力

No.
008

訴訟能力、法定代理人及び法人の代表者

予H27-32

□　月　日
□　月　日
□　月　日

　　訴訟能力、法定代理人及び法人の代表者に関する次の1から5までの各記述のうち、判例の趣旨に照らし正しいものを2個選びなさい。

□□□　1．成年被後見人が意思能力のある状態で離婚の訴えを提起した場合、この訴え提起は無効であり、補正命令の対象となる。

□□□　2．被保佐人が相手方の提起した控訴につき控訴棄却を求める答弁をするには、保佐人又は保佐監督人の同意を要しない。

□□□　3．未成年者を被告とする訴状等を当該未成年者宛てに送達し、未成年者本人がこれを受領した場合、その後、法定代理人が追認したとしても、法定代理人に対し更にこれを送達しなければならない。

□□□　4．株式会社の代表取締役の職務の執行を停止し、その職務を代行する者を選任する旨の仮処分が発令されている場合、その取締役を選任した株主総会決議が無効であることの確認を請求する本案訴訟において、当該株式会社を代表すべき者は、当該職務を代行する者である。

□□□　5．法定代理人の無権代理行為の瑕疵を看過してなされた本案判決が確定した場合、訴訟能力を取得した本人がこの判決の存在を知った日から30日を経過した後は、再審の訴えを提起することができない。

4章

当事者に関する問題

第2編　民事訴訟の主体

| No. 008 | 正解 2、4 | 民事訴訟は実体法の実現過程であるから、実体法との関係もチェックしよう。 | 正答率 69.4% |

1　誤り。

　成年被後見人には、原則、**訴訟能力**が認められない（31条本文）。そして、訴訟能力の存在は、個々の訴訟行為の有効要件であるため、訴訟能力を欠く者がした訴訟行為は当然に無効である。もっとも、例外的に、婚姻その他の身分関係の行為については、意思能力を有する限り、成年被後見人にも訴訟能力が認められる（人訴13条1項）。そして、離婚の訴えは人事訴訟である（人訴2条1号）。したがって、本記述の場合、訴え提起は有効であり、補正命令の対象とはならない。

2　正しい。

　被保佐人が訴訟行為をするには、**原則として、保佐人等の同意が必要**であるが（民訴32条1項反対解釈、民13条1項4号）、被保佐人が相手方の提起した訴え又は上訴について訴訟行為をするには、保佐人又は保佐監督人の同意を要しない（民訴32条1項）。したがって、本記述の場合、保佐人又は保佐監督人の同意を要しない。

3　誤り。

　未成年者には、**訴訟能力**が認められない（31条本文）。そして、訴訟能力の存在は、個々の訴訟行為の有効要件であるため、訴訟能力を欠く者がした訴訟行為は、当然に無効であるが、その法定代理人が追認した場合には、**行為の時に遡ってその効力を生ずる**とされている（34条2項）。したがって、本記述の場合、未成年者宛の送達は、法定代理人の追認により、遡って有効となるため、法定代理人に対し更にこれを送達する必要はない。

4　正しい。

　判例は、取締役選任決議の無効確認請求訴訟を本案とする取締役の職務執行停止、職務代行者選任の仮処分が行われている場合において、本案たる決議無効確認訴訟において被告会社を代表すべき者は、職務執行を停止された代表取締役ではなく、職務代行者であるとしている（最判昭59.9.28）。

5　誤り。

　法定代理権、訴訟代理権又は代理人が訴訟行為をするのに必要な授権を欠いたことは再審事由となる（338条1項3号）。そして、再審の訴えは、原則として、当事者が判決の確定した後再審の事由を知った日から30日の不変期間内に提起しなければならないが（342条1項）、338条1項3号に掲げる事由のうち、代理権の欠缺を理由とする再審の訴えについては、当該出訴期間の制限はない（342条3項）。したがって、本記述の場合、再審の訴えを提起することができる。

文献　試験対策講座136、137、528～532頁

第4節 訴訟上の代理人

No.					
009	**訴訟代理人**				

□ 月 日
□ 月 日
□ 月 日

H25-60

訴訟代理人（訴訟委任に基づく訴訟代理人に限る。以下同じ。）に関する次の1から5までの各記述のうち、誤っているものはどれか。

□□□　1．訴訟代理人の権限は、書面で証明しなければならない。

□□□　2．解任による訴訟代理権の消滅は、本人又は解任された訴訟代理人から相手方に通知しなければ、その効力を生じない。

□□□　3．当事者が死亡しても、訴訟代理人の訴訟代理権は消滅しない。

□□□　4．当事者に複数の訴訟代理人がいる場合には、各訴訟代理人は、単独で訴訟行為をすることができない。

□□□　5．訴訟代理人の代理権の存否に疑義が生じたときは、裁判所は、職権で調査をしなければならない。

4章
当事者に関する問題

第2編　民事訴訟の主体

No.
009　正解 4　　訴訟代理人の権限について、民事訴訟法の条文　正答率
　　　　　　　　　を中心に確認しておこう。　　　　　　　　87.6%

1　正しい。
　訴訟代理人の権限は、**書面で証明**しなければならない（民訴規23条1項）。これは、書面で証明させることにより、訴訟手続を明確かつ安定的に行うためのものである。

2　正しい。
　訴訟代理権の消滅は、本人又は代理人から**相手方に通知**しなければ、その**効力を生じない**（59条・36条1項）。これは、代理権の消滅につき、効果の発生時期に関する紛争を避け、訴訟手続の安定と明確を期するための規定である。

3　正しい。
　訴訟代理権は、当事者の死亡又は訴訟能力の喪失によっては、消滅しない（58条1項1号）。これは、訴訟手続の迅速・円滑な進行の要請があること、また、訴訟委任はその目的と範囲が明確であり、通常は資格のある弁護士に対してなされるもので、委任者又はその承継人の信頼が裏切られる懸念が少ないことを考慮して、一定の場合には訴訟代理権が消滅しない旨を定めたものである。

4　誤り。
　訴訟代理人が複数あるときは、各自当事者を代理する（個別代理の原則、56条1項）。これは、訴訟を迅速かつ円滑に進行させるためである。したがって、当事者に複数の訴訟代理人がいる場合には、各訴訟代理人は、単独で訴訟行為をすることができる。

5　正しい。
　訴訟代理権の存在は、個々の訴訟行為の有効要件であり、その存否に疑義が生じたときは、裁判所は、職権で調査をしなければならない（**職権調査事項**）。

　文献　試験対策講座147〜149頁

第4節 訴訟上の代理人

| No. 010 | 訴訟代理人 予H28-32 | ☐ 月 日 ☐ 月 日 ☐ 月 日 |

訴訟代理人に関する次のアからオまでの各記述のうち、判例の趣旨に照らし正しいものを組み合わせたものは、後記1から5までのうちどれか。

☐☐☐ ア．訴訟委任に基づく訴訟代理人の資格は、弁護士に限られるから、簡易裁判所の事件であっても、弁護士でない者を訴訟代理人とすることは許されない。

☐☐☐ イ．訴訟委任を受けた訴訟代理人が、委任を受けた事件の相手方から提起された反訴に関して訴訟行為をするには、改めて、反訴に関する訴訟委任を受けなければならない。

☐☐☐ ウ．訴訟委任を受けた訴訟代理人が適法に訴訟復代理人に訴訟委任をしていた場合、その訴訟代理人が死亡しても、委任を受けた訴訟復代理人は、これにより訴訟代理権を失うことはない。

☐☐☐ エ．複数の訴訟代理人に訴訟委任をした当事者が、各訴訟代理人との間で、各訴訟代理人が単独で訴訟行為をすることができないとの定めをしたときは、各訴訟代理人が単独でした訴訟行為は無効となる。

☐☐☐ オ．訴訟委任を受けた訴訟代理人が、委任を受けた事件について和解をするには、特別の委任を受けていなければならない。

1．アイ　　2．アエ　　3．イオ　　4．ウエ　　5．ウオ

4章 当事者に関する問題

第2編　民事訴訟の主体

| No. 010 | 正解 5 | 代理に関する条文問題である。民法と対比をしながら確認しておこう。 | 正答率 65.5% |

ア　誤り。

　法令により裁判上の行為をすることができる**代理人**のほか、**弁護士でなければ訴訟代理人**となることが**できない**（弁護士代理の原則、54条1項本文）。すなわち、訴訟委任に基づく訴訟代理人の資格は、原則として、弁護士に限られる。もっとも、簡易裁判所においては、その許可を得て、弁護士でない者を訴訟代理人とすることができる（同項ただし書）。

イ　誤り。

　訴訟代理人は、委任を受けた事件について、反訴に関する訴訟行為をすることができる（55条1項）。ここにいう反訴に関する訴訟行為とは、受任した事件の相手方が提起した反訴に対する応訴を意味するところ、反訴はもともと本訴と共に審理されるものであり、本訴の訴訟代理人が反訴について応訴し、反訴の請求の排斥に努めることは、訴訟追行の便宜に資することから、当然なし得るものとされている。したがって、相手方から提起された反訴に関する訴訟行為をするのに、改めて反訴に関する訴訟委任を受ける必要はない。

ウ　正しい。

　訴訟代理権は、代理人の死亡によって消滅する（民111条1項2号）。もっとも、判例は、訴訟復代理人がいる場合に原代理人が死亡した事案において、「訴訟代理人がその権限に基づいて選任した訴訟復代理人は独立して当事者本人の訴訟代理人となるものであるから、選任後継続して本人のために適法に訴訟行為をなし得るものであって、訴訟代理人の死亡に因って当然にその代理資格を失なうものとは解されない」としている（最判昭36.11.9）。

エ　誤り。

　訴訟代理人が数人あるときは、各自当事者を代理し（個別代理の原則、56条1項）、当事者がこれと異なる定めをしても、その効力を生じない（同条2項）。したがって、各訴訟代理人が単独で訴訟行為をすることができないとの定めは無効であり、各訴訟代理人が単独でした訴訟行為は無効とはならない。

オ　正しい。

　訴訟委任を受けた訴訟代理人が、委任を受けた事件について、訴えの取下げ、和解、請求の放棄若しくは認諾などをするには、特別の委任を受けていなければならない（55条2項2号）。これは、訴訟物自体を処分する行為については、本人の意思による必要があることから、特別授権事項とされたものである。

文献／試験対策講座147～150頁

40

第4節　訴訟上の代理人

No. 011	訴訟代理人	□ 月 日
	予R3-34	□ 月 日
		□ 月 日

　　訴訟委任を受けた訴訟代理人に関する次のアからオまでの各記述のうち、判例の趣旨に照らし誤っているものを組み合わせたものは、後記1から5までのうちどれか。

□□□　ア．訴訟代理人の権限は、書面で証明しなければならない。

□□□　イ．訴訟代理人は、和解条項中に訴訟物たる権利以外の権利に関する条項を含むものでない限り、当事者から和解についての特別の委任を受けていない場合であっても、訴訟上の和解をすることができる。

□□□　ウ．訴訟代理人の事実に関する陳述を当事者が直ちに更正したときは、その陳述は効力を生じない。

□□□　エ．訴訟代理人が故意又は重大な過失により真実に反して文書の成立の真正を争ったときであっても、訴訟代理人が過料に処せられることはない。

□□□　オ．訴訟代理人が適法に選任した訴訟復代理人は、訴訟代理人の死亡によっては訴訟代理権を失わない。

　1．ア　イ　　　2．ア　ウ　　　3．イ　エ　　　4．ウ　オ　　　5．エ　オ

4章

当事者に関する問題

41

第2編　民事訴訟の主体

| No. 011 | 正解 3 | 訴訟委任に基づく訴訟代理人の権限について、正確に理解しておこう。 | 正答率 77.4% |

ア　正しい。

　訴訟代理人の権限は、書面で証明しなければならない（民訴規23条1項）。委任は本来無形式のものであるのに、訴訟委任についてこれを証する書面を必要としている趣旨は、書面を記録に添付することにより、訴訟の進行上将来生じるかもしれない代理権の存否に関する争いを防止し、もって訴訟手続の安定と迅速・円滑な進行とを図る点にある。

イ　誤り。

　訴訟代理人は、委任を受けた事件について、反訴、参加、強制執行、仮差押え及び仮処分に関する訴訟行為をし、かつ、弁済を受領することができるが（55条1項）、①反訴の提起、②訴えの取下げ、和解、請求の放棄・認諾、訴訟脱退、③上訴及びその取下げ、④異議の取下げ、⑤代理人の選任については、特別の委任を受けなければならない（55条2項）。訴訟代理人は、請求に関して勝訴判決を得るための訴訟行為については、全面的な委任を受けているが、別個の請求を定立したり、和解などによって訴訟法律関係自体を処分したりすることについては、本人の意思によらせる必要があるので、特別授権事項とされたものである。

ウ　正しい。

　訴訟代理人の事実に関する陳述は、当事者が直ちに取り消し、又は更正したときは、その効力を生じない（57条）。これは、当事者の更正権と呼ばれ、いかなる事実を訴訟資料として提出するかについて当事者本人の判断権を認めたものである。

エ　誤り。

　訴訟代理人は訴訟法律関係の主体ではないものの、自己の意思に基づいて訴訟行為をなすものであるから、その行為の前提として事実についての知不知、又は故意過失が訴訟手続上問題となるときには、代理人の事情が基準とされる（民101条1項参照）。したがって、訴訟代理人が故意又は重大な過失により真実に反して文書の成立の真正を争ったときは、訴訟代理人が過料に処せられる（民訴230条1項。その他代理人が基準とされるものとして、24条2項ただし書、46条4号、97条1項、157条1項、167条、338条1項ただし書など）。

オ　正しい。

　前掲最判昭36年は、訴訟代理人が選任した訴訟復代理人は、独立して当事者本人の訴訟代理人となるのであって、訴訟代理人の死亡によって当然に代理権を失うものではないとしている。

文献　試験対策講座147～150頁

MEMO

〈CORE TRAINING〉1　当事者能力／2　訴訟能力

CORE TRAINING

01　当事者能力

□□□　当事者能力とは、民事訴訟において一般的に当事者となり得る資格をいい、民法上の権利能力を有する者は、当然に当事者能力を有する。オリジナル

➡ 28　　　○

02　訴訟能力

□□□　訴状を送達したところ被告に訴訟能力が欠けていることが明らかになったときは、裁判所は、期間を定めてその補正を命じなければならない。H19-62-イ

➡ 34 I 前段　　○

□□□　原告に訴訟能力が欠けていることを理由とする訴え却下判決に対して原告が控訴した場合において、控訴裁判所が訴訟能力が欠けているとの判断に達したときは、訴訟能力を欠く者のした控訴であるから、同裁判所は、控訴を不適法なものとして却下しなければならない。H19-62-ウ

➡ 控訴を却下するべきではない
1 *　　×

□□□　原告に訴訟能力が欠けていることを理由とする訴え却下判決に対して原告が控訴した場合において、控訴裁判所が訴訟能力があるとの判断に達したときは、同裁判所は、第一審判決を取り消して、自ら本案について判決をしなければならない。H19-62-エ

➡ 307本文　1　　×

44

〈CORE TRAINING〉1 当事者能力／2 訴訟能力

CORE PLUS

1 当初からの訴訟無能力者による訴訟

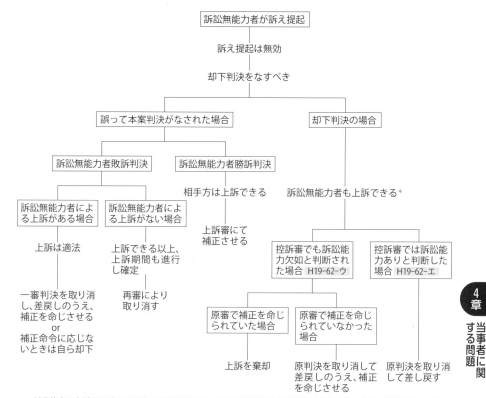

* 訴訟能力の欠缺を理由とする却下判決に対して、自らの訴訟能力を主張して上訴することは、訴訟能力の有無を争う機会の保障という観点から適法となる。よって、控訴審は却下判決をすることができない。H19-62-ウ

〈CORE TRAINING〉3　訴訟上の代理人

CORE TRAINING

03　訴訟上の代理人

□□□　判例によれば、弁護士が、弁護士法第25条第1号の、相手方の協議を受けて賛助し、又はその依頼を承諾した事件については、その職務を行ってはならないとの規定に違反して、訴訟行為を行った場合には、相手方当事者は、当該訴訟行為に異議を述べ、裁判所に対し、排除を求めることができる。H20-60-2

➡ 最大判昭38.10.30（百選20事件）②※　○

□□□　株式会社に代表者がない場合において、当該株式会社に対し訴えを提起しようとする者は、遅滞のため損害を受けるおそれがあることを疎明して、特別代理人の選任を申し立てることができる。H25-59-2

➡ 37・35 I　○

□□□　法定代理人は判決書の必要的記載事項であるが、訴訟代理人は判決書の必要的記載事項ではない。H23-60-1

➡ 253 I 各号参照 ② ❶ i、＊2　○

□□□　法定代理人が数人ある場合であっても、訴訟代理人が数人ある場合であっても、送達は、その一人にすれば足りる。H23-60-3

➡ 法定代理人について102条2項、訴訟代理人について大判大3.2.28参照 ② ＊1　○

＊　令和4年法律第48号により、102条2項は99条2項となる。なお、この法律は、公布日より4年以内に施行される。

□□□　法定代理人及び訴訟代理人の事実に関する陳述を当事者が直ちに取り消したときは、当該陳述は、その効力を生じない。H23-60-2

➡ 57参照　② ❷ iii　✕

□□□　法定代理人は当該訴訟において証人となることができないが、訴訟代理人は当該訴訟において証人となることができる。H23-60-5

➡ 211、190　② ❷ iv　○

□□□　法定代理人が死亡した場合であっても、訴訟代理人が死亡した場合であっても、訴訟手続は中断する。H23-60-4 、予H29-36-オ

➡ 124 I ③参照 ② ❷ v　✕

46

〈CORE TRAINING〉3　訴訟上の代理人

CORE PLUS

② 法定代理人と任意代理人の比較

<table>
<tr><th colspan="2"></th><th>a 法定代理人</th><th>b 任意代理人</th></tr>
<tr><td rowspan="3">❶
代理権</td><td>ⅰ 資　格</td><td>資格制限なし</td><td>弁護士代理の原則（54Ⅰ本文）</td></tr>
<tr><td>ⅱ 範　囲</td><td>実体法による（28）
原則としてすべての行為可</td><td>包括的・不可制限的（55Ⅰ、Ⅲ）</td></tr>
<tr><td>ⅲ 消　滅</td><td>民法などの法令による</td><td>代理人の死亡、成年被後見・破産
手続開始の決定、委任の終了、
解任・辞任、本人の破産等</td></tr>
<tr><td rowspan="5">❷
訴訟追行上の地位</td><td>ⅰ 代理人の表示
H23-60-1</td><td>訴状及び判決書の必要的記載
事項（134Ⅱ①、253Ⅰ⑤）*²</td><td>必要的記載事項ではない</td></tr>
<tr><td>ⅱ 送達*¹</td><td>法定代理人に対してする（102Ⅰ）*³</td><td>本人に対してなせばよい</td></tr>
<tr><td>ⅲ 本人の更正権
H23-60-2</td><td>なし</td><td>あり（57）</td></tr>
<tr><td>ⅳ 証人適格ほか
H23-60-5</td><td>証人適格なし
→当事者尋問（211）</td><td>証人、鑑定人となり得る</td></tr>
<tr><td>ⅴ 代理人死亡の影響
H23-60-4、予H29-36-オ</td><td>中断事由に当たる（124Ⅰ③）</td><td>中断事由に当たらない</td></tr>
</table>

＊1　判例は、訴訟代理人の送達について、当事者の訴訟代理人が数人ある場合にその1人に対して送達をすれば足りるとしている（大判大3.2.28）。H23-60-3

＊2　令和4年法律第48号により、判決書の必要的記載事項は、252条1項に規定された。なお、この法律は、公布日より4年以内に施行される。H23-60-1

＊3　令和4年法律第48号により、102条1項は99条1項と改正された。なお、この法律は、公布日より4年以内に施行される。

※　判例は、弁護士法25条1号違反の訴訟行為については、相手方たる当事者は、これに異議を述べ、裁判所に対しその行為の排除を求めることができるとしている（最大判昭38.10.30百選20事件）。H20-60-2

③ 訴訟上の代理人の種類

■法令名なき条文は民訴を指す

<table>
<tr><td rowspan="6">訴訟上の代理人</td><td rowspan="3">法定代理人
（本人の意思に基づかない場合）</td><td>実体法上の法定代理人　e.g. 未成年者の法定代理人（民824）</td></tr>
<tr><td>訴訟法上の特別代理人　e.g. 35条1項の特別代理人</td></tr>
<tr><td>個々の訴訟行為の法定代理人　e.g. 刑事施設の長（102Ⅲ）*¹</td></tr>
<tr><td rowspan="3">任意代理人
（本人の意思に基づく場合）</td><td>訴訟委任に基づく訴訟代理人　e.g. 弁護士（54Ⅰ）</td></tr>
<tr><td>法令上の訴訟代理人　e.g. 支配人（商21Ⅰ）</td></tr>
<tr><td>個々の訴訟行為の任意代理人　e.g. 送達受取人（104Ⅰ）*²</td></tr>
</table>

＊1　令和4年法律第48号により、102条3項は99条3項と改正された。なお、この法律は、公布日より4年以内に施行される。

＊2　令和4年法律第48号により、104条1項の「送達を」は「書類の送達を」と改正された。なお、この法律は、公布日より4年以内に施行される。

第2編　民事訴訟の主体

MEMO

第**3**編

訴訟の開始

第1節　訴えの概念と種類

No.
012

判決の効力

H24-71

□ 月　日
□ 月　日
□ 月　日

　判決の効力に関する次の1から5までの各記述のうち、誤っているものはどれか。

□□□　1．給付訴訟において請求を棄却する判決は、確認判決である。

□□□　2．形成訴訟において請求を認容する判決には、遡及して形成の効果を生ずるものと、将来に向かってのみ形成の効果を生ずるものとがある。

□□□　3．債務不存在確認訴訟において請求を認容する判決が確定すると、当該債務に係る被告の債権が存在しないことが既判力をもって確定される。

□□□　4．土地の所有権確認訴訟において請求を棄却する判決が確定したときは、原告が当該土地の所有権を有しないことが既判力をもって確定されるが、被告がその土地の所有権を有することが確定されることはない。

□□□　5．離婚判決が確定しても、当該判決に基づき戸籍法上の届出がされなければ、婚姻解消の効果は生じない。

5章

訴え提起

51

第3編　訴訟の開始

| No.
012 | 正解　5 | 判決の効力に関する基礎的な知識を問う問題なので、しっかりと復習しておこう。 | 正答率
83.0% |

1　正しい。
　給付訴訟において請求を棄却する判決は、**給付請求権が存在しないことを確認する確認判決**である。

2　正しい。
　形成訴訟において請求を認容する判決は、権利・法律関係の変動を宣言する**形成判決**であり、その内容どおりの変動を生じさせる効力（形成力）を有すると共に、**形成要件の存在の判断について既判力が生じる**。そして、この判決には、遡及して形成の効果を生じるものと、将来に向かってのみ形成の効果を生じるものとがある。

3　正しい。
　確認の訴えとは、原告が特定の**権利・法律関係の存在又は不存在**を主張して、それを**確認する判決**を求める訴えをいい、その存在を主張するものを積極的確認の訴え、その不存在を主張するものを消極的確認の訴えという。そして、確認の訴えの本案判決は、請求を認容するものであるか棄却するものであるかを問わず、**確認対象の現在の存否を宣言する確認判決であり、その存否の判断に既判力が生じる**。したがって、債務不存在確認訴訟において請求を認容する判決が確定すると、当該債務に係る被告の債権が存在しないことが既判力をもって確定される。

4　正しい。
　確認の訴えの本案判決は、請求を認容するものであるか棄却するものであるかを問わず、**確認対象の現在の存否を宣言する確認判決であり、その存否の判断に既判力が生じる**。したがって、本記述において既判力をもって確定されるのは「原告が土地の所有権を有しないこと」であり、被告がその土地の所有権を有することが確定されることはない。

5　誤り。
　離婚訴訟は**形成訴訟**であり、形成訴訟において請求を認容する判決は、権利・法律関係の変動を宣言する**形成判決**であり、その内容どおりの変動を生じさせる効力（形成力）を有する。したがって、**離婚判決が確定すれば**、当該判決に基づき戸籍法上の届出がされなくとも、**婚姻解消の効果が生じる**。

文献 試験対策講座154～158頁

第1節 訴えの概念と種類

No.		境界確定の訴え		□ 月 日
013		予R4-35		□ 月 日
				□ 月 日

筆界確定の訴えに関する次のアからオまでの各記述のうち、判例の趣旨に照らし誤っているものを組み合わせたものは、後記1から5までのうちどれか。

□□□ ア．筆界確定の訴えの請求の趣旨として、原告は、隣接する両土地の筆界を確定する旨の判決を求めるだけでは足りず、特定の筆界を明示しなければならない。

□□□ イ．一定の線を筆界と定めた第一審判決に対し、これに不服のある当事者の一方のみが控訴し、附帯控訴がされていない場合であっても、控訴裁判所は、第一審判決を変更して、第一審判決が定めた筆界よりも更に控訴人にとって不利な筆界を定めることができる。

□□□ ウ．相隣者間で筆界につき合意が成立しても、裁判所は、その合意と異なる位置にある線を筆界と定めることができる。

□□□ エ．原告が自己の所有する甲土地に隣接する乙土地の所有者を被告として筆界確定の訴えを提起したが、被告が甲土地の一部の時効取得を主張し、それが認められることにより、確定を求めた筆界の全部が被告の所有する土地の内部に存在することが明らかになった場合には、原告は当事者適格を失う。

□□□ オ．裁判所は、証拠等により特定の筆界を認定できない場合でも請求を棄却することは許されず、具体的事案に応じ最も妥当な筆界を合目的的な判断によって確定しなければならない。

1．ア　エ　　　2．ア　オ　　　3．イ　ウ　　　4．イ　エ　　　5．ウ　オ

5章 訴え提起

53

第3編　訴訟の開始

| No. 013 | 正解 1 | 受験生にとって手薄になりがちな分野だが、基本的な事柄が出題されているため、しっかりと取り組もう。 | 正答率 71.8% |

ア　誤り。　　　　　　　　　　　　　　　　　　　　　　　　　　　　類 予H29-44-5

　判例は、境界確定の訴えの性質につき**形式的形成訴訟説**を採用している。そのため、処分権主義の適用はなく、特定の境界線を掲げる必要はない（最判昭41.5.20）。

イ　正しい。　　　　　　　　　　　　　　　　　　　　　　　　　　　類 予H29-44-3

　判例は、境界確定訴訟では、**不利益変更禁止の原則（304条）は適用されない**としている（最判昭38.10.15）。

ウ　正しい。

　形式的形成訴訟には、**処分権主義が妥当せず**、当事者間の合意により境界を確定することができない。よって、裁判所は、その合意と異なる位置にある線を筆界と定めることができる（最判昭31.12.28）。

エ　誤り。　　　　　　　　　　　　　　　　　　　　　　　　　　　　類 予H29-44-4

　判例は、境界の全部に接する部分の土地の取得時効があっても、隣地所有者同士である原告と被告の当事者適格は失われないと判示している（最判平7.3.7）。

オ　正しい。

　判例は、すべての事情を総合考慮して、何らかの境界を定めなければならないとしている。そのため、請求棄却判決をすることはできない（大判大12.6.2）。

文献　試験対策講座159〜163頁

54

No.			月 日
014	**送　達**		□ 月 日
		H20-58	□ 月 日

第2節　訴えの手続

　　Aは、B、C、D及びEを共同被告として、Q地方裁判所に訴えを提起した。B及びCは、住所が分かっている。Dは、住所、居所、営業所及び事務所のいずれも不明であるが、Fの事務所で雇われていることが分かっている。Eは、未成年者であり、母Gとは同居しているが、父Hは単身赴任先に住所がある。

　　この事件について、送達に関する次の1から5までの各記述のうち、誤っているものはどれか。

1．Aは、Q地方裁判所の管轄区域外にある友人I宅を、Q地方裁判所に送達場所として届け出た。Aに対する第1回口頭弁論期日の呼出状の送達は、友人I宅においてする。

2．Bは、Jを被告として訴えている別件訴訟の原告として、和解期日に出席するためQ地方裁判所に出頭した。裁判所書記官は、Bに対し、自ら訴状の送達をすることができる。

3．郵便の業務に従事する者は、Cの住所において、Cが不在である場合、同居の妻Kに訴状を交付することができる。

4．Dに対する訴状の送達は、Fの事務所においてすることができる。

5．Eに対する訴状の送達は、父Hに対し、Hの住所地においてするとともに、母Gに対し、Gの住所地においてしなければならない。

5章　訴え提起

第3編　訴訟の開始

| No.
014 | 正解 5 | 全般的に送達に関する条文問題である。送達関連の条文をしっかり確認しておこう。 | 正答率
86.1% |

1　正しい。

104条1項前段の規定により送達場所の届出がなされた場合、送達は、103条の規定にかかわらず、届出に係る場所においてする（104条2項）。したがって、Aに対する送達は、送達場所として届出のあった友人I宅においてする。

2　正しい。

裁判所書記官は、その所属する裁判所の事件について出頭した者に対しては、自ら送達することができる（100条）。この「その所属する裁判所の事件」には、当該訴訟に係るものはもちろんのこと、ほかの係の民事訴訟事件、民事保全事件、破産事件、刑事事件など同一の国法上の裁判所の事件である限り、すべての事件が含まれる。したがって、Q地方裁判所の書記官は、別件訴訟の原告として出頭したBに対し、自ら訴状を送達することができる。

＊　令和4年法律第48号により、解説文中の「100条」は、「102条」に改正される。なお、この法律は、公布日より4年以内に施行される。

3　正しい。

送達は、原則として、送達を受けるべき者の住所、居所、営業所又は事務所においてする（103条1項本文）。そして、就業場所以外の送達をすべき場所において送達を受けるべき者に出会わないときは、使用人その他の従業者又は同居者であって、書類の受領について相当のわきまえのある者に書類を交付することができる（106条1項前段）。したがって、本記述の場合、郵便の業務に従事する者は、Cの同居の妻Kに訴状を交付することができる。

4　正しい。

送達名宛人の住所・居所・営業所等が不明であっても、就業場所が判明していれば、その場所において送達を行うことができる（103条2項前段）。これは、国民の生活態様の変化に伴い昼間不在者が増加し、受送達者の住所・居所等において訴訟書類を送達することが困難になってきていることを背景とする。したがって、Dに対する訴状の送達は、Dが雇われているFの事務所においてすることができる。

5　誤り。

訴訟無能力者に対する送達は、その法定代理人にしなければならない（102条1項）。もっとも、父母が共同して親権を行使する場合（民818条3項本文）のように数人が共同して代理権を行うべき場合には、送達は、そのうちの1人にすれば足りる（民訴102条2項）。したがって、Eに対する訴状の送達は、父H又は母Gのいずれかにすれば足り、両者にする必要はない。

＊　令和4年法律第48号により、解説文中の「102条」は、「99条」に改正される。なお、この法律は、公布日より4年以内に施行される。

文献　試験対策講座168～172頁

56

〈CORE TRAINING〉1 訴えの概念と種類

CORE TRAINING

01 訴えの概念と種類

□□□ 所有権に基づく土地明渡請求訴訟の係属中に、土地所有権の確認を求める中間確認の訴えを提起することはできるが、筆界（境界）確定を求める中間確認の訴えを提起することはできない。予H29-44-2

➡ 最判昭57.12.2 ○
1 ❶

CORE PLUS

1 境界確定訴訟

		結 論	内 容
❶	法的性質	形式的形成訴訟（最判昭43.2.22百選35事件）	境界確定訴訟は、係争土地の所有権の確認とは異なり、土地所有権に基づく土地明渡請求訴訟と先決関係に立つ法律関係ではないことから、所有権に基づく土地明渡請求訴訟の係属中に境界確定を求める中間確認の訴えを提起することはできない（最判昭57.12.2）予H29-44-2
❷	手続の特殊性	i 処分権主義の制限	a 原告は特定の境界線を示して訴えを提起する必要はない（最判昭41.5.20） b 裁判所は当事者の申し立てた境界線に拘束されない c 請求の認諾、和解の余地はない
		ii 弁論主義の排除	当事者の自白は裁判所を拘束しない
		iii 証明責任法理の不適用	裁判所は証拠などから境界線が確定できない場合でも請求棄却できず、境界線を合目的的に確定しなければならない
		iv 不利益変更禁止原則の排除	控訴審は一審の定めた境界に拘束されない（最判昭38.10.15）
❸	当事者適格	i 相隣接する土地の所有者に認められる（最判平7.3.7） ii 具体例 　a 境界の一部に接する部分を他方当事者が時効取得した場合でも、その一部について両当事者に当事者適格が認められる（最判昭58.10.18） 　b 境界の全部に接する部分のみを他方当事者が時効取得した場合でも、両当事者に当事者適格が認められる（前掲最判平7年） 　c 一方の所有者が他方の土地全部を時効取得した場合、所有権を失った者は当事者適格を失う（最判平7.7.18）	

5章 訴え提起

57

〈CORE TRAINING〉2　訴えの手続

C O R E   T R A I N I N G

02　訴えの手続

□□□　自然人を被告とする場合、通常は氏名と住所を訴状に記載して被告を特定するが、特定し得るのであれば、氏名の代わりに通称名を用いることができる。H19-66-1

➡ 特定できればよい　②❶ⅰ　○

□□□　貸金返還請求訴訟の訴状に、弁済期の合意や弁済期の到来の事実の記載がなくても、契約当事者、貸付日及び貸付金額を記載することによって請求が特定されれば、補正を命じた上での訴状却下命令をすることはできない。H19-66-3

➡ 請求が特定されればよい　②❶ⅱ　○

□□□　訴状には、立証を要する事由ごとに、当該事実に関連する事実で重要なもの及び証拠を記載しなければならない。H19-66-5

➡ 民訴規53Ⅰ　②❶ⅲ　○

□□□　訴状の審査は、受訴裁判所が行う。H26-62-1

➡ 137Ⅰ前段　③❶a　×

＊　令和4年法律第48号により、137条1項後段は削除された。なお、この法律は、公布日より4年以内に施行される。

□□□　裁判長が補正を命じても訴状の送達をすることができない場合には、その訴状は、命令で、却下される。H24-56-1

➡ 138Ⅱ・137Ⅰ、Ⅱ　③❷a　○

□□□　訴状における立証方法に関する記載も、訴状審査の対象となる。H23-61-4

➡ 134Ⅱ参照　③＊1　×

□□□　証拠の引用又は添付の不備は、補正命令の対象となる。H26-62-2

➡ 134Ⅱ参照　③＊1　×

□□□　補正命令の対象となる事項については、裁判所書記官に命じて補正を促すことができない。H26-62-3

➡ 民訴規56　③＊1　×

□□□　訴状審査の結果として訴状に不備があることが判明した場合の補正命令は、裁判所書記官がする。H23-61-1

➡ 137Ⅱ　③※　×

□□□　訴状を却下する命令に対しては、不服を申し立てることができない。H26-62-5

➡ 137Ⅲ　③※　×

□□□　訴状が被告に送達された後は、訴状を却下することができない。H26-62-4、H24-56-4、予H28-35-オ

➡ 訴状送達後は140による　③❸b　○

□□□　不適法なことが明らかな訴えであって、当事者のその後の訴訟活動により適法とすることが全く期待することができないものを、口頭弁論を経ずに判決で却下する場合には、被告に対し訴状を送達することを要しない。予R2-36-イ

➡ 最判平8.5.28　③＊2　○

58

〈CORE TRAINING〉2　訴えの手続

CORE PLUS

② 訴状の記載事項

❶ 必要的記載事項	i 当事者及び法定代理人（134Ⅱ①） →原告及びその代理人・被告を特定できる程度の表示を要する H19-66-1 ii 請求の趣旨及び原因（134Ⅱ②） →請求の趣旨の記載から請求が特定できる場合には、請求原因を重ねて記載する必要はない H19-66-3 iii 請求を理由付ける事実を具体的に記載し、かつ、立証を要する事由ごとに、当該事実に関連する事実で重要なもの及び証拠を記載しなければならない（民訴規53Ⅰ）H19-66-5
❷ 任意的記載事項	請求を理由あらしめる事実（攻撃防御方法）

③ 訴状却下と不適法却下

	a 訴状却下（137Ⅱ）*1	b 不適法却下（140）
❶ 主　体	裁判長 H26-62-1	裁判所
❷ 裁判の形式	命令 H24-56-1	判決
❸ 訴状送達	なし	あり*2 H26-62-4 、H24-56-4 、予H28-35-オ
❹ 訴訟係属の有無	生じない	生じている

＊1　訴状審査及び補正命令の対象は、134条2項の事由に限られる。 H26-62-2 、H23-61-4
　　また、補正命令の対象となる事項については、裁判所書記官に命じて補正を促すことができる（民訴規56）。
　　 H26-62-3
＊2　訴えが不適法であることが明らかであり、当事者のその後の訴訟活動によって訴えを適法とすることが全く期待できないような場合は、例外的に送達を要しない（最判平8.5.28）。 予R2-36-イ

※　裁判長は、訴状に不備があれば、相当の期間を定めて補正を命じる。 H23-61-1
　　　期間内に補正されないときに、裁判長の命令で訴状を却下して返還する（137Ⅱ）。この訴状却下命令に対しては、即時抗告（328）をすることができる（137Ⅲ）。 H26-62-5

5章　訴え提起

59

〈CORE TRAINING〉2　訴えの手続

CORE TRAINING

□□□　訴状の送達は、被告本人に直接交付して行うべきもので
あり、それができない場合には、公示送達の方法によらなけれ
ばならない。 H24-56-3

＊　令和4年法律第48号により、解説文中の「101条」は、「102条の2」に改
正される。なお、この法律は、公布日より4年以内に施行される。

➡ 様々な手段が法　✕
定されている(101、
106Ⅰ、106Ⅲ、107、
110参照)　④

□□□　訴訟代理人がある間は、当事者本人に対してした訴訟関
係書類の送達は無効である。 予R2-36-ア 、 予H27-31-5

➡ 最判昭25.6.23　✕
④ ❶ⅲ

□□□　株式会社に対する送達は、その訴訟において会社を代表
すべき者の住所においてしなければ、その効力を有しない。
H25-59-3

➡ 37・103Ⅰ　✕
④ ❷ⅰ、ⅱa

□□□　訴訟代理人がない場合には、当事者は、送達を受けるべ
き場所を受訴裁判所に届け出ることを要しない。 予R2-36-ウ

➡ 104Ⅰ前段　✕

□□□　被告の住所宛てに郵便に付する送達ができる場合にお
いて、訴状等を書留郵便で発送すれば、書留郵便の保管期間満
了により訴状等が裁判所に返戻されても、訴訟係属の効果には
影響がない。 予H27-31-2

➡ 107Ⅲ　④ ❷ⅳ　◯

□□□　公示送達は、当事者の住所、居所その他送達をすべき場
所が知れない場合にのみ認められる。 H22-60-1

➡ 110Ⅰ各号参照　✕

□□□　公示送達は、外国においてすべき送達については用いる
ことができない。 H22-60-3

➡ 110Ⅰ③　✕

□□□　公示送達は、訴状及び期日呼出状についてのみ行うこと
ができ、判決書の送達は公示送達によることができない。 H22-
60-2

＊　令和4年法律第48号により、解説文中の「111条」は、「111条1号」に改
正される。なお、この法律は、公布日より4年以内に施行される。

➡ 裁判所書記官が　✕
送達すべき書類に
判決書は含まれる
111、255　④ ❷ⅴ
a

□□□　訴状が公示送達の方法により送達され、その後、判決も
同様に公示送達の方法によって送達された場合には、これらの
書類の送達の効力は、掲示を始めた日から2週間を経過するこ
とによって生ずる。 予H28-35-ウ

➡ 112Ⅰただし書　✕
④ ❷ⅴb

□□□　訴状において契約解除の意思表示をしようとする場合
においても、その訴状の送達が公示送達の方法によってされた
ときは、契約解除の意思表示が被告に到達したことにはならな
い。 H24-56-5

➡ 113前段　④ ❷　✕
ⅴb

60

〈CORE TRAINING〉2　訴えの手続

CORE PLUS

4 送達　H24-56-3

<table>
<tr>
<td rowspan="1">❶
送達を受けるべき者</td>
<td colspan="2">i 送達名宛人 (101)、補充送達を受領する資格を有する者
ii 送達名宛人が訴訟無能力者であるときは、その法定代理人 (102 I)
iii 送達書類の名宛人たる当事者が訴訟委任をしているときは、訴訟代理人が送達を受けるのが通常であるが、本人に対して送達しても有効 (最判昭25.6.23) 予R2-36-ア、予H27-31-5
iv 数人の代理人が共同代理すべき場合にも、送達はそのうちの1人にすれば足りる (102 II)</td>
</tr>
<tr>
<td rowspan="2">❷
送達の方式</td>
<td>原則：交付送達 (101)</td>
<td>i 送達すべき場所
　原則：名宛人の住所・居所・営業所又は事務所 (103 I 本文) H25-59-3
　例外：簡易送達 (100)
ii 送達場所の特則
　a 営業所・事務所における送達 (103 I ただし書) H25-59-3
　b 就業場所における送達 (103 II)
　c 出会送達 (105)
iii 直接手渡すことができない場合の措置
　a 補充送達 (106 I 前段)
　b 就業場所における補充送達 (106 II、民訴規43)
　c 出会送達 (106 I 後段)
　d 差置送達 (106 III)</td>
</tr>
<tr>
<td>例外</td>
<td>iv 付郵便送達 (107、民訴規44)
　書記官が発送した時に送達の実施があったものとみなされる (107 III) ため、書留郵便の保管期間満了により訴状等が裁判所に返戻されても、訴訟係属の効果には影響がない 予H27-31-2
v 公示送達 (110、111、112)
　a 送達する場所が分からない等の場合、最後の手段としてなされる (110)。裁判所書記官が送達すべき書類について行うことができる (111) H22-60-2
　b 原則として掲示してから2週間を経過したときに送達の効力を生ずる (112 I)。例外として、同一の当事者に対する2回目以降の公示送達 (110 III) については、掲示を始めた日の翌日にその効力を生ずる (112 I ただし書) 予H28-35-ウ
　→訴状において意思表示をしようとする場合、その訴状の送達が公示送達の方法によってされたときは、掲示を始めた日から2週間を経過した時に、その意思表示が被告に到達したものとみなされる (113前段) H24-56-5</td>
</tr>
</table>

※　令和4年法律第48号により、電磁的記録の送達に関する制度が創設され（109条から109条の4まで、111条2項）、従来の方法による送達は「書類の送達」という名称に変更された。これに伴い、上記表における条文番号が一部変更されている（100条が102条に、101条が102条の2に、102条が99条に、など）。なお、この法律は、公布日より4年以内に施行される。

5章

訴え提起

61

〈CORE TRAINING〉2　訴えの手続／3　訴え提起の効果

CORE TRAINING

□□□　書類の受領について相当のわきまえのある同居者が受送達者宛ての訴訟関係書類の交付を受けた場合において、当該同居者と受送達者との間に、その訴訟に関して事実上の利害関係の対立があるときは、受送達者に対する送達の効力が生じない。 予R2-36-オ 、予H27-31-3

➡ 最決平19.3.20
（百選40事件）
5 ❷ 　✕

03　訴え提起の効果

□□□　訴えの提起による時効の完成猶予の効力は、訴状が被告に送達された時に生ずる。 H24-56-2改題 、予H28-35-ア改題

➡ 147　6 ❷ i 　✕

□□□　訴状審査の結果として訴状が却下された場合であっても、訴えの提起による時効の完成猶予の効力が生ずる。 H23-61-3改題

➡ 6 ❷ ii 　✕

□□□　XのYに対する不動産の所有権確認請求訴訟の係属中に、XがZに対して当該不動産の所有権の確認を求める別訴を提起することは、許されない。 予H28-37-ア

➡ 当事者の同一性
が認められない
7 ❸ i 　✕

62

〈CORE TRAINING〉2 訴えの手続／3 訴え提起の効果

CORE PLUS

5 送達の瑕疵

❶ 名宛人や方法を誤った送達	i 原則：無効 ii 例外 名宛人を誤った場合は、正当な名宛人の追認があれば有効 方法を誤った場合は、当事者がそれを指摘しなければ瑕疵は治癒される（責問権の喪失・放棄〔90〕）
❷ 受取人と受送達者に利害関係がある場合	受送達者宛の訴訟関係書類の交付を受けた同居者等（106 I 前段*）と受送達者との間に、その訴訟に関して事実上の利害関係の対立があるにすぎない場合には、当該同居者等に対して訴訟関係書類を交付すれば、受送達者に対する送達は有効である（最決平19.3.20百選40事件） 予R2-36-オ 、予H27-31-3

* 令和4年法律第48号により、106条1項の「送達」は「書類の送達」と改正される。なお、この法律は、公布日より4年以内に施行される。

6 訴え提起の効果

❶ 訴訟法上の効果	裁判所への原告の訴状提出により、裁判長による訴状審査（137 I）、期日の指定（139）、訴状の送達（138 I）などが行われる
❷ 実体法上の効果	i 原告の訴状提出時に（147）、時効の完成猶予（民147 I ①）、期間遵守（民201等）の効果が生じる H24-56-2改題 、予H28-35-ア改題 ii 訴状審査の結果として訴状が却下された場合には、訴え提起による時効の完成猶予の効力は、遡って効力を失う H23-61-3改題

7 二重起訴の禁止 (142)

❶ 意 義	裁判所に既に訴訟係属を生じている事件については、同一当事者間では重ねて別訴での審理を求めることは許されないこと
❷ 趣 旨	被告の応訴の煩、訴訟不経済、矛盾判決の危険という弊害の防止
❸ 要 件	「事件」（142）の同一性は当事者及び審判対象の同一性によって判断 i 当事者の同一性 予H28-37-ア 後訴の当事者が前訴の当事者であれば、原告と被告が逆の立場であっても同一性が認められる。また、一方の訴えの当事者が他方の判決効の拡張を受ける場合（115 I ②、④）には、142条の趣旨から、実質的に当事者の同一性が認められる ii 審判対象の同一性 8 ・ 9 参照

5章 訴え提起

63

〈CORE TRAINING〉3　訴え提起の効果

CORE TRAINING

□□□　一個の債権の一部についてのみ判決を求める旨を明示して訴えを提起している場合において、当該債権の残部を自働債権として他の訴訟において相殺の抗弁を主張することは、債権の分割行使をすることが訴訟上の権利の濫用に当たるなど特段の事情の存しない限り、許される。予R4-36-イ

➡ 最判平10.6.30（百選38事件②）8❷　○

□□□　本訴及び反訴の係属中に、反訴原告が、反訴請求債権を自働債権とし、本訴請求債権を受働債権として相殺の抗弁を主張することは、許されない。予R4-36-エ、予R2-40-エ

➡ 最判平18.4.14（百選A11事件）8❸　✕

□□□　上記と同様の事例で、Yが本件訴えの反訴として乙債権に基づく金銭の支払を求める訴えを提起した場合において、Xが、甲債権の全部又は一部が時効により消滅したと判断されることを条件として、甲債権のうち時効により消滅した部分を自働債権とし、乙債権を受働債権とする相殺の抗弁を主張することは、許されない。予R2-40-イ

➡ 最判平27.12.14 8❹　✕

□□□　重複する訴えが提起された場合、被告が異議を述べないで本案について弁論をしたときであっても、当該訴えは適法とはならない。予R4-36-ア、予H28-35-エ

➡ 8＊　○

□□□　先行訴訟と重複して提起された訴えである後行訴訟について、重複する訴えであることが看過され、請求を認容する判決が確定した場合には、被告は、当該確定判決に対し、重複する訴えの提起の禁止に反したことを理由として、再審の訴えを提起することができる。予R4-36-オ

➡ 二重起訴を看過しただけでは、再審事由には当たらない（338参照）8※　✕

64

〈CORE TRAINING〉3 訴え提起の効果

CORE PLUS

8 二重起訴の禁止における審判対象の同一性に関する判例の整理*その1

<table>
<tr><th colspan="2">事　例</th><th>結　論</th></tr>
<tr><td rowspan="5">訴えと抗弁の関係</td><td>❶ 訴求中の債権を別訴において相殺の抗弁として主張する場合（最判昭63.3.15）</td><td>既判力が矛盾抵触するおそれがあることから、142条の類推適用を肯定し、二重起訴の禁止に反する</td></tr>
<tr><td>❷ 1個の債権の一部を明示して訴訟を提起した後、当該債権の残部を自働債権として、他の訴訟において相殺の抗弁を主張する場合（最判平10.6.30百選38事件②）</td><td>1個の債権の一部についてのみ判決を求める旨を明示して訴えが提起された場合において、当該債権の残部を自働債権として他の訴訟において相殺の抗弁を主張することは、債権の分割行使をすることが訴訟上の権利の濫用に当たるなど特段の事情の存しない限り、許されるため、二重起訴の禁止に反しない　予R4-36-イ</td></tr>
<tr><td>❸ 反訴訴求債権を自働債権とし、本訴訴求債権を受働債権とする相殺の抗弁（最判平18.4.14百選A11事件）</td><td>反訴原告において異なる意思表示をしない限り、反訴は、反訴請求債権につき本訴において相殺の自働債権として既判力ある判断が示された場合にはその部分については反訴請求としない趣旨の予備的反訴に変更され、二重起訴の禁止に反しない　予R4-36-エ 、予R2-40-エ</td></tr>
<tr><td>❹ 本訴訴求債権の全部又は一部が時効により消滅したと判断されることを条件として、債権のうち時効により消滅した部分を自働債権とし、反訴訴求債権を受働債権とする相殺の抗弁（最判平27.12.14）</td><td>本訴において訴訟物となっている債権の全部又は一部が時効により消滅したと判断される場合は、その判断を前提に、同時に審判される反訴において、当該債権のうち時効により消滅した部分を自働債権とする相殺の抗弁につき判断しても、当該債権の存否に係る本訴における判断と矛盾抵触することはないので、二重起訴の禁止に反しない　予R2-40-イ</td></tr>
<tr><td>❺ 請負契約に基づく請負代金債権と同契約の目的物の瑕疵修補に代わる損害賠償債権の一方を本訴請求債権とし、他方を反訴請求債権とする本訴及び反訴が係属中に、本訴原告が、反訴において、上記本訴請求債権を自働債権とし、上記反訴請求債権を受働債権とする相殺の抗弁を主張（最判令2.9.11）</td><td>相殺による清算的調整を図るべき要請が強いものといえる上、本訴及び反訴が併合して審判判断される限り、相殺の抗弁について判断をしても本訴請求債権の存否等に係る判断に矛盾抵触が生ずるおそれや審理の重複による訴訟上の不経済は生じないため、二重起訴の禁止に反しない</td></tr>
</table>

* 二重起訴の禁止に触れないことは訴訟要件のひとつで、職権調査事項であるため、裁判所はその違反を発見したときは、被告の申立てやその態度のいかんにかかわらず、後訴を不適法として却下しなければならない。予R4-36-ア 、予H28-35-エ

※ 二重起訴を看過した判決は、上訴で取消しを求めることができるが、再審事由には当たらない（338参照）。二重起訴を看過し、先行訴訟と後行訴訟の双方が確定しかつ抵触する場合、起訴の前後に関係なく、後の確定判決を再審の訴えによって取り消すことができる（338Ⅰ⑩）。予R4-36-オ

〈CORE TRAINING〉3　訴え提起の効果

CORE TRAINING

□□□　XのYに対する貸金300万円の債務不存在確認請求訴訟
の係属中に、YがXに対し当該貸金の返還を求める別訴を提起
することは、許されない。　予H28-37-イ

⮕ 東京地判平13.
8.31参照　⑨❶　〇

□□□　原告の被告に対する土地所有権に基づく所有権移転登
記手続請求訴訟の係属中に、被告が原告を相手方として、同一
の土地について自己の所有権確認を求める訴えを提起するこ
とは、許される。　予R4-36-ウ、予H28-37-エ

⮕ 最判昭49.2.8
⑨❷　〇

□□□　XのYに対する手形金債務不存在確認請求訴訟の係属
中に、YがXに対し当該手形金の支払を求める別訴を手形訴訟
により提起することは、許されない。　予H28-37-オ

⮕ 大阪高判昭62.
7.16(百選37事件)
⑨❸　✕

CORE PLUS

⑨　二重起訴の禁止における審判対象の同一性に関する判例・裁判例の整理その2

	事　例	結　論
訴え相互の関係	❶ 同一の債権に基づく債務不存在確認の訴えと給付の訴え(東京地判平13.8.31参照)	それぞれ同一の権利を目的とするものである以上、審判対象の同一性が認められ、別訴の提起は二重起訴の禁止に反する　予H28-37-イ
	❷ 原告の被告に対する土地の所有権に基づく所有権移転登記手続請求訴訟の係属中に、本訴被告が本訴原告に対し当該土地の所有権の確認を求める別訴を提起(最判昭49.2.8)	確定判決の既判力は、判決主文で示された訴訟物たる権利・法律関係の存否に関する判断に及ぶだけで(114 I)、その理由中の判断である土地の所有権の存否には及ばないから、土地の所有権の確認を求める後訴は、二重起訴の禁止に反しない　予R4-36-ウ、予H28-37-エ
	❸ 手形金債務不存在確認訴訟の係属中に、被告が当該手形金の支払を求める別訴を手形訴訟により提起(大阪高判昭62.7.16百選37事件)	手形訴訟が通常訴訟と異なる訴訟手続であり、これを認めなければ簡易迅速な債務名義の取得及び債権の満足を図った手形訴訟制度の趣旨を損なうおそれがあるため、二重起訴の禁止に反しない　予H28-37-オ

66

No. 015	論	処分権主義	予R1-42	□ 月 日 □ 月 日 □ 月 日

処分権主義に関する次の1から5までの各記述のうち、判例の趣旨に照らし誤っているものを2個選びなさい。

□□□ 1．不法行為による人身に係る損害賠償請求権に基づき、慰謝料100万円及び休業損害300万円の支払を求める請求に対し、裁判所は、慰謝料150万円及び休業損害200万円の支払を命ずる判決をすることができる。

□□□ 2．原告の被告に対する損害賠償債務のうち100万円を超える部分の不存在確認請求に対し、裁判所は、その損害賠償債務のうち50万円を超える部分が不存在であることを確認するとの判決をすることができる。

□□□ 3．境界確定訴訟において、裁判所は、原告の請求を棄却するとの判決をすることができる。

□□□ 4．建物所有目的の土地賃貸借契約の終了に基づき、建物収去土地明渡しを求める請求に対し、被告が建物買取請求権を行使した場合には、裁判所は、建物を引き渡して土地を明け渡すことを命ずる判決をすることができる。

□□□ 5．相続財産に属する債務の債権者が相続人に対してその債務の弁済を求める訴訟において、相続人が主張する限定承認の事実を認めることができる場合には、裁判所は、相続によって得た財産の限度で当該債務の弁済を命ずる判決をすることができる。

第3編　訴訟の開始

No. 015	正解 **2、3**	処分権主義は短答式試験、論文式試験共に頻出であるから、しっかり理解しよう。	正答率 70.5%

1　正しい。

　最判昭48.4.5（百選74事件）は、同一事故により生じた同一の身体傷害を理由とする**財産上の損害**と**精神上の損害**の賠償請求権は**1個**であるとしており、損害項目ごとに訴訟物を異にするとは考えない。本記述では、慰謝料について請求額を超える額の認定がされているが、認定総額は請求総額の範囲内であるから、処分権主義に反することなく、本記述のような判決をすることができる（246条参照）。

2　誤り。

　債務不存在確認請求においては、**自認額を超えた部分が訴訟物**となり、審判対象なので、本記述のように、原告の自認額（100万円）を下回る額（50万円）を認定し、その額を超える債務の不存在を確認するとの判決は審判対象外の判断といえ、処分権主義（246条参照）に反する。したがって、本記述のような判決はできない。

3　誤り。

　判例・通説は、境界確定訴訟の法的性質について形式的形成訴訟と解している（最判昭43.2.22百選35事件）。そして、**形式的形成訴訟**とは、訴えにより、判決を求め、判決の確定によって法律状態の変動を生ぜしめる点で形成訴訟のかたちを採るが、実体法規に形成要件の定めがなく、**裁判所が合目的的に裁量によって法律関係を形成しなければならず、実質上は非訟事件**である訴訟をいう。こうした性質から、裁判所は証拠などから境界線が確定できない場合でも請求棄却できず、境界線を合目的的に確定しなければならない。

4　正しい。

　判例は、「土地所有者からの建物収去土地明渡の請求において、建物所有者が借地法10条〔現借地借家13条1項〕により建物の買取請求権を行使した場合、右**明渡請求**には**建物の引渡を求める申立をも包含**する趣旨と解すべき」としている（最判昭36.2.28）。よって、本記述のような判決は、処分権主義に反しない。

5　正しい。

　判例は、「被相続人の債務につき債権者より**相続人に対し給付の訴**が提起され、右訴訟において該債務の存在とともに**相続人の限定承認の事実**も認められたときは、裁判所は、債務名義上相続人の限定責任を明らかにするため、**判決主文**において、相続人に対し**相続財産の限度で右債務の支払を命ずべきである**」としている（最判昭49.4.26百選85事件）。

文献　試験対策講座159、187、188、197～199、403～405頁。判例シリーズ53、59事件

68

No. 016	申立て事項と判決事項	□ 月 日
	予R4-42	□ 月 日
		□ 月 日

第2節 処分権主義

6章 訴訟物と処分権主義

　申立事項と判決事項に関する次の1から5までの各記述のうち、判例の趣旨に照らし正しいものを2個選びなさい。

1．売買代金請求訴訟において、売買代金債権は存在するが、その履行期が未到来であることが明らかになった場合には、裁判所は、原告が売買代金債権を有する旨を確認する判決をすることができる。

2．貸金100万円の返還を求める訴訟において、原告から利息の支払を求める申立てがない場合には、裁判所は、利息の支払を命ずる判決をすることはできない。

3．物の引渡請求訴訟において、被告の過失によって物の引渡しができないことが明らかになった場合には、裁判所は、原告が訴えを変更しないときであっても、損害賠償を命ずる判決をすることができる。

4．原告が売買を原因として残代金500万円を支払うのと引換えに土地の所有権移転登記手続を求める訴訟において、残代金額が700万円であることが明らかになった場合には、裁判所は、被告に対し、原告から700万円の支払を受けるのと引換えに、原告への所有権移転登記手続を命ずる判決をすることができる。

5．同一事故により生じた不法行為による損害賠償請求権に基づき、治療費200万円、逸失利益500万円、慰謝料300万円の合計1000万円の支払を求める訴訟において、裁判所は、治療費を150万円、逸失利益を400万円、慰謝料を400万円とそれぞれ認定して合計950万円の支払を命ずる判決をすることはできない。

69

第3編　訴訟の開始

No.
016　正解 **2、4**　具体的イメージが浮かびにくく混乱しやすい分野かと思われる。まずは、事案と結論をきちんと理解しよう。　正答率 68.1%

1　誤り。

　民事訴訟においては、**処分権主義**が妥当し、「**当事者が申し立てていない事項**について、**判決をすることができない**」（246条）。判例は、給付判決の求めに対し、裁判所が確認判決をすることはできないと判示している（大判大8.2.6）。

2　正しい。

　まず、**訴訟物**の特定基準について、判例（最判昭35.4.12）及び実務は、**実体法上の権利を基準**に訴訟物を考える立場に立っている（**旧訴訟物理論**）。そして、利息は貸金返還請求権と同一の実体法上の権利ではなく、利息契約に基づき発生する別個の権利である。よって、処分権主義に反するためできない（246条参照）。

3　誤り。

　判例（前掲最判昭35年）及び実務は旧訴訟物理論を採っているところ、物の引渡請求権と、履行不能に基づく損害賠償請求権（民415条2項1号）は訴訟物が異なる。よって、処分権主義に反する（246条参照）。

4　正しい。

　判例は、原告の申立て額300万円を超えて500万円の立退料の支払いと引換給付判決の可否が問題となった事案において、「**格段の相違のない一定の範囲内**で裁判所の決定する金員を**支払う旨の意思を表明**し、かつその**支払と引き換えに本件係争店舗の明渡を求めている**」場合には、500万円の支払と引換えに本件店舗の明渡しを認めている。よって、原告から700万円の支払を受けるのと引換えに、原告への所有権移転登記手続を命ずる判決をすることができると考えるのが相当である（最判昭46.11.25百選75事件）。

5　誤り。

　判例は、損害賠償請求訴訟の訴訟物につき、「同一事故により生じた同一の身体傷害を理由とする**財産上の損害と精神上の損害**とは、**原因事実および被侵害利益を共通**にするものであるから、その賠償の**請求権は一個**であり、その両者の賠償を訴訟上あわせて請求する場合にも、**訴訟物は一個**であると解すべきである」と判示している。よって、合計950万円の支払を命ずる判決をすることはできない（最判昭48.4.5百選74事件）。

文献　試験対策講座36、37、155、187、188頁。判例シリーズ53、54事件

70

第3節　一部認容

No. 017	論	処分権主義と一部認容判決	□ 月 日 □ 月 日 □ 月 日	6章 訴訟物と処分権主義

H25-69

　処分権主義に関する次のアからオまでの各記述のうち、判例の趣旨に照らし誤っているものを組み合わせたものは、後記1から5までのうちどれか。

ア．訴訟物が特定されない訴状は、裁判長の命令にもかかわらず原告がその不備を補正しないときは、裁判長の命令により却下される。

イ．原告が給付判決を求めている場合において、訴訟物とされている請求権の履行期が到来していないことが明らかになったときは、裁判所は、当該請求権の存在を確認する判決をすることができる。

ウ．家屋明渡請求訴訟において、留置権の抗弁が認められるときは、裁判所は、当該留置権により担保される債権の弁済を受けることと引換えに家屋の引渡しを命ずる。

エ．債務の全額である100万円についての不存在確認を求める訴訟において、裁判所は、当該債務の一部である10万円の債務が存在すると認めるときは、100万円のうち10万円を超える債務の不存在を確認し、その余の請求を棄却する。

オ．共有物分割の訴えにおいて、原告が分割の方法として共有物の現物を分割することを求めているときは、裁判所は、当該共有物を競売してその売得金で分割する内容の判決をすることができない。

1．ア　ウ　　2．ア　エ　　3．イ　エ　　4．イ　オ　　5．ウ　オ

第3編　訴訟の開始

| No. 017 | 正解 4 | 一部認容判決に関する判例を中心に、しっかり復習しておこう。 | 正答率 87.7% |

ア　正しい。

　訴状には、請求の趣旨及び請求の原因（請求を特定するのに必要な事実をいう。）を記載しなければならない（134条2項2号、民訴規53条1項括弧書）。そして、この記載を欠く訴状について、裁判長が補正を命じたにもかかわらず、原告が補正しないときは、裁判長は、命令で、訴状を却下しなければならない（137条1項前段、2項）。

＊　令和4年法律第48号により、137条1項後段は削除されるため、137条1項前段は137条1項と改正された。なお、この法律は、公布日より4年以内に施行される。

イ　誤り。

　前掲大判大8年は、**原告の請求権**が**弁済期未到来**のため、現にこれを行使することができないことをもって被告に対し**給付**を命じる**判決**をすることが**できない場合**には、裁判所は、進んでその請求権につき原告のために**確認判決**をすることが**できない**としている。したがって、本記述の場合、裁判所は、訴訟物とされている請求権の存在を確認する判決をすることができない。

ウ　正しい。

　判例は、「裁判所は、物の引渡請求に対する留置権の抗弁を理由ありと認めるときは、その引渡請求を棄却することなく、その物に関して生じた債権の弁済と引換に物の引渡を命ずべき」としている（最判昭33.3.13）。

エ　正しい。

　裁判所は、当事者が申し立てていない事項について、判決をすることができない（246条）。そして、債務の全額の不存在確認を求める訴訟において、一定金額の債務の存在が明らかとなった場合に、裁判所が当該債務の全額からその一定金額を控除した残債務額の不存在を確認する判決をすることは、原告の申立事項の範囲を超えないので、一部認容判決として許される。したがって、本記述の場合、裁判所は、心証に従って100万円のうち10万円を超える債務の不存在を確認し、その余の請求を棄却することになる。

オ　誤り。

　判例は、「共有物分割の訴えにおいては、当事者は、単に共有物の分割を求める旨を申し立てれば足り、分割の方法を具体的に指定することは必要でないと共に、共有物を現物で分割することが不可能であるか又は現物で分割することによって著しく価格を損するおそれがあるときには、裁判所は、当事者が申し立てた分割の方法にかかわらず、共有物を競売に付しその売得金を共有者の持分の割合に応じて分割することを命ずることができる」としている（最判昭57.3.9）。

文献　試験対策講座159、165、196〜199頁

〈CORE TRAINING〉 1 訴訟物とその特定基準

CORE TRAINING

01 訴訟物とその特定基準

□□□ 損害賠償請求訴訟については、損害額の算定が容易でない場合があるから、請求の趣旨に具体的金額を記載することに代え、裁判所が相当と認める金額の支払を求める旨の記載をすることができる。 H19-66-2

➡ 金額を明示せず　✕
金銭の支払を求めて訴えを提起することはできない。
最判昭27.12.25参照　①❶

CORE PLUS

1 請求の特定が問題となる請求

❶ 請求額を明示しない損害賠償請求の可否	訴訟物が金銭債権であれば、必ず一定金額を示して、請求の範囲を明確にすることを要し、金額を明示せず金銭の支払を求めて訴えを提起することはできない（最判昭27.12.25） →請求の趣旨として「裁判所が相当と認める金額」の支払を求める旨の記載をすることはできない H19-66-2 ∵手続保障上重要である被告の防御の方法・程度などに関する態度の決定を困難にするなどの問題がある
❷ 抽象的不作為請求の可否	請求の特定が認められ、適法（名古屋高判昭60. 4 . 12百選32事件） 通説、判例では以下のような理由が挙げられている ⅰ 具体的作為・不作為の手段を特定する知識・能力は通常被告側にあり、これを原告に強いることは公平に反する ⅱ 受忍限度等の要件の判断に当たっては具体的措置の可能性や費用等について審理されるはずであり、そこで被告の防御権は実質的に保障される ⅲ 抽象的差止判決は間接強制による執行が可能である

6章 訴訟物と処分権主義

73

〈CORE TRAINING〉2 一部請求

CORE TRAINING

02 一部請求

□□□　XがYに対して1000万円の貸金債権の一部として100万円の支払を求める訴訟において、1000万円の貸付けはあったが940万円は弁済されたとして、60万円の限度で請求を容認する判決が確定した場合に、Xは、Yに対し、貸金1000万円のうち前訴で請求しなかった900万円の支払を求める訴えを提起することができる。 予H30-41-2

➡ 最判平10. 6 .12　✕
（百選80事件）
②❷

□□□　XがYに対して交通事故による損害賠償として1000万円の支払を求める訴訟において、400万円の限度で請求を認容する判決が確定した場合に、XがYに対してその後に同一の交通事故による損害賠償を求めて提起した訴えにおいて、前訴の事実審の口頭弁論終結時までに予見することができなかった後遺障害がその後に発生したと主張することは、前訴の確定判決の既判力に抵触し、許されない。 予H30-41-3

➡ 最判昭42. 7 .18　✕
（百選82事件）
②❸

CORE PLUS

② 一部請求に関連する判例の整理

判　例	論　点	結　論
❶ 最判昭37. 8 .10	一部請求がなされて判決が確定した場合、確定判決の既判力は残部についても及ぶか	前訴において、原告が債権の一部であることを明示して訴求していた場合には、既判力は残部には及ばない
❷ 最判平10. 6 .12 （百選80事件） 予H30-41-2	原告が債権の一部であることを明示して一部請求訴訟を提起したが、訴求額の全額が棄却されて原告が敗訴した場合、残部請求の別訴は許されるか	残部請求の別訴は、特段の事情がない限り、信義則に反して、許されない
❸ 最判昭42. 7 .18 （百選82事件） 予H30-41-3	前訴判決確定後、基準時以後に生じた、同一事故を原因とする後遺症による損害の賠償を求める後訴の提起は許されるか	前訴請求を 1 個の債権の一部が明示されて請求された場合であると解し、残部請求として許される

74

第1節　訴訟要件総論／第2節　訴えの利益

No.
018

訴えの利益

H21-60 改題

□　月　日
□　月　日
□　月　日

7章

訴訟要件

　　訴えの利益に関する次のアからオまでの各記述のうち、判例の趣旨に照らし正しいものを組み合わせたものは、後記1から5までのうちどれか。

□□□　ア．確定した給付判決がある場合でも、時効の完成猶予のために訴えの提起以外に適当な方法がないときは、当該給付判決の対象となった給付請求権について再度訴えを提起する利益が認められる。

□□□　イ．重婚を理由とする後婚の取消訴訟の係属中に、後婚が離婚によって解消された場合でも、後婚の取消しを求める形成訴訟についての訴えの利益は依然として存在する。

□□□　ウ．物の給付を請求し得る債権者が、本来の給付の請求と執行不能の場合における履行に代わる損害賠償の請求を一の訴えでする場合、損害賠償請求は将来の給付を求めるものであるが、あらかじめ請求をする必要があるものと認められる。

□□□　エ．A所有の建物について、Bが所有権保存登記をし、更にBからCへ、CからDへ所有権移転登記が経由された場合において、AがDに対し所有権移転登記の抹消登記手続を求める訴えを提起し請求を棄却する判決が確定したときは、Aが新たにB及びCに対し所有権保存登記及び所有権移転登記の各抹消登記手続を求める訴えを提起したとしても、その各請求を認容する判決によってB及びC名義の各登記を抹消することはできないから、AのB及びCに対する各請求は、訴えの利益を欠く。

□□□　オ．特定の財産が特別受益財産に当たることの確認を求める訴えは、相続分又は遺留分をめぐる紛争を直接かつ抜本的に解決することになるから、確認の利益を有する。

1．ア　ウ　　　2．ア　エ　　　3．イ　エ　　　4．イ　オ　　　5．ウ　オ

75

第3編　訴訟の開始

| No. 018 | 正解 1 | 訴えの利益は基本概念であるので、1つひとつの記述の正誤まで正解できるようにしよう。 | 正答率 87.1% |

ア　正しい。

確定した給付判決がある場合、債権者が当該給付判決の対象となった給付請求権について再び訴えを提起することは、原則として訴えの利益がないとして許されないが、判例は、**時効の完成猶予のために改めて訴えを提起するほか適当な手段がないときには、再び訴えを提起する利益が認められる**としている（大判昭6.11.24参照）。

イ　誤り。

判例は、婚姻取消しの効果は離婚の効果に準ずるのであるから（民748条、749条）、重婚の場合において後婚が離婚により解消したときは、後婚が重婚に当たることを理由としてその取消しを請求することは、特段の事情のない限り、法律上の利益がなく、許されないとしている（最判昭57.9.28）。

ウ　正しい。

判例は、本記述と同様の事案において、事実審裁判所は口頭弁論終結時における本来の給付の価額を判定してその本来の給付を命ずると同時に、当該請求の限度内においてその強制執行が不能であるときは、本来の給付の価額相当の損害賠償をなすべきことを命じる判決をなし得るとしている（大連判昭15.3.13）。したがって、**執行不能の場合における履行に代わる損害賠償の請求**（代償請求）について、**将来給付の訴えの利益は認められる**。

エ　誤り。

判例は、本記述と同様の事案において、不動産登記の抹消登記手続を求める訴えは、**被告の意思表示を求める訴え**であって、勝訴判決の確定により意思表示が擬制され判決の執行が完了するから、**抹消登記の可・不可によって訴えの利益は左右されない**としたうえで、所有権保存登記及び順次経由された移転登記の抹消を請求している場合、最終登記名義人に対して敗訴しても、その余の被告に対して訴えの利益を失わないとしている（最判昭41.3.18百選21事件）。

オ　誤り。

判例は、「特定の財産が特別受益財産であることの確認を求める訴えは、確認の利益を欠くものとして不適法である」としている（最判平7.3.7）。その理由として、同判決は、「ある財産が特別受益財産に当たることが確定しても、その価額、被相続人が相続開始の時において有した財産の全範囲及びその価額等が定まらなければ、具体的な相続分又は遺留分が定まることはないから、右の点を確認することが、相続分又は遺留分をめぐる紛争を直接かつ抜本的に解決することにはならない」ことなどを挙げている。

> **文献**　試験対策講座214～224頁。判例シリーズ17、19事件

第2節 訴えの利益

No. 019	論	訴えの利益		□ 月 日
			予H26-33	□ 月 日
				□ 月 日

訴えの利益に関する次の1から5までの各記述のうち、判例の趣旨に照らし誤っているものを2個選びなさい。

□□□　1．自らの所有する土地を継続的に不法に占有されている者が将来の賃料に相当する額の損害の賠償を求める訴えには、訴えの利益が認められる。

□□□　2．原告の所有権の確認を求める本訴に対し、反訴として提起された被告の所有権の確認を求める訴えには、訴えの利益が認められる。

□□□　3．遺言者がその生存中に受遺者に対し遺言の無効確認を求める訴えには、訴えの利益が認められる。

□□□　4．債務不存在の確認を求める本訴に対し、当該債務の履行を求める給付の反訴が提起されたときは、本訴の訴えの利益は失われる。

□□□　5．婚姻取消訴訟の係属中に、当該婚姻が離婚により解消されても、訴えの利益は失われない。

7章

訴訟要件

77

第3編　訴訟の開始

No.
019

正解　3、5

記述1の判例は論文式試験でも重要である。事
案の概要や判旨まで正確におさえよう。

正答率
76.4%

1　正しい。

　判例は、**継続的不法行為に基づき将来発生すべき損害賠償請求権**について、例えば不動産の不法占有者に対して明渡義務の履行完了までの賃料相当額の損害金の支払を訴求する場合のように、①当該請求権の基礎となるべき事実関係及び法律関係が既に存在し、その**継続が予測され**、②当該請求権の成否及びその内容につき債務者に有利な影響を生ずるような**将来における事情の変動があらかじめ明確に予測し得る事由**に限られ、③しかもこれについては請求異議の訴えによりその発生を証明してのみ執行を阻止し得るという負担を債務者に課しても格別不当とはいえない場合には、訴えの利益が認められるとしている（最大判昭56.12.16百選22事件、大阪国際空港事件）。

2　正しい。

　判例は、確認の訴えについて、「現に、原告の有する権利または法律的地位に危険または不安が存在し、これを除去するため被告に対し確認判決を得ることが必要かつ適切な場合に限り、許される」としている（最判昭30.12.26）。本記述の場合、原告が提起した本訴により被告の所有権には危険や不安が現存しており、これを除去するためには被告の所有権の存在を確認する判決を得ることが必要かつ適切であるから、被告が提起した反訴には、訴えの利益が認められる。

3　誤り。

　判例は、遺言者はいつでも既になした遺言を任意に撤回できることから（民1022条）、遺言者の生存中は受遺者には期待権を含む何らの権利も存在せず、遺言者がその生存中に提起した遺言の無効確認を求める訴えは、不適法であるとしている（最判昭31.10.4）。

4　正しい。

　判例は、債務不存在確認訴訟の係属中に当該債務の支払を求める反訴が提起された場合、**当該債務不存在確認訴訟は、もはや確認の利益を認めることができず、不適法として却下される**としている（最判平16.3.25百選29事件）。

5　誤り。

　前掲最判昭57年は、婚姻取消しの効果は離婚の効果に準ずるのであるから（民748条、749条）、重婚の場合において後婚が離婚により解消したときは、後婚が重婚に当たることを理由としてその取消しを請求することは、特段の事情のない限り、法律上の利益がなく、許されないとしている。

文献　試験対策講座215～222頁。判例シリーズ18、19事件

78

第2節 訴えの利益

No. 020	論	確認の利益	□ 月 日
		予R4-34	□ 月 日
			□ 月 日

　確認の利益に関する次の1から5までの各記述のうち、判例の趣旨に照らし正しいものを2個選びなさい

□□□　1．相続開始後に遺言の無効確認を求める訴えは、遺言が有効であるとすれば、それから生ずべき現在の特定の法律関係が存在しないことの確認を求めるものと解される場合であっても、確認の利益を欠く。

□□□　2．共同相続人間における遺産確認の訴えは、特定の財産が現に共同相続人による遺産分割前の共有関係にあることの確認を求めるものと解される場合であっても、確認の利益を欠く。

□□□　3．共同相続人間において、具体的相続分についてその価額又は割合の確認を求める訴えは、確認の利益を欠く。

□□□　4．遺言者生存中に遺言の無効確認を求める訴えは、たとえ遺言者が精神上の障害により事理を弁識する能力を欠く常況にあり、当該遺言の撤回又は変更の可能性が事実上ない状態であっても、確認の利益を欠く。

□□□　5．共同相続人間において、共同相続人の一人についての相続欠格事由の存否を争う場合に、その者が被相続人の遺産につき相続人の地位を有しないことの確認を求める訴えは、確認の利益を欠く。

7章 訴訟要件

第3編　訴訟の開始

No. 020　正解 3 、 4　　訴えの利益については、判例の内容がそのままの形で出題される傾向が高いので、しっかりと判例を読み込もう。　正答率 74.0%

1　誤り。　　　　　　　　　　　　　　　　　　　　　　　　類 予H25-37-2

判例は、「遺言無効確認の訴は、……それから生ずべき**現在の特定の法律関係が存在しないこと**の確認を求めるものと解される場合で、原告がかかる確認を求めるにつき**法律上の利益**を有するときは、**適法**として許容されうるものと解するのが相当である」としている（最判昭47.2.15百選23事件）。

2　誤り。　　　　　　　　　　　　　　　　　類 予H30-35-5 、 予H25-37-3

判例は、遺産確認の訴えについて、「当該財産が現に共同相続人による遺産分割前の共有関係にあることの確認を求める訴えであって」紛争の抜本的解決に資するから、このような訴えは適法であるとしている。（最判昭61.3.13百選24事件）。

3　正しい。

判例は、「具体的相続分は、……それ自体を実体法上の権利関係であるということはでき」ないうえ、具体的相続分「のみを別個独立に判決によって確認することが紛争の直接かつ抜本的解決のため適切かつ必要であるということはできない」としている（最判平12.2.24百選25事件）。

4　正しい。

判例は、受遺者とされる者の地位は、「何らかの権利を取得するものではなく、単に将来遺言が効力を生じたときは遺贈の目的物である権利を取得することができる事実上の期待を有する地位にあるにすぎない」としている（最判平11.6.11百選26事件）。

5　誤り。

判例は、「相続人の地位を有しないことの確認を求める訴えは……遺産分割前の共有関係にある当該遺産につきその者が相続人の地位を有するか否かを既判力をもって確定することにより、遺産分割審判の手続等における上記の点に関する紛議の発生を防止し、共同相続人間の紛争解決に資することを目的とするものである」としており、確認の利益があることを前提としている（最判平16.7.6）。

文献　試験対策講座218〜222頁。判例シリーズ20、21事件

第2節 訴えの利益

| No. 021 | 選定当事者 | H22-70 |

☐ 月 日
☐ 月 日
☐ 月 日

選定当事者に関する次の1から5までの各記述のうち、誤っているものはどれか。

☐☐☐ 1．選定当事者の選定は、訴訟の係属前においてもすることができる。

☐☐☐ 2．選定当事者が当事者となった訴訟の確定判決の既判力は、選定者にも及ぶ。

☐☐☐ 3．選定当事者が訴訟の係属中に死亡したときは、その相続人が選定当事者の地位を承継する。

☐☐☐ 4．弁護士以外の者を選定当事者に選定する場合であっても、裁判所の許可は必要でない。

☐☐☐ 5．固有必要的共同訴訟の係属中において、共同訴訟人の一部がその中から選定当事者を選定することは許される。

第3編　訴訟の開始

| No. 021 | 正解 **3** | 選定当事者についての包括的な知識を問う問題であるので、この機会に条文を確認しよう。 | 正答率 90.4% |

1　正しい。

選定当事者の選定の時期については制限がなく、訴訟の係属前又は訴訟の係属後に選定することができる。

2　正しい。

当事者が他人のために原告又は被告となった場合、その他人に対しても確定判決の効力が及ぶ（115条1項2号）。そして、選定当事者は、自己及び選定者総員の訴訟について、当事者として訴訟を追行する者であるから、他人のために原告又は被告となった者に当たる。したがって、選定当事者が当事者となった訴訟の確定判決の既判力は、選定者にも及ぶ。

3　誤り。

選定当事者は、死亡によってその資格を失う（30条5項参照）。そして、選定当事者の資格は、信任関係に基づく一身専属的なものであるから、相続の対象となるものではない。したがって、選定当事者が訴訟の係属中に死亡したときでも、その相続人が選定当事者の地位を承継することはない。

4　正しい。

選定当事者は、共同の利益を有する者のなかから選定されなければならない（30条1項）。もっとも、選定当事者は代理人ではないため、弁護士以外の者を選定する場合であっても、裁判所の許可は必要でない。

5　正しい。

選定当事者は、共同の利益を有する者のなかから選定されなければならない（30条1項）。そして、訴訟係属後の選定の場合、共同訴訟人のなかから当事者となるべき者を選定すべきであり、共同の利益を有するからといって、訴訟当事者となっていない者を選定することは許されないと解されている。

また、訴訟係属後に選定当事者を選定した場合、他の当事者は当然に訴訟から脱退するところ（30条2項）、固有必要的共同訴訟においては、共同訴訟人全員が当事者として関与することを要し、共同訴訟人が欠ければ当事者適格を欠くものとして不適法となることから、選定当事者の選定の可否が問題となる。この点については、選定により脱退した当事者についても確定判決の効力が及ぶため、固有必要的共同訴訟の係属中に選定当事者を選定したとしても矛盾のない紛争解決という趣旨は没却されないから、共同訴訟人の一部がそのなかから選定当事者を選定することは許されると解される。

文献 試験対策講座235〜237頁

第2節 訴えの利益

No. 022	論	選定当事者		□ 月 日
			H26-58	□ 月 日
				□ 月 日

7章

訴訟要件

選定当事者に関する次の1から5までの各記述のうち、誤っているものはどれか。

□□□　1．訴訟の係属の後、共同の利益を有する多数の原告の中から、全員のために原告となるべき者が選定されたときは、他の原告は、当然に訴訟から脱退する。

□□□　2．選定当事者の選定は、書面で証明しなければならない。

□□□　3．第三者が係属中の訴訟の原告を自己のためにも原告となるべき者として選定した場合には、選定当事者は、その選定者のために請求の追加をすることができる。

□□□　4．複数の選定当事者のうち一部の者が死亡したときは、訴訟手続は中断する。

□□□　5．選定者は、いつでも選定を撤回することができる。

83

第3編　訴訟の開始

| No. 022 | 正解 4 | 条文の趣旨をしっかり理解したうえで、選定当事者に関する知識を深めよう。 | 正答率 89.3% |

1　正しい。
　訴訟係属後に選定当事者を選定した場合、他の当事者は当然に訴訟から脱退する（30条2項）。48条の場合と異なり、脱退について相手方の同意を要しないが、これは、脱退した当事者にも選定当事者の追行した訴訟の判決の効力が及ぶため（115条1項2号）、当事者の脱退によって相手方が不利益を受けないからである。

2　正しい。
　選定当事者の選定及び変更は、書面で証明しなければならない（民訴規15条後段）。

3　正しい。
　30条3項による原告となるべき者の選定があった場合には、その者は、口頭弁論の終結に至るまで、その選定者のために請求の追加をすることができる（144条1項）。これは、30条3項による追加的選定がされた場合、選定行為は選定当事者に訴訟追行権を付与するのみであって、選定者のための、又は選定者に対する請求が新たに定立される必要があるため、訴えの変更（143条）に準じて、選定当事者又はその相手方が請求を追加することを認めたものである。

4　誤り。
　選定当事者のうち死亡その他の事由によりその資格を喪失した者があるときは、他の選定当事者において全員のために訴訟行為をすることができる（30条5項）。これは、訴訟追行権は合有関係にあり、資格喪失者の訴訟追行権は残りの者に吸収されると考えられているためである。したがって、複数の選定当事者のうち一部の者が死亡したとしても、訴訟手続は中断しない。

5　正しい。
　選定者は、その選定を取り消し、又は選定当事者を変更することができる（30条4項）。これは、選定当事者の選定が、単独行為であることによる。

文献　試験対策講座235〜237頁

84

〈CORE TRAINING〉1　訴訟要件総論

CORE TRAINING

01　訴訟要件総論

□□□　不起訴合意、仲裁契約は、職権調査事項の対象となる。
オリジナル①

➡ 抗弁事項に属する　**1** ❷　**✕**

□□□　訴えの利益の欠缺を主張することについても、時機に後れた攻撃防御方法の却下等の制限に服する。 オリジナル②

➡ 最判昭42.9.14　**✕**
1 *

7章　訴訟要件

CORE PLUS

1 訴訟要件の調査方法

❶ 職権調査事項 （当事者の主張を待たずして裁判所が自ら調査を開始する事項）			❷ 抗弁事項
国際裁判管轄 当事者の実在	専属管轄 当事者能力	任意管轄 訴えの利益*	仲裁合意 不起訴合意 オリジナル①
		当事者適格	担保提供
職権探知主義型（訴訟資料の探索収集を裁判所の職責でもあるとする建前）		弁論主義型（訴訟資料の収集提出を専ら当事者の権能かつ責任とする建前）	
高い ◄─────── 公益性 ─────► 低い			

*　職権調査事項に属し、当事者の主張の有無にかかわらず、裁判所が職権で審理・判断する必要があるので、157条の制限に服しない（最判昭42.9.14）。 オリジナル②

85

〈CORE TRAINING〉2　訴えの利益

CORE TRAINING

02　訴えの利益

□□□　債権的請求権に基づく給付の訴えについては、その債権に対して仮差押えの執行がされた場合には、訴えの利益が認められない。　予H30-35-1

➡ 仮差押債権者に、第三債務者の支払や仮差押債務者の処分が対抗できなくなるにすぎない（最判昭48.3.13）　✕

□□□　給付の訴えについては、その給付に係る請求権について強制執行をしない旨の合意がある場合であっても、訴えの利益が認められる。　予H30-35-2

➡ 被告が翻意して執行を認める場合に原告が再訴しなければならず訴訟経済に反するから（最判平5.11.11）　○

□□□　法律関係を証する書面の成立の真否を確定するために確認の訴えを提起することはできない。　H23-67-2 、予H30-35-4

➡ 134の2　② ❶ iii c　✕

□□□　郵便に付した信書で過去の事実を報告するものが偽造であることの確認を求める訴えについて、確認の利益が認められることはない。　予H25-37-4

➡ 最判昭28.10.15。134の2 参照　② ❶ iii a　○

□□□　訴訟で当事者の一方の訴訟代理人につきその訴訟代理権の存否が争われた場合において、別訴として提起された、訴訟代理権を証すべき書面の真否確認を求める訴えについて、確認の利益が認められることはない。　予H25-37-5

➡ 最判昭30.5.20　② ❶ iii b　○

□□□　売買契約の無効確認を求める訴えについて、確認の利益が認められることはない。　予H25-37-1

➡ 最判昭41.4.12　② ❸　○

□□□　所有権確認の訴えについては、その所有権に基づく物権的請求権による給付の訴えを提起することができる場合であっても、即時確定の利益があると認められる限り、訴えの利益が認められる。　予H30-35-3

➡ 最判昭29.12.16　② ❸　○

86

〈CORE TRAINING〉2　訴えの利益

C O R E　P L U S

② 確認の利益の存否

<table>
<tr>
<td rowspan="5">❶
確認対象の適否</td>
<td>ⅰ 他人間の法律関係</td>
<td>自己の法的紛争処理に役立たないため原則確認の利益が認められないが、例外的に 2 番抵当権者が 1 番抵当権者の不存在確認を求める場合等確認の利益が認められる場合がある</td>
</tr>
<tr>
<td>ⅱ 過去・将来の法律関係</td>
<td>現在の法律上の地位を直接除去できない過去・将来の法律関係に対しては確認の利益が認められないが、直接かつ抜本的解決のためにもっとも適切かつ必要と認められる場合には例外的に確認の利益が認められる（以下例）
a　遺産確認の訴え（最判昭61. 3 . 13百選24事件）
　過去の法律関係であるが、続く遺産分割審判の手続及びその審判確定後に当該財産の遺産帰属性を争わせない効果があるため、必要かつ適切
b　遺言者死亡後の遺言無効確認の訴え（最判昭47. 2 . 15百選23事件）
　遺言から生ずべき現在の個別的法律関係に還元して表現しなくとも対象となる権利関係の明確性を欠かない
c　賃貸借契約継続中の敷金返還請求権の確認（最判平11. 1 . 21百選27事件）
　条件付の権利であるから、現在の権利又は法律関係に当たる</td>
</tr>
<tr>
<td>ⅲ 事実関係</td>
<td>a　事実関係の存否は法適用の前提にすぎないから原則確認の利益が認められない（最判昭28. 10. 15）予H25-37-4
　もっとも、派生的な現在の紛争の抜本的解決に資する場合、確認の利益は認められる（最大判昭32. 7 . 20）
b　訴訟代理権の有無に関する争訟は、それが問題となる訴訟中で争うべきであるから、別訴で訴訟代理権の存否を確認する利益は認められない（最判昭30. 5 . 20）予H25-37-5
c　明文上、証書真否確認の訴えが認められている（134の 2 ）H23-67-2 、予H30-35-4</td>
</tr>
<tr>
<td>ⅳ 消極的確認</td>
<td>原則積極的確認が必要とされるが、例外的に原告が目的物の占有・登記を有し、物上請求の必要がない場合等相手方の所有権の消極的確認でも確認の利益が認められる場合がある</td>
</tr>
<tr>
<td></td>
<td></td>
</tr>
<tr>
<td>❷
即時確定の利益</td>
<td colspan="2">権利又は法律関係につき危険・不安が現存し、その除去のために確認判決を得ることが必要かつ適切な場合
ⅰ 危険・不安の現存
　時効完成障害の必要や、公簿上の記載の誤りを是正するための確認訴訟
ⅱ 紛争解決につき必要かつ適切
　具体的相続分の確認の訴えは、遺産分割審判等の事件を離れて別個独立に判決で確認しても、紛争の直接かつ抜本的解決につながらないため確認の利益は認められない（最判平12. 2 . 24百選25事件）</td>
</tr>
<tr>
<td>❸
方法選択の適否</td>
<td colspan="2">給付の訴えを提起し得る場合、原則として給付請求権自体の確認の利益は認められないが（最判昭41. 4 . 12）予H25-37-1 、
基本関係から派生する可能性のある他の諸紛争を予防するという確認訴訟の本来の機能が期待できる場合には認められ得る（最判昭29. 12. 16）予H30-35-3</td>
</tr>
</table>

7章 訴訟要件

〈CORE TRAINING〉3　当事者適格

CORE TRAINING

03　当事者適格

□□□　共同の利益を有する多数の者の中で、選定について意見の相違がある場合、多数決で選定当事者を選定することができる。オリジナル①　　➡ 3 ＊　　×

□□□　訴訟係属の後、適法に原告又は被告となるべき者を選定したときは、他の当事者は、当然に訴訟から脱退する。オリジナル②　　➡ 30Ⅱ　　○

CORE PLUS

3　訴訟担当の種類

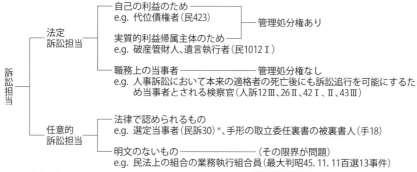

＊　選定当事者の選定行為は個別的に行われることを必要とする。オリジナル①

第**4**編

訴訟の審理

第1節　口頭弁論の意義と諸原則

No.
023
直接主義に関わる手続

□　月　日
□　月　日
□　月　日

予R4-41

　　直接主義に関わる手続についての次のアからオまでの各記述のうち、判例の
趣旨に照らし誤っているものを組み合わせたものは、後記1から5までのうち
どれか。

□□□　ア．裁判官が代わり、当事者が従前の口頭弁論の結果を陳述する場合に、当
　　　　　事者の一方が欠席したときは、出頭した他方当事者だけではこの陳述をす
　　　　　ることができない。

□□□　イ．控訴審において、当事者は、第一審における口頭弁論の結果を陳述しな
　　　　　ければならない。

□□□　ウ．大規模訴訟（当事者が著しく多数で、かつ、尋問すべき証人又は当事者
　　　　　本人が著しく多数である訴訟）に係る事件について、合議体である受訴裁
　　　　　判所は、当事者に異議がないときは、裁判所内において受命裁判官に証人
　　　　　尋問をさせることができる。

□□□　エ．検証は、受訴裁判所が相当と認めるときは、検証物の所在地を管轄する
　　　　　地方裁判所又は簡易裁判所に嘱託して、受託裁判官に裁判所外において実
　　　　　施させることができる。

□□□　オ．裁判官が単独で審理する事件について、その裁判官を含む合議体に審理
　　　　　が移行した場合には、当事者は従前の口頭弁論の結果を陳述する必要がな
　　　　　い。

1．ア　エ　　　2．ア　オ　　　3．イ　ウ　　　4．イ　エ　　　5．ウ　オ

8章　訴訟の審理と口頭弁論

第4編　訴訟の審理

| No.
023 | 正解 2 | 短答式試験では、条文の知識が非常に重要である。これをきっかけに条文を読み返そう。 | 正答率
74.8% |

ア　誤り。　　　　　　　　　　　　　　　　　　　　　　　　　類 予H27-41-5

　口頭弁論の更新について、「裁判官が代わった場合には、当事者は、従前の口頭弁論の結果を陳述しなければならない」（249条2項）ところ、判例は、当事者の一方が欠席しているときは、出席者に双方の弁論の結果を陳述させれば足りるとしている（最判昭31.4.13）。

イ　正しい。

　控訴審における**口頭弁論**では、当事者は、**第一審**における**口頭弁論**の結果を陳述しなければならない（296条2項）。

ウ　正しい。

　裁判所は、大規模訴訟にかかわる事件について、「当事者に異議がないときは、受命裁判官に裁判所内で証人又は当事者本人の尋問をさせることができる」（268条）。

エ　正しい。

　検証も「証拠調べ」であるところ（第2編第4章参照）、裁判所は、裁判所外における証拠調べについて相当と認めるときは、裁判所外において証拠調べをすることができる（185条1項前段）。この場合においては、合議体の構成員に命じ、又は地方裁判所若しくは簡易裁判所に嘱託して証拠調べをさせることができる（同項後段）。

オ　誤り。　　　　　　　　　　　　　　　　　　　　　　　　　類 予H27-41-2

　直接主義により、「裁判官が代わった場合には」弁論の更新が必要となる（249条2項）。本問では、単独体が合議体に審理が移行した場合にも弁論の更新が必要か問題となっている。

　弁論の更新の趣旨は、直接主義の要請を満たすことにある。そうすると、単独で審理していた裁判官を含む合議体に移行した場合、その裁判官以外の裁判官については、直接主義の要請を満たす必要がある。したがって、単独裁判官からその裁判官を含む合議体に審理が移行した場合も、「裁判官が代わった場合」に当たると解するべきである。

文献 試験対策講座244～247頁

92

第2節 口頭弁論の準備

No. 024	民事訴訟法上の証拠及び情報の収集の制度	□ 月 日
	予R4-39	□ 月 日
		□ 月 日

民事訴訟法上の証拠及び情報の収集の制度に関する次の1から5までの各記述のうち、正しいものを2個選びなさい。

□□□ 1．裁判所は、訴訟関係を明瞭にするために、職権で必要な調査を官庁若しくは公署、外国の官庁若しくは公署又は学校、商工会議所、取引所その他の団体に嘱託することができる。

□□□ 2．裁判所は、訴訟の係属中、必要があると認めるときでも、職権で、証拠保全として、当事者尋問をすることはできない。

□□□ 3．訴えを提起しようとする者が訴えの被告となるべき者に対し訴えの提起を予告する通知を書面でした場合には、その予告通知をした者は、その予告通知を受けた者に対し、訴えの提起前に、訴えを提起した場合の主張又は立証を準備するために必要であることが明らかな事項について、書面で回答するよう、書面で照会することができる。

□□□ 4．当事者は、裁判所に対し、裁判所から登記官に対して不動産の登記事項証明書の送付を嘱託することを申し立てることができる。

□□□ 5．当事者は、訴訟の係属中、相手方に対し、第三者の私生活についての秘密に関する事項であって、これについての照会に回答することにより、その第三者の名誉を害するおそれがないものについて、書面で回答するよう、書面で照会することはできない。

8章 訴訟の審理と口頭弁論

93

第4編　訴訟の審理

No.
024　正解 **1、3**　普段の学習から条文の理解を怠らないようにしよう。　正答率 73.3%

1　正しい。

調査嘱託については、186条に規定されている。

＊　令和4年法律第48号により、186条には2項が新設され、186条は186条1項と改正された。なお、この法律は、公布日より4年以内に施行される。

2　誤り。

職権による証拠保全について、裁判所は、必要があると認めるときは、訴訟の係属中、職権で、証拠保全の決定をすることができる（237条）。

3　正しい。

訴えの提起前における照会は132条の2第1項柱書本文に規定されている。

4　誤り。

文書送付嘱託の申出は、法令により当事者が文書の交付を求めることができる場合には、認められていない（226条ただし書）。そして、不動産登記事項証明書は、不動産登記法119条1項に基づき当事者が交付の請求をすることできる。

5　誤り。

当事者照会は、163条ただし書各号の事由に該当しない場合に、主張又は立証を準備するために必要な事項を書面で照会することができる制度である。それによると、第三者の私生活についての秘密に関する事項であって、これについての照会に回答することにより、その第三者の名誉を害するおそれがないものは163条ただし書各号の例外事由に該当しない。

＊　令和4年法律第48号により、163条には2項、3項が新設され、163条ただし書各号は163条1項ただし書各号と改正された。なお、この法律は、公布日より4年以内に施行される。

文献　試験対策講座248、339、349頁

第2節　口頭弁論の準備

No.
025

準備書面

H25-65

□　月　日
□　月　日
□　月　日

　準備書面に関する次の1から5までの各記述のうち、正しいものを2個選び
なさい。

1．準備書面は、記載した事項につき相手方が準備するのに必要な期間をお
　いて、裁判所を通じて相手方に送達しなければならない。

2．相手方が口頭弁論期日に出頭した場合には、準備書面に記載のない事項
　でも陳述することができる。

3．準備書面は、裁判所に提出されただけでは、判決の基礎とすることがで
　きない。

4．口頭弁論は、簡易裁判所においても、書面で準備しなければならない。

5．当事者は、裁判長が定めた期間内に提出しなかった準備書面を、口頭弁
　論期日において陳述することができない。

8章
訴訟の審理
と口頭弁論

95

第4編　訴訟の審理

| No.025 | 正解 2、3 | 準備書面に関する条文知識を問う問題である。規則まで条文を確認しておこう。 | 正答率83.7% |

1　誤り。

　準備書面は、これに記載した事項について相手方が準備をするのに必要な期間をおいて裁判所に提出し（民訴規79条1項）、かつ、相手方に直送しなければならない（民訴規83条）。したがって、準備書面は、裁判所を通じて相手方に送達しなければならないわけではない。

2　正しい。

　相手方が在廷していない口頭弁論においては、**準備書面**（相手方に送達されたもの又は相手方からその準備書面を受領した旨を記載した書面が提出されたものに限る）**に記載した事実でなければ、主張**することが**できない**（161条3項）。これは、相手方に対する不意打ちを防止するためのものである。これに対し、相手方が**口頭弁論期日に出頭した場合**には、準備書面に記載のない事項でも陳述することが**できる**。

＊　令和4年法律第48号により、電磁的記録の送達に関する制度が創設された。これに伴い、161条3項括弧書の規定（改正後の同項1、2号）に加えて、3号が新設された。なお、この法律は、公布日より4年以内に施行される。

3　正しい。

　準備書面とは、口頭弁論に先立って、予定されている弁論の内容を相手方に予告する書面で、攻撃防御方法や相手方の主張に対する応答内容を記載したものである。そして、民事訴訟法の採用する口頭主義及び弁論主義の下では、準備書面を提出しても当然に訴訟資料となるものではなく、準備書面に記載された事項を口頭弁論で陳述して初めて判決の基礎としての訴訟資料となる（87条1項本文参照）。したがって、準備書面は、裁判所に提出されただけでは、判決の基礎とすることができない。

4　誤り。

　簡易裁判所においては、口頭弁論は、書面で準備することを要しない（276条1項）。これは、簡易裁判所における訴訟手続を簡易化するためのもので、161条1項の特則である。

5　誤り。

　裁判長は、答弁書又は特定の事項に関する主張を記載した準備書面の提出をすべき期間を定めることができる（162条）。もっとも、162条は訓示規定であり、違反に対する制裁はない。したがって、裁判長の定めた期間内に提出されなかった準備書面であっても、直ちに不適法となるわけではなく、時機に後れた攻撃防御方法として却下（157条1項）されるなどしない限り、当事者は、当該準備書面を口頭弁論期日において陳述することができる。

＊　令和4年法律第48号により、162条には2項が新設され、162条は162条1項と改正された。なお、この法律は、公布日より4年以内に施行される。

文献　試験対策講座244〜247、250、251、541頁

第2節　口頭弁論の準備

No. 026 争点及び証拠の整理手続

予H27-40

□　月　日
□　月　日
□　月　日

争点及び証拠の整理手続に関する次の1から5までの各記述のうち、正しいものはどれか。

1．当事者は、口頭弁論において、準備的口頭弁論の結果を陳述しなければならない。

2．裁判所は、事件を書面による弁論準備手続に付するに当たり、当事者の意見を聴かなければならない。

3．弁論準備手続期日において、証人の採否の決定及び証人尋問をすることができる。

4．裁判所は、弁論準備手続の期日を公開しなければならない。

5．書面による準備手続においては、いわゆる電話会議システムを利用することができない。

8章
訴訟の審理と口頭弁論

第4編　訴訟の審理

| No.
026 | 正解 2 | 準備的口頭弁論と弁論準備手続の異同を、条文
を読んでおさえておこう。 | 正答率
75.7% |

1　誤り。

　準備的口頭弁論の結果は、その後の口頭弁論において陳述される必要がない。これは、準備的口頭弁論は口頭弁論にほかならず、そこで顕出された資料は当然に訴訟資料となるため、手続の結果を改めて上程する必要がないからである。

2　正しい。

　裁判所は、当事者が遠隔の地に居住しているときその他相当と認めるときには、当事者の意見を聴いて、事件を書面による弁論準備手続に付することができる（175条）。これは、民事訴訟法が訴訟進行についての当事者の主体性を尊重し、当事者の積極的な関与を求めていることの表れである。

＊　令和4年法律第48号により、175条の「当事者が遠隔の地に居住しているときその他」の文言は削除される。なお、この法律は、公布日より4年以内に施行される。

3　誤り。

　弁論準備手続期日においては、**証人の採否の決定**をすることが**できる**が（170条2項）、**証人尋問**をすることは**できない**。

＊　令和4年法律第48号により、170条2項に後段が追加され、170条2項は170条2項前段と改正された。なお、この法律は、公布日より4年以内に施行される。

4　誤り。

　弁論準備手続は、口頭弁論ではないので、手続を**一般公開する必要はない**（169条2項）。これは、効率的・実効的な争点整理を実現するうえで快適な環境を整えるため、手続を原則非公開とするものである。

5　誤り。

　書面による準備手続において、裁判長等は、必要があると認めるときは、最高裁判所規則で定めるところにより、裁判所及び当事者双方が音声の送受信により同時に通話をすることができる方法（いわゆる電話会議システム）によって、争点及び証拠の整理に関する事項その他口頭弁論の準備のため必要な事項について、当事者双方と協議をすることができる（176条3項前段）。これは、準備書面の提出及び交換を中心とする手続を補完するために、離れた場所にいる三者間で通話することのできるシステムを利用して、協議することを可能にする趣旨である。

＊　令和4年法律第48号により、「176条3項」は「176条2項」となり、内容が多少改正された。なお、この法律は、公布日より4年以内に施行される。

文献　試験対策講座251～255頁

争点及び証拠の整理手続

予H29-37

争点及び証拠の整理手続に関する次の1から5までの各記述のうち、正しいものを2個選びなさい。

1. 裁判所は、弁論準備手続の期日に相当と認める者の傍聴を許すことができるが、当事者が申し出た者については、手続を行うのに支障を生ずるおそれがあると認められる場合であっても、その傍聴を許さなければならない。
2. 弁論準備手続を行う受命裁判官は、調査の嘱託、鑑定の嘱託、文書を提出してする書証の申出及び文書の送付の嘱託についての裁判をすることができる。
3. 裁判所は、当事者双方の申立てがある場合であっても、相当でないと認めるときは、弁論準備手続に付する裁判を取り消さないことができる。
4. 準備的口頭弁論において、裁判所は、争点及び証拠の整理のため必要があると認めるときは、当事者本人の尋問を行うことができる。
5. 書面による準備手続において、裁判所及び当事者双方が音声の送受信により同時に通話をすることができる方法により、争点及び証拠の整理に関する事項その他口頭弁論の準備のため必要な事項について協議を行う場合には、裁判所は、当該協議の期日において、文書の証拠調べをすることができる。

第4編　訴訟の審理

| No. 027 | 正解 2、4 | 争点・証拠の整理に関する各手続の相違点を意識しながら、条文を確認しよう。 | 正答率 67.5% |

1　誤り。

　裁判所は、弁論準備手続の期日において、相当と認める者の傍聴を許すことができる（169条2項本文）。ただし、当事者が申し出た者については、手続を行うのに支障を生ずるおそれがあると認められる場合を除き、その傍聴を許さなければならない（同項ただし書）。

2　正しい。

　受命裁判官は、調査の嘱託、鑑定の嘱託、文書を提出してする書証の申出及び文書の送付の嘱託についての裁判をすることができる（171条3項）。これは、受命裁判官が調査の嘱託などの裁判を担当できることとして、小回りの利く手続を用意することで、合議事件の場合にも弁論準備手続を活用できるようにするためである。

＊　令和4年法律第48号により、171条3項において、電磁的記録を提出してする証拠調べの申出及び電磁的記録の送付の嘱託についての裁判をすることができる旨が追加された。なお、この法律は、公布日より4年以内に施行される。

3　誤り。

　裁判所は、当事者双方の申立てがあるときは、弁論準備手続に付する裁判を取り消さなければならない（172条ただし書）。これは、弁論準備手続には傍聴の可能性があるものの、あくまで非公開の手続であることから、公開の法廷で争点等の整理を行いたいという当事者の意思を尊重するためである。

4　正しい。

　準備的口頭弁論は、弁論準備手続と異なり、口頭弁論の一種であるため、その手続は口頭弁論の諸原則・規定に従って行われる。したがって、準備的口頭弁論は、一切の証拠調べが可能であるから、裁判所は当事者本人の尋問を行うことができる。

5　誤り。

　裁判長等は、必要があると認めるときは、裁判所及び当事者双方が音声の送受信により同時に通話をすることができる方法によって、争点及び証拠の整理に関する事項その他口頭弁論の準備のため必要な事項について、当事者双方と協議をすることができる（176条3項前段）。もっとも、書面による準備手続は、口頭弁論での集中審理のための争点や証拠の整理を行うものであり、一切の証拠調べをすることはできない。

＊　令和4年法律第48号により、「176条3項」は「176条2項」となり、内容も多少改正された。なお、この法律は、公布日より4年以内に施行される。

文献　試験対策講座251～255頁

第2節 口頭弁論の準備

No.
028

弁論準備手続

H24-62

☐ 月 日
☐ 月 日
☐ 月 日

　弁論準備手続に関する次の1から5までの各記述のうち、正しいものを2個選びなさい。

☐☐☐　1．裁判所は、当事者の同意がなければ、事件を弁論準備手続に付することができない。

☐☐☐　2．弁論準備手続は、当事者双方が立ち会うことができる期日において行う。

☐☐☐　3．裁判所は、弁論準備手続の期日においては、文書の証拠調べをすることができない。

☐☐☐　4．弁論準備手続においては、当事者双方が期日に出頭することができない場合であっても、裁判所及び当事者双方が音声の送受信により同時に通話をすることができる方法によって、期日における手続を行うことができる。

☐☐☐　5．裁判所は、弁論準備手続を終結するに当たり、その後の証拠調べにより証明すべき事実を当事者との間で確認するものとされている。

8章
訴訟の審理と口頭弁論

101

第4編　訴訟の審理

| No.
028 | 正解 2、5 | 弁論準備手続に関する単純な条文問題なので、
根気よく条文を確認しよう。 | 正答率
80.6% |

1　誤り。

　裁判所は、争点及び証拠の整理を行うため必要があると認めるときは、**当事者の意見を聴いて**、事件を弁論準備手続に付することができる（168条）。これは、当事者の主体性・自立性を尊重しつつ、より利用しやすい争点・証拠整理手続の実現を図る趣旨である。したがって、当事者の意見を聴く必要はあるが、当事者の同意までは不要である。

2　正しい。

　弁論準備手続は、**当事者双方が立ち会うことができる期日において行う**（169条1項）。これは、当事者双方に攻撃防御の機会を実質的に保障するためである。

3　誤り。

　裁判所は、弁論準備手続の期日において、**証拠の申出に関する裁判**その他の口頭弁論**の期日外においてすることができる裁判及び文書**（準文書を含む、231条）**の証拠調べ**をすることができる（170条2項）。これは、旧法の準備手続の不備を補い、より周到な証拠全般や争点の整理への途を開く趣旨の規定である。

＊　令和4年法律第48号により、170条2項に後段が追加され、170条2項は170条2項前段と改正された。
　なお、この法律は、公布日より4年以内に施行される。

4　誤り。

　裁判所は、当事者が遠隔の地に居住しているときその他相当と認めるときは、当事者の意見を聴いて、最高裁判所規則で定めるところにより、裁判所及び当事者双方が音声の送受信により同時に通話をすることができる方法（いわゆる電話会議システムによる方法）によって、弁論準備手続の期日における手続を行うことができる（170条3項本文）。もっとも、この方法による手続は、**当事者の一方がその期日に出頭**していなければ、行うことができない（同項ただし書）。

＊　当事者の利便性を向上し、迅速な争点等の整理を行う観点から、令和4年法律第48号による改正において、170条3項ただし書は削除された。なお、この法律は公布日より1年以内に施行される。

5　正しい。

　裁判所は、弁論準備手続を終結するに当たり、その後の証拠調べにより証明すべき事実を当事者との間で確認するものとする（170条5項・165条1項）。これは、弁論準備手続の成果を明確にする趣旨である。

文献　試験対策講座252〜254頁

第2節　口頭弁論の準備

No.
029

弁論準備手続

H26-66

□　月　日
□　月　日
□　月　日

弁論準備手続に関する次のアからオまでの各記述のうち、正しいものを組み合わせたものは、後記1から5までのうちどれか。

ア．弁論準備手続では、相手方が出頭している場合であっても、準備書面に記載していない事実を主張することができない。

イ．弁論準備手続の期日において、証人尋問の採否を決定することができる。

ウ．裁判所及び当事者双方が音声の送受信により同時に通話をすることができる方法によって弁論準備手続の期日における手続を行う場合には、当該期日において和解をすることができない。

エ．弁論準備手続で提出された資料は、当事者が口頭弁論において弁論準備手続の結果を陳述しなければ、これを訴訟資料とすることができない。

オ．弁論準備手続の終結後には、新たな攻撃又は防御の方法を提出することができない。

1．アウ　　　2．アエ　　　3．イエ　　　4．イオ　　　5．ウオ

8章
訴訟の審理と口頭弁論

103

第4編　訴訟の審理

| No.029 | 正解 3 | 条文知識で対応できる問題なので、しっかり弁論準備手続に関する条文を読み込もう。 | 正答率 92.5% |

ア　誤り。

　相手方が在廷していない口頭弁論においては、**準備書面**（相手方に送達されたもの又は相手方からその準備書面を受領した旨を記載した書面が提出されたものに限る。）**に記載した事実でなければ、主張**することが**できない**（161条3項）。もっとも、弁論準備手続につき口頭弁論の規定の準用を定める170条5項は、161条を準用していないため、弁論準備手続においては、相手方が欠席した場合であっても、準備書面に記載していない事実を主張することができる。

＊　令和4年法律第48号により、電磁的記録の送達に関する制度が創設された。これに伴い、161条3項括弧書の規定（改正後の同項1、2号）に加えて、3号が新設された。なお、この法律は、公布日より4年以内に施行される。

イ　正しい。

　裁判所は、**弁論準備手続の期日**において、**証拠の申出に関する裁判**をすることができる（170条2項）。そして、「証拠の申出に関する裁判」とは、**証拠決定、文書提出命令、文書送付嘱託**などである。したがって、弁論準備手続の期日において、証人尋問の採否を決定することができる。

＊　令和4年法律第48号により、170条2項には後段が追加され、170条2項は170条2項前段と改正された。なお、この法律は、公布日より4年以内に施行される。

ウ　誤り。

　裁判所及び当事者双方が音声の送受信により同時に通話をすることができる方法（いわゆる電話会議システムによる方法）によって弁論準備手続の期日における手続を行う場合（170条3項）でも、当事者は、当該期日において和解をすることができる。

＊　当事者の利便性を向上し、迅速な争点等の整理を行う観点から、令和4年法律第48号による改正において、170条3項ただし書は削除された。なお、この法律は公布日より1年以内に施行される。

エ　正しい。

　訴訟事件の審理は、公開主義、直接主義、口頭主義等の要請から、**口頭弁論の方式により行われ**（必要的口頭弁論の原則、87条1項本文）、この**口頭弁論において顕出されたもののみが訴訟資料**となる。そして、弁論準備手続は、口頭弁論の期日外において、争点及び証拠の整理を目的として行われる手続であるため、**弁論準備手続で提出された資料**は、当事者が**口頭弁論において当該手続の結果を陳述**する（173条）ことで**初めて訴訟資料となる**。したがって、弁論準備手続で提出された資料は、当事者が口頭弁論において弁論準備手続の結果を陳述しなければ、これを訴訟資料とすることができない。

オ　誤り。

　弁論準備手続の終了後に攻撃又は防御の方法を提出した当事者は、相手方の求めがあるときは、**相手方に対し、弁論準備手続の終了前にこれを提出することができなかった理由を説明しなければならない**（174条・167条）。このように、弁論準備手続の終了後に攻撃又は防御の方法を提出すること自体は禁じられていない。

文献　試験対策講座252～254頁

104

第2節　口頭弁論の準備

No.
030

弁論準備手続

予R1-38

□　月　日
□　月　日
□　月　日

　弁論準備手続に関する次のアからオまでの各記述のうち、正しいものを組み合わせたものは、後記1から5までのうちどれか。

□□□　ア．裁判所は、事件を弁論準備手続に付する場合には、当事者の意見を聴かなければならない。

□□□　イ．裁判所は、弁論準備手続において、当事者の一方が申し出た者の傍聴を許す場合には、他方の当事者の意見を聴かなければならない。

□□□　ウ．裁判所は、弁論準備手続において、証拠の申出に関する裁判をすることはできるが、証拠調べをすることはできない。

□□□　エ．当事者は、口頭弁論において、弁論準備手続の結果を陳述しなければならない。

□□□　オ．裁判所は、受命裁判官又は受託裁判官に弁論準備手続を行わせることができる。

　1．ア　イ　　　2．ア　エ　　　3．イ　オ　　　4．ウ　エ　　　5．ウ　オ

8章
訴訟の審理と口頭弁論

105

第4編　訴訟の審理

| No.030 | 正解 2 | 弁論準備手続については、条文知識がそのまま出題されやすいから、条文を素読しよう。 | 正答率 69.3% |

ア　正しい。

　裁判所は、争点及び証拠の整理を行うために**必要があると認めるとき**は、**当事者の意見を聴いて**、事件を**弁論準備手続に付することができる**（168条）。これは、争点などの整理に必要な一切の行為をすることができる準備的口頭弁論（164条）と異なり、弁論準備手続においてはその範囲が限定されており、同手続を選択することは当事者の利害に関係するからである。

イ　誤り。

　裁判所は、弁論準備手続において、相当と認める者の傍聴を許すことができる。ただし、当事者が申し出た者については、手続を行うのに支障を生ずるおそれがあると認める場合を除き、その傍聴を許さなければならない（169条2項）。したがって、裁判所は、当事者の一方が申し出た者の傍聴を許す場合において他方の当事者の意見を聴かなければならないわけではない。

ウ　誤り。

　裁判所は、**弁論準備手続の期日**において、①**証拠の申出に関する裁判**、②**その他の口頭弁論の期日外においてすることができる裁判**、③**文書・準文書**（231条、民訴規147条）**の証拠調べをすることができる**（民訴170条2項）。特に、③によって、文書という即時に取調べが可能で客観性の高い証拠がある争点と、証人尋問や当事者尋問などを実施する必要がある争点とを識別し、より充実した争点整理を行うことができる。

＊　令和4年法律第48号により、170条2項には後段が追加され、170条2項は170条2項前段に改正された。なお、この法律は、公布日より4年以内に施行される。

エ　正しい。

　当事者は、**口頭弁論**において、その後の証拠調べで証明すべき事実を明らかにして（民訴規89条）、**弁論準備手続の結果を陳述しなければならない**（民訴173条）。

オ　誤り。

　裁判所は、受訴裁判所又は受命裁判官に弁論準備手続を行わせることができる（168条、171条1項）。もっとも、受託裁判官に弁論準備手続を行わせることは認められていない。これは、事件の内容を十分把握している受訴裁判所又は受命裁判官が手続を担当することが合理的だからである。

文献　試験対策講座254、255頁

第3節 口頭弁論の実施

No. 031	口頭弁論	□ 月 日
	H24-61	□ 月 日
		□ 月 日

口頭弁論に関する次のアからオまでの各記述のうち、誤っているものを組み合わせたものは、後記1から5までのうちどれか。

ア．裁判所は、数個の独立した攻撃又は防御の方法が提出されている場合において、特定の攻撃又は防御の方法に審理を集中したいときは、弁論の制限をすることができる。

イ．口頭弁論の期日のうち証人尋問の期日については、その公開を停止することができない。

ウ．証人及び当事者本人の尋問は、できる限り、争点及び証拠の整理が終了した後に集中して行わなければならない。

エ．弁論準備手続において主張された事実は、弁論準備手続の結果を当事者が口頭弁論で陳述することによって訴訟資料となる。

オ．裁判所は、当事者の申立てがない限り、終結した口頭弁論の再開を命ずることができない。

1．ア イ　　2．ア ウ　　3．イ オ　　4．ウ エ　　5．エ オ

第4編　訴訟の審理

| No. 031 | 正解 3 | 口頭弁論の規律について、争点・証拠整理との関係も含めて、整理しておこう。 | 正答率 87.0% |

ア　正しい。

　裁判所は、口頭弁論の制限を命じることができる（152条1項）。これは、1個の訴訟手続において、複数の攻撃防御方法が提出され、争点が多岐に分かれる場合、万遍なく弁論を行うと訴訟が遅延するおそれがあるため、弁論を特定の争点に関する事項に制限することにより、効率的な審理を行うものである。

イ　誤り。

　裁判の対審及び判決は、公開の法廷でこれを行わなければならない（公開主義、憲82条1項）。この「対審」とは、民事訴訟においては口頭弁論を指す。もっとも、裁判官の全員の一致で、公の秩序又は善良の風俗を害するおそれがあると決した場合には、対審を非公開とすることができる（同条2項本文）。これは、証人尋問についても同様である。したがって、証人尋問の期日についても、その公開を停止することはできる。

ウ　正しい。

　証人及び当事者本人の尋問は、できる限り、争点及び証拠の整理が終了した後に集中して行わなければならない（182条）。これは、細切れに審理を進めていく従来の五月雨方式を改め、争点整理を行った結果残された争点について、証人尋問などの人証調べを集中的に行うことにより、訴訟促進を図る趣旨である。

エ　正しい。

　当事者は、**口頭弁論**において、**弁論準備手続の結果を陳述**しなければならない（173条）。これは、口頭主義、直接主義の要請から、弁論準備手続で得られた資料を口頭弁論に上程して、訴訟資料とするものである。

オ　誤り。

　裁判所は、終結した口頭弁論の再開を命ずることができる（153条）。判例は、口頭弁論の再開は、裁判所の裁量事項であって、当事者に申立権は認められていないとしている（最判昭23.11.25）。

文献　試験対策講座244〜246、252、254、259、260、341頁

〈CORE TRAINING〉 1　口頭弁論の意義と諸原則

CORE TRAINING

01　口頭弁論の意義と諸原則

□□□　判決は口頭弁論を経てしなければならないが、決定は口頭弁論を経ないでしなければならない。　予H28-34-ウ

➡ 判決は必要的口頭弁論だが、例外がある。決定は任意的口頭弁論（87Ⅰただし書）
1 ❸

✕

CORE PLUS

1 必要的口頭弁論と任意的口頭弁論

	ⅰ 必要的口頭弁論	ⅱ 任意的口頭弁論
❶ 裁判の種類	判　決	決　定
❷ 趣　旨	両当事者に対する、口頭弁論手続における攻撃防御の機会を保障する	簡易迅速な手続処理
❸ 内容① （審理）予28-34-ウ	当事者は裁判所において口頭弁論をしなければならない（87Ⅰ本文）*1	口頭弁論を開くかどうかは裁判所の裁量（87Ⅰただし書）。書面審理も可能
❹ 内容② （裁判資料）	口頭弁論に顕出された事実主張や証拠だけが判決の基礎となる*2	書面審理の場合には、裁判所の裁量で当事者の審尋を行い（87Ⅱ）、補充的な裁判資料としてよい

*1　例外：①訴え却下判決（140など）、②上告棄却判決（319）、③担保不提供による却下判決（78）、④変更の判決（256Ⅱ）。
*2　例外：陳述擬制（158）。∵訴訟促進と当事者の公平。

8章
訴訟の審理と口頭弁論

109

〈CORE TRAINING〉1 口頭弁論の意義と諸原則

CORE TRAINING

□□□ 弁論の更新手続をしないままされた判決は、法律に従って判決裁判所を構成しなかったものとして、最高裁判所に対する上告の理由となる。予H27-41-3
➡ 249 I、312 II ①
② ❹ c i ○

□□□ 終結した口頭弁論を再開した場合には、裁判官が代わっていない場合であっても、弁論の更新の手続を要する。H25-64-ア
➡「裁判官が代わった場合」（249 II）に当たらない ✕

□□□ 裁判所は、裁判官が代わった場合において、当事者の申出があるときは、裁判官が代わる前に尋問した当事者本人について、その尋問をしなければならない。予H27-41-1
➡ 249条3項は当事者尋問には準用されない（最判昭42.3.31） ✕

□□□ 控訴審において、第一審で尋問した証人につき当事者が尋問を求めた場合、これを認めなくても、直接主義の要請に反しない。予H27-41-4
➡ 249 I、III ② * 2 ○

□□□ 裁判所は、相当と認めるときは、受命裁判官に命じて、裁判所外において検証をさせることができる。H26-63-2
➡ 185 I ② ❹ c ii ○

□□□ 事件の記録の閲覧等の制限の申立てがあったときは、その申立てについての裁判が確定するまで、第三者は、秘密記載部分の閲覧等の請求をすることができない。予R1-45-1
➡ 92 II ○

□□□ 裁判長は、合議体の構成員以外の裁判官を受命裁判官として指定することができる。H26-63-1
➡ 185 I 参照
② ❹ c ii ✕

□□□ 受命裁判官が証人尋問を行う場合において、裁判所及び裁判長の職務は、その裁判官が行うが、尋問の順序の変更についての異議の裁判は、受訴裁判所が行う。H26-63-4
➡ 195、206、202 III ○

110

〈CORE TRAINING〉1　口頭弁論の意義と諸原則

CORE PLUS

② 口頭弁論の基本原則

	a 意　義	b 趣　旨	c 具体例・例外
❶ 公開主義	訴訟の審理過程及び裁判を国民に傍聴し得る状態で行う（憲82）	裁判の公正を担保し、司法に対する国民の信頼を確保	○公開は「対審」及び「判決」の言渡しで、弁論準備手続や決定手続の審理等は対象とならない ○憲法82条2項本文は非公開の例外を定める
❷ 双方審尋主義	訴訟において、対立当事者双方に、主張を述べる機会を平等に与える	憲法32条、14条に基づき公平な裁判を実現	訴訟継続中に当事者の一方に訴訟追行できない事情が生じた場合等の中断・中止（124）
❸ 口頭主義	弁論及び証拠調べを口頭で行う原則をいい、口頭で陳述されたもののみ訴訟資料となる（87Ⅰ本文参照）	書面よりも新鮮な印象を与え、不明瞭な点が直ちに釈明可能である口頭弁論により、当事者の真意を把握しやすくする	書面による口頭主義の補完 e.g. 132の10、134Ⅰ、160、161Ⅰ、175〜178、253[*1]
❹ 直接主義	弁論の聴取や証拠調べを、判決する受訴裁判所が自らが行う原則（249Ⅰ）	○事件に深く関与した裁判官自ら判決することにより、当事者の陳述の趣旨や真偽を正確に理解し、結果を裁判に直結させることに資する ○上記趣旨から、弁論の更新手続に当事者双方が揃っている必要はない（最判昭31.4.13参照）	訴訟経済の観点からの修正・例外[*2] i 弁論の更新（249Ⅱ） ○当事者は裁判官の変更があっても、新裁判官の面前で従来の弁論・証拠調べの結果の陳述をすれば足りる ○これを欠いて判決すると「法律に従って判決裁判所を構成しなかった」場合に当たり上告理由となる（249Ⅰ、312Ⅱ①）予H27-41-3 ii 受命裁判官（195） ○受訴裁判所を構成する裁判官を指す H26-63-1 ○受命裁判官に裁判所外での証拠調べをさせることができる（185Ⅰ後段）H26-63-2

＊1　令和4年法律第48号により、132条の10、160条1項、175条、176条は改正された。なお、この法律は、公布日より4年以内に施行される。

＊2　民事訴訟は続審制がとられており、上訴審への移審には249条3項は適用されないと解されている。予H27-41-4

※　令和4年法律第48号により、口頭弁論期日において、裁判所が相当と認めるときは、当事者の意見を聴いて、裁判所及び当事者双方が映像と音声の送受信によって相手の状態を相互に認識しながら通話をすることができる方法（ウェブ会議等）で手続を行うことができる旨が規定された（87条の2第1項）。なお、この法律は、公布日より2年以内に施行される。

8章　訴訟の審理と口頭弁論

111

〈CORE TRAINING〉2　口頭弁論の準備

CORE TRAINING

02　口頭弁論の準備

□□□　当事者照会に対し、相手方が正当な理由なく回答を拒んだときは、裁判所は、照会をした当事者の照会事項に関する主張を真実と認めることができる。H23-64-エ

➡ 163参照　③＊1　✕

□□□　原告となろうとする者は、被告となるべき者が所持する文書について、特に必要がある場合に限り、訴え提起前の証拠収集の処分として、裁判所に対して文書提出命令を申し立てることができる。H19-64-5

➡ 132の4 I 柱書本文各号参照　③＊2　✕

□□□　裁判所は、準備的口頭弁論を受命裁判官に行わせることはできないが、弁論準備手続は受命裁判官に行わせることができる。予R3-38-5

➡ 171 I　④❹ i 、ii、※　○

□□□　裁判所は、準備的口頭弁論と弁論準備手続のいずれにおいても、当事者が遠隔の地に居住しているときその他相当と認める場合には、当事者の一方が期日に出頭したときに限り、裁判所及び当事者双方が音声の送受信により同時に通話をすることができる方法によってその期日における手続を行うことができる。予R3-38-3

➡ 公開原則（憲82 I ）が妥当する準備的口頭弁論では不可能（民訴170 III 対照）④❺ i 、ii、＊、※　✕

□□□　裁判所は、準備的口頭弁論を行うことについて当事者の意見を聴く必要はないが、事件を弁論準備手続に付するには当事者の意見を聴かなければならない。予R3-38-1

➡ 164参照、168　④❻ i 、ii　○

□□□　裁判所は、争点及び証拠の整理を行うために必要があると認める場合には、準備的口頭弁論の期日においては証人尋問及び当事者尋問を行うことができるが、弁論準備手続の期日においては、これらを行うことはできない。予R3-38-2

➡ 準備的口頭弁論も口頭弁論であり、その期日において証調べ可、170 II ④❼ i 、ii、※　○

□□□　裁判所は、相当と認めるときは、職権で弁論準備手続に付する裁判を取り消すことができるが、準備的口頭弁論は、当事者が期日に出頭している限り、争点及び証拠が整理されない段階で終了させることができない。予R3-38-4

➡ 172、166　④❾ i 、ii　✕

□□□　裁判所は、当事者双方が期日に出頭しなかった場合には、準備的口頭弁論を終了することができない。予R1-37-3

➡ 166　④❾ i　✕

□□□　最初の弁論準備手続の期日に当事者の一方が欠席した場合には、その当事者があらかじめ提出した準備書面に記載した事項を陳述したものとみなすことができる。H26-64-イ

➡ 一方当事者欠席の場合の訴状等の陳述擬制の規定は弁論準備手続にも準用されている（170 V ・158）④※　○

112

〈CORE TRAINING〉2　口頭弁論の準備

CORE PLUS

3 口頭弁論の事前準備制度

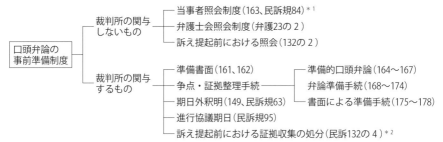

*1　当事者照会の回答義務は信義則上の義務にとどまり、照会に応じない場合の制裁は予定されていない。H23-64-エ
*2　予告通知者（132の2Ⅰ柱書本文括弧書）は、訴え提起前に裁判所に対して文書提出命令の申立てはできないが、文書送付嘱託の申立てはできる（132の4Ⅰ①）。H19-64-5

4 争点整理手続の概要

		ⅰ 準備的口頭弁論	ⅱ 弁論準備手続	ⅲ 書面による準備手続
❶	手　続	口頭弁論	準備手続	準備手続
❷	公開の要否	必要	原則非公開（169Ⅱ）	不要
❸	対席の要否	必要	争点整理のため必要（169Ⅰ）	不要
❹	主宰者	裁判所（164） 予R3-38-5	裁判所（168） 受命裁判官（171Ⅰ） 予R3-38-5	裁判長（受命裁判官）（176Ⅰ）
❺	電話会議システムの可否	不可　予R3-38-3	可能（170Ⅲ）予R3-38-3 ただし、当事者の一方の出頭は必要*	可能（176Ⅱ） 両当事者が不出頭でも可能
❻	意見聴取の要否	不要　予R3-38-1	必要（168）予R3-38-1	必要（175）
❼	証拠調べの可否・範囲	無制限　予R3-38-2	文書・準書面は可能（170Ⅱ） 予R3-38-2	不可
❽	証明すべき事実の確認	手続終了時（165Ⅰ）	手続終了時（170Ⅴ・165Ⅰ）	手続終結後の口頭弁論期日（177）
❾	職権による終了	出頭せず又は期間内に準備書面の提出・証拠の申出をしないとき（166）予R3-38-4、予R1-37-3	相当と認めるとき（172）予R3-38-4	―

＊　当事者の利便性を向上し、迅速な争点等の整理を行う観点から、令和4年法律第48号により、170条3項ただし書が削除され、弁論準備手続においても書面による準備手続と同様に、両当事者が不出頭でも電話会議システムが利用可能となる。なお、この法律は公布日より1年以内に施行される。予R3-38-3

※　令和4年法律第48号により、準備書面等に係る161条以下及び、争点及び証拠の整理手続に係る170条、171条、175条、176条は改正された。なお、この法律は、公布日より4年以内に施行される。H26-64-イ、予R3-38-2・3・5

〈CORE TRAINING〉3 口頭弁論の実施

CORE TRAINING

03 口頭弁論の実施

□□□ 裁判所は、口頭弁論を分離するときは、当事者の意見を聴かなければならない。予H30-36-5
➡ 152 I 　⑤＊1 　✕

□□□ 主債務者と連帯保証人を共同被告として訴えが提起された場合に、裁判所は、不出頭の連帯保証人につき口頭弁論を分離して判決をすることができない。予R3-37-ア
➡ 152 I 、最判昭27.12.25 ⑤＊2 ✕

□□□ 裁判所は、一つの請求について数個の独立した攻撃防御方法が提出されている場合には、それぞれの攻撃防御方法ごとに口頭弁論の分離を命ずることができる。予R3-37-エ
➡ 個々の攻撃防御方法の分離は不可 ⑤＊3 ✕

□□□ 共同被告の一方に対する訴訟の目的である権利と共同被告の他方に対する訴訟の目的である権利とが法律上併存し得ない関係にある場合において、原告の申出があったときは、裁判所は、弁論及び裁判は分離しないでしなければならない。予R3-37-イ
➡ 41 　⑤＊6 　○

□□□ ある事件の訴訟手続において、他の事件との口頭弁論の併合を命ずることが求められたときは、裁判所は、その訴訟手続を停止しなければならない。予R1-45-5
➡ 条文上訴訟手続の停止は要求されていない（41Ⅲ、会社837、一般法人272）⑤＊4 ✕

□□□ 訴えを不適法であるとして却下する判決をする場合には、口頭弁論を経たときであっても、口頭弁論を終結する必要はない。H25-64-イ
➡ 243 I 参照 ⑤❹ ✕

□□□ 離婚訴訟が家庭裁判所に係属中に、離婚原因である不貞行為によって生じた損害の賠償を求める訴えが地方裁判所に提起されたが、その地方裁判所が当該訴えに係る訴訟を離婚訴訟が係属する家庭裁判所に移送した場合には、移送を受けた家庭裁判所は、これらの訴訟に係る事件について口頭弁論の併合を命じなければならない。予R3-37-ウ
➡ 人訴8 I 、Ⅱ ⑤＊5 ○

□□□ 裁判所は、当事者を異にする事件について口頭弁論の併合を命じた場合に、併合前に尋問をした証人について、尋問の機会がなかった当事者から尋問の申出がないときは、その尋問をする必要はない。予R3-37-オ
➡ 152Ⅱ、証拠につき最判昭41.4.12（百選A16事件）⑤※ ○

114

〈CORE TRAINING〉3　口頭弁論の実施

CORE PLUS

⑤ 弁論の制限・分離・併合・終結・再開

❶ 制　限	訴訟物が複数の場合、あるいは1個でも数個の独立した攻撃防御方法が争われている場合、1つに審理を制限すること
❷ 分　離	客観的・主観的併合がなされている場合に、訴訟の促進や簡易化を図り、審理を単純化して整理するために別個の手続で審理すること*1、*2、*3
❸ 併　合	○同一の官署としての裁判所に別々に係属している数個の請求を、訴訟を簡易化し、判決の矛盾を防止するため、同一訴訟手続内で審理・判決すべきことを命じる処置のこと ○原則として裁判所の裁量事項だが、例外的に併合が必要とされる場合がある（41Ⅲ、会社837、一般法人272）*4、*5、*6
❹ 終　結	終局判決に際しては、判決書の必要的記載事項にもあるように、口頭弁論を終結しなければならない（民訴243Ⅰ参照）H25-64-イ
❺ 再　開	○弁論終結後、判決前に、いったんなした弁論の終結宣言を取り消し、弁論を再開・続行する裁判所の措置のこと ○裁判所の裁量事項だが、裁量権に一定の制約がかかり得る（最判昭56.9.24）

8章 訴訟の審理と口頭弁論

＊1　裁判所の自由裁量に委ねられていて、当事者の意見を聴くことも要求されていない。予H30-36-5
＊2　主債務者と連帯保証人を共同被告として訴えが提起されても、必要的共同訴訟ではないから、不出頭の連帯保証人につき弁論を分離して敗訴判決を言い渡しても適法である（最判昭27.12.25）。予R3-37-ア
＊3　個々の攻撃防御方法（e.g. 相殺の抗弁）を分離することはできない。予R3-37-エ
＊4　併合が必要とされる場合でも、訴訟手続を停止しなければならないとする規定はない。予R1-45-5
＊5　家庭裁判所に係属する人事訴訟に係る請求の原因である事実によって生じた損害の賠償に関する請求が地方裁判所に提起されたが、地方裁判所が申立てにより当該訴えに係る訴訟を家庭裁判所に移送した場合、移送を受けた家庭裁判所は、これらの訴訟に係る事件について口頭弁論の併合を命じなければならない（人訴8Ⅰ、Ⅱ）。予R3-37-ウ
＊6　法律上又はその訴訟が併合審理されている趣旨に鑑みて、ひとつの訴訟手続で審理・判決することが求められている場合（合一確定の必要がある場合等）は、分離することができない。e.g. 必要的共同訴訟（40）、同時審判申出共同訴訟（41）、独立当事者参加（47）、請求が予備的に併合された場合、離婚訴訟において反訴として離婚の請求がなされた場合。予R3-37-イ

※　併合前、それぞれの事件においてなされた弁論・証拠調べの結果は、併合後は他の事件において当然に訴訟資料となる（証拠につき最判昭41.4.12百選A16事件）。予R3-37-オ

115

〈CORE TRAINING〉3　口頭弁論の実施

CORE TRAINING

□□□　裁判所は、当事者双方が最初にすべき口頭弁論の期日に　➡ 158　⑥❶　✕
欠席した場合であっても、当事者が提出した訴状及び答弁書を
陳述したものとみなすことができる。H24-59-1、H23-64-ア、予R4-
38-ア

□□□　裁判所は、公示送達による呼出しを受けた被告が口頭弁　➡ 159Ⅲただし書　◯
論の期日に欠席した場合であっても、原告の主張する事実を自
白したものとみなすことはできない。予R4-38-ウ

□□□　当事者双方が弁論準備手続の期日に欠席した場合にお　➡ 263前段　⑥＊1　◯
いて、1か月以内にいずれの当事者からも期日指定の申立てが
されないときは、訴えの取下げがあったものとみなされる。
H24-59-2

□□□　当事者双方が、連続して2回、口頭弁論の期日に出頭し　➡ 263後段　⑥❶、　◯
なかった場合には、訴えの取下げがあったものとみなされる。　　❷
予R1-37-2、予H30-42-5

□□□　原告が請求を棄却する判決に対して控訴を提起した場　➡ 控訴の取下げが　✕
合において、当事者双方が控訴審の口頭弁論の期日に欠席し、　擬制されるにすぎ
1か月以内に期日指定の申立てをしなかったときは、訴えの取　ない（292Ⅱ・263
下げがあったものとみなされる。H23-70-4、予R4-38-オ、予H30-42-2　前段）⑥＊2

□□□　従前の口頭弁論の期日において申出が採用された証人　➡ 183は当事者の　◯
尋問について、裁判所は、申出をした当事者が尋問すべき口頭　出頭を要求してい
弁論の期日に欠席した場合であっても、当該期日に尋問を実施　ない
することができる。H26-64-ウ、予R4-38-エ

□□□　訴状の送達及び第1回口頭弁論期日の呼出しが公示送　➡ 終局判決（244　✕
達によりされた場合には、被告がその期日に出頭しなかったと　本文）は擬制自白
きであっても、裁判所は、その期日において口頭弁論を終結す　（159Ⅲただし書）
ることはできない。予R1-37-1　と異なり公示送達
　　　　　　　　　　　　　　　　　　　　　　　　　　　による場合を区別
　　　　　　　　　　　　　　　　　　　　　　　　　　　していない

□□□　当事者の一方が適式な呼出しを受けながら口頭弁論の　➡ 最判昭23.5.18　◯
期日に欠席した場合において、裁判所が、口頭弁論を終結し、
判決言渡期日を指定して告知したときは、欠席した当事者に対
し判決言渡期日の呼出状を送達することを要しない。予R4-38-
イ

116

〈CORE TRAINING〉3　口頭弁論の実施

CORE PLUS

6 当事者の欠席と手続

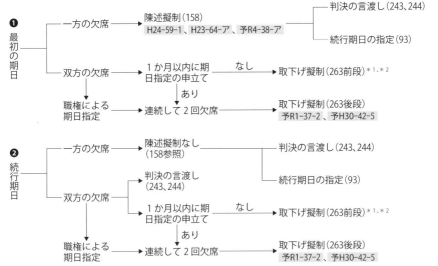

* 1　弁論準備手続期日においても、当事者双方が欠席し、かつ1か月以内に期日指定の申立てがない場合には訴え取下げが擬制される（263前段）。H24-59-2

* 2　263条は控訴審においても準用されている（292Ⅱ）が、この場合訴え取下げではなく控訴取下げが擬制される。H23-70-4 、予R4-38-オ 、予H30-42-2

〈CORE TRAINING〉3　口頭弁論の実施

CORE TRAINING

□□□　裁判所は、当事者の双方が口頭弁論の期日に欠席した場合において、審理の現状及び当事者の訴訟追行の状況を考慮して相当と認めるときは、終局判決をすることができる。H26-64-オ、予R1-37-4 　➡244本文　7❶　○

□□□　被告が口頭弁論期日に欠席した場合において、裁判所が、審理の現状及び当事者の訴訟追行の状況を考慮して相当と認めるときには、出頭した原告の申出がなくても、終局判決をすることができる。H18-61-イ 　➡244ただし書　7❷　×

□□□　判決の言渡しは、当事者双方が判決の言渡期日に欠席した場合においても、することができる。H24-59-4 　➡251Ⅱ　7❸　○

□□□　判例の趣旨によれば、適法な呼出しを受けた当事者双方が欠席した口頭弁論の期日において弁論を終結し、判決の言渡しのための期日を告知したときは、同期日の呼出状を送達することを要する。H26-64-エ 　➡最判昭56.3.20　7❹　×

□□□　請求を棄却する第一審判決の送達を受けた日の翌日に原告が死亡した場合には、原告に訴訟代理人がいるときを除き、訴訟手続は中断し、控訴期間は進行を停止する。H24-59-5 　➡124Ⅰ①、Ⅱ、132Ⅱ前段　8※　○

118

〈CORE TRAINING〉3　口頭弁論の実施

CORE PLUS

7 当事者の欠席と判決

当事者の行動	裁判所の行動
❶ 当事者の双方が口頭弁論期日に出頭せず、又は弁論をしないで退廷した場合	裁判所が、審理の現状及び当事者の訴訟追行状態を考慮して相当と認めれば終局判決が可能（244本文）H26-64-オ、予R1-37-4
❷ 当事者の一方が口頭弁論期日に出頭せず、又は弁論をしないで退廷した場合	出頭した当事者の申出があり、裁判所が、審理の現状及び当事者の訴訟追行状態を考慮して相当と認めれば終局判決が可能（244ただし書）H18-61-イ
❸ 当事者双方が判決の言渡期日に欠席した場合	判決の言渡しが可能（251Ⅱ）H24-59-4
❹ 適法な期日の呼出しを受けた当事者双方が欠席し、口頭弁論が終結された場合	○審理終結時に、裁判長が法廷で判決言渡期日を指定し、その言渡しができる ○その言渡しは、在廷しない当事者にも効力を有し、呼出状の送達は不要となる（最判昭56.3.20）H26-64-エ

8 訴訟手続の中断と中止の比較

	ⅰ 訴訟手続の中断	ⅱ 訴訟手続の中止
❶ 状　況	当事者が交代すべき事情を生じた場合	裁判所・当事者に障害がある場合等
❷ 具体例	当事者の死亡（124Ⅰ①）、訴訟能力の喪失（124Ⅰ③）等	裁判所の職務不能、天災によって当事者のいる地域から裁判所への交通が寸断され回復見込みがない等
❸ 効　果	期間の停止（132Ⅱ）、判決の言渡しは可能（132Ⅰ）	期間の停止（132Ⅱ）、判決の言渡しはできない（132Ⅰ参照）
❹ 解消（終了）	受継（126）、続行命令（129）	中止事由の消滅（130）、中止決定の取消し（131Ⅱ）、中止期間の満了

※　手続が中止・中断した場合には、期間が進行を停止し（132Ⅱ前段）、手続の受継の通知又はその続行の時から、新たに全期間の進行を始める（同Ⅱ後段）。H24-59-5

8章 訴訟の審理と口頭弁論

〈CORE TRAINING〉3　口頭弁論の実施

CORE TRAINING

□□□　土地所有者Xが、土地上建物を共有して土地を占有している Y 1 及び Y 2 に対し提起した建物収去土地明渡請求訴訟において、いずれの当事者にも訴訟代理人がいない場合で、Y 1 が訴訟係属中に死亡した場合、XY 1 間の訴訟手続は中断するが、XY 2 間の訴訟手続は中断しない。H19-67-1

➡ 共同訴訟人独立の原則（39）❾❶ii　〇

□□□　土地所有者Xが、土地上の建物を所有して土地を占有している Y 株式会社に対し提起した建物収去土地明渡請求訴訟において、いずれの当事者にも訴訟代理人がいない場合で、Y 社が訴訟係属中に別の株式会社と合併し、新設会社 Z 株式会社を設立した場合、訴訟手続は中断しない。H19-67-3

➡ 当事者たる法人が合併により消滅した場合は手続中断事由に当たる（124Ⅰ②）❾❷　✕

□□□　土地所有者Xが、土地上の建物を所有して土地を占有している Y 株式会社に対し提起した建物収去土地明渡請求訴訟において、いずれの当事者にも訴訟代理人がいない場合で、Y 社の唯一の代表取締役が訴訟係属中に死亡した場合、訴訟手続は中断する。H19-67-4

➡ 法人の法定代理人が代理権を喪失した場合は手続中断事由に当たる（37・124Ⅰ③）❾❸ i 、＊　〇

□□□　土地所有者Xが、土地上の建物を所有して土地を占有している Y に対し提起した建物収去土地明渡請求訴訟において、いずれの当事者にも訴訟代理人がいない場合で、Y が訴訟代理人を選任して応訴していたところ、当該訴訟代理人が死亡した場合、新たな訴訟代理人が選任されるまで訴訟手続は中断する。H19-67-5

➡ 訴訟代理人の死亡は中断事由として挙げられていない（124Ⅰ各号参照）❾❸ii　✕

□□□　第 1 回口頭弁論期日の前において、著しい遅滞を避けるための移送の申立てがあったときは、裁判所は、訴訟手続を停止しなければならない。予R1-45-2

➡ 移送の申立て（17）は、中断事由として挙げられていない　✕

□□□　被告が口頭弁論終結後に死亡した場合には、被告に訴訟代理人がいるときを除き、訴訟手続は中断し、裁判所は、受継がされるまで判決を言い渡すことができない。H24-59-3、予H29-36-ア

➡ 124Ⅰ①、Ⅱ、132Ⅰ❾❺ i　✕

□□□　ある訴訟に第三者が独立当事者参加をした場合において、当該第三者に訴訟代理人がいない状態で死亡したときは、訴訟手続は中断する。予H29-36-ウ

➡ 47Ⅰ、124Ⅰ①、Ⅱ、47Ⅳ・40Ⅲ❾※1　〇

□□□　債権者が債権者代位権に基づきその債務者に属する債権を行使する訴訟において、当該債務者が死亡した場合には、訴訟手続は中断しない。予H29-36-エ

➡ ❾※2　〇

120

〈CORE TRAINING〉3 口頭弁論の実施

C O R E P L U S

9 訴訟手続の中断

❶ 当事者の死亡（124 I ①）
　ⅰ 当事者が死亡した場合、対立当事者が欠けるので、原則手続が中断する
　ⅱ 通常共同訴訟の場合、ある共同訴訟人に中断事由が生じても他の共同訴訟人には影響を及ぼさない（39）H19-67-1

❷ 法人の合併による消滅（124 I ②）H19-67-3
　もっとも、合併以外の解散事由の場合には清算が行われるので中断しない

❸ 訴訟能力・法定代理権の喪失（124 I ③）*
　ⅰ 当事者が訴訟能力を失った場合や法定代理権を失った場合、手続は中断する H19-67-4
　　もっとも、保佐開始の審判を受けた場合には、被保佐人はその審級限りで訴訟能力を失わないので（32、民13 I ④）、手続は中断しない
　ⅱ 訴訟代理人の訴訟代理権の喪失は同号の中断事由ではない H19-67-5

❹ 当事者の訴訟追行権の消滅（124 I ④〜⑥）
　124条 1 項 4 号から 6 号までの場合に手続は中断する

❺ 意義
　ⅰ 訴訟係属中、当事者側の訴訟追行者に一身に関する事情により訴訟追行不能になり、新追行者が代わって手続を追行する事由が生じた場合において、新追行者が参加可能になるまでの間利益保護のため法律上当然に生ずる停止のこと（判決言渡しは可能〔132 I〕H24-59-3、予H29-36-ア）
　ⅱ 破産手続開始決定の場合を除き、訴訟代理人がいる場合には訴訟代理権は消滅せず（58 I、Ⅱ）、訴訟手続は中断しない（124 Ⅱ）
　ⅲ 当事者の受継申立て（126）、又は、裁判所の続行命令により解消し、訴訟手続が再び進行する

＊　同号の規定は法人の代表者について準用（37）。H19-67-4

※1　独立当事者参加としての権利主張参加は、第三者が「当事者」としてその訴訟に参加するものである（47 I）から、当該第三者が死亡した場合には、その第三者に訴訟代理人があるときを除き手続は中断する（124 I ①、Ⅱ、47Ⅳ・40Ⅲ）。予H29-36-ウ
※2　債権者代位訴訟における債権者は、法定訴訟担当に当たり、本来の利益帰属主体である債務者は「当事者」（124 I ①）でない以上訴訟手続を中断させない。予H29-36-エ

8章 訴訟の審理と口頭弁論

第４編　訴訟の審理

MEMO

第1節　審理の進行

No.
032　論　　　　　　　　**責問権**

予H28-33

□　月　日
□　月　日
□　月　日

　民事訴訟に関する異議権（責問権）に関する次のアからオまでの各記述のうち、判例の趣旨に照らし正しいものを組み合わせたものは、後記1から5までのうちどれか。

□□□　ア．当事者は、訴訟手続に関する規定の違反についての異議を述べる権利を放棄しようとするときは、その旨を書面に記載し、これを裁判所に提出しなければならない。

□□□　イ．当事者は、訴訟手続に関する規定の違反についての異議を述べる権利につき、具体的な違反が実際に生じるより前にあらかじめその放棄をすることができる。

□□□　ウ．判決の言渡しが公開の法廷で行われなかった場合、当事者は、そのことを知りながら、遅滞なく異議を述べないときであっても、異議を述べる権利を失わない。

□□□　エ．訴えの変更の書面が被告に送達されなかった場合、当事者は、そのことを知りながら、遅滞なく異議を述べないときであっても、異議を述べる権利を失わない。

□□□　オ．宣誓をさせるべき証人を宣誓させないで尋問した場合、当事者は、そのことを知りながら、遅滞なく異議を述べないときは、異議を述べる権利を失う。

1．ア　イ　　　2．ア　ウ　　　3．イ　エ　　　4．ウ　オ　　　5．エ　オ

9章

審理の進行と当
事者の訴訟行為

123

第4編　訴訟の審理

| No. 032 | 正解 4 | 本問で重要なのは責問権の放棄である。基本書で要件などを確認しておこう。 | 正答率 72.0% |

ア　誤り。

　責問権の放棄（90条ただし書参照）は、**当事者の裁判所に対する一方的な意思表示によってなされる**が、裁判所に対する意思表示の方式については、特別の制限はない。通常は、期日における陳述によりなされるが、裁判所に書面を提出する方法によることもできる。

イ　誤り。

　責問権をあらかじめ放棄することは許されない。なぜなら、訴訟手続は、民事訴訟法等の訴訟法規の定めに従い統一的な方式で進められる必要があり、個々の事件において裁判所や当事者が任意に訴訟手続を定めることは原則として許されないところ（任意訴訟禁止の原則）、責問権をあらかじめ放棄することを許すと、任意訴訟を認めるのと同じことになるからである。

ウ　正しい。

　責問権の放棄・喪失の対象となるのは、当事者の利益の保護を主たる目的とする規定の違反であり、公益の保護を目的とする規定の違反については、**責問権の放棄・喪失の対象とならない**。これは、訴訟手続に関する規定が公益の保護を目的とするものであるときは、その遵守が当事者の態度に左右されるべきではないからである。そして、**裁判の公開原則**（憲82条）は、裁判を一般に公開することで裁判が公正に行われることを制度として保障し、ひいては裁判に対する国民の信頼を確保することを目的とするものであり（最大判平元.3.8憲法百選72事件、レペタ事件参照）、**公益の保護を目的とする**ものに当たる。したがって、**その違反は、責問権の放棄・喪失の対象とならない**。

エ　誤り。

　訴えの変更は、書面でしなければならず（143条2項）、その書面は相手方に送達しなければならないが（同条3項）、判例は、この**書面の提出や送達の欠缺**について、責問権の放棄・喪失の**対象となる**としている（最判昭31.6.19）。

オ　正しい。

　証人には、原則として宣誓させなければならないが（201条1項）、判例は、宣誓をさせるべき証人を**宣誓させないで尋問**した場合について、責問権の放棄・喪失の**対象となる**としている（最判昭29.2.11）。

文献　試験対策講座275、276頁

124

第2節　当事者の訴訟行為

| No. 033 | 当事者が訴訟外でした合意　H26-73 | □　月　日
□　月　日
□　月　日 |

当事者が訴訟外でした合意に関する次の1から5までの各記述のうち、正しいものを2個選びなさい。

1．第一審の管轄裁判所を定める当事者の合意が電磁的記録によってされたときは、その合意は、効力を生じない。

2．判例の趣旨によれば、原告と被告との間で訴えの取下げの合意が成立したときは、訴訟は、直ちに終了する。

3．訴訟の管轄をある地方裁判所の専属管轄とする旨の合意がある場合であっても、訴えが他の地方裁判所に提起され、被告が管轄違いの抗弁を提出しないで本案について弁論をしたときは、その地方裁判所は、管轄権を有する。

4．紛争を特定しないで一切起訴しない旨の合意は、有効である。

5．当事者双方が、第一審の終局判決の後、共に上告をする権利を留保して控訴をしない旨の合意をしたときは、その合意は、有効である。

9章
審理の進行と当事者の訴訟行為

125

第4編　訴訟の審理

No.
033　正解　3、5　　　訴訟外の合意に関する条文知識を再確認しよ　正答率
　　　　　　　　　　　う。　　　　　　　　　　　　　　　　　　93.6%

1　誤り。
　第一審の管轄裁判所を定める当事者の合意は、一定の法律関係に基づく訴えに関し、かつ、書面でしなければ、その効力を生じない（11条2項）。もっとも、当該合意がその内容を記録した電磁的記録によってされたときは、書面によってされたものとみなされ、11条2項の規定が適用される（同条3項）。したがって、第一審の管轄裁判所を定める当事者の合意が電磁的記録によってされたからといって、その合意が効力を生じないわけではない。

2　誤り。
　最判昭44.10.17（百選92事件）は、「訴の取下に関する合意が成立した場合においては、右訴の原告は権利保護の利益を喪失したものとみうるから、右訴を却下すべき」であるとしている。したがって、原告と被告との間で訴えの取下げの合意が成立したときでも、訴訟は直ちに終了するわけではない。

3　正しい。
　被告が第一審裁判所において管轄違いの抗弁を提出しないで本案について弁論をし、又は弁論準備手続において申述をしたときは、その裁判所は、管轄権を有する（応訴管轄、12条）。そして、12条の規定は、訴えについて「法令に専属管轄の定めがある場合」には適用されない（13条1項）。したがって、専属的な管轄の合意（11条1項）がある場合には、12条の適用があるため、合意と異なる裁判所に訴えが提起されたとしても、被告が管轄違いの抗弁を提出しないで本案について弁論をしたときは、その裁判所は、管轄権を有する。

4　誤り。
　一般に私権には処分の自由がある以上、その裁判上の行使も同様であると解されることから、不起訴の合意の効力が一律に否定されることはない。しかし、不起訴の合意が、当事者間に生じる一切の紛争をその対象とするときは、裁判所の審判権をすべて排除する点で裁判を受ける権利（憲32条）が否定されることから、公序良俗（民90条）に違反し、無効と解されている。

5　正しい。
　当事者双方は、第一審の終局判決の後、共に上告をする権利を留保して控訴をしない旨の合意をすることができる（281条1項ただし書）。これは、当事者間において事実関係に争いがなく、法律の解釈適用のみに争いがある場合に、このような合意を認めることによって早期に上告審の判断を求められるようにする趣旨である。

文献　試験対策講座112〜114、284〜287頁。判例シリーズ70事件

126

〈CORE TRAINING〉 1　審理の進行

CORE TRAINING

01　審理の進行

□□□　訴えの変更が書面によらないでなされ、又は訴えの変更の書面が被告に送達されなかった場合、その違反は、被告の責問権の喪失によって治癒されるものではない。 オリジナル①　　➡ 最判昭31.6.19　✗　⊡ ❻

□□□　宣誓を必要とする証人を宣誓させずに証人尋問を行った場合でも、当事者が遅滞なく異議を述べないときは、責問権を喪失する。 オリジナル②　　➡ 最判昭29.2.11　○　⊡ ❾

CORE PLUS

⊡責問権の概要

責問権とは、当事者が、裁判所又は相手方当事者の訴訟行為に、訴訟手続に関する（手続又は方式の）規定の違反がある場合に、異議を述べてその無効を主張し得る訴訟上の権能をいう。

対象	訴訟手続に関する規定のうち、当事者の訴訟追行上の利益を保障する任意的・私益的規定の違反[*1]	
責問権の放棄・喪失の肯否	❶ 専属管轄（6）に違反して管轄権のない裁判所が証拠調べをした場合	✗
	❷ 弁論の更新（249Ⅱ）をしないで判決をした場合	✗
	❸ 裁判所の構成（23）に関する規定違反の場合	✗
	❹ 公開主義（憲82）違反の場合	✗
	❺ 判決の言渡し（252[*2]）に関する規定違反の場合	✗
	❻ 訴えの提起・変更の方式に関する規定違反の場合	○（最判昭31.6.19）オリジナル①
	❼ 口頭弁論期日や証拠調べ期日の呼出しがなかった場合	○（大判昭14.10.31）
	❽ 法定代理人を証人として尋問した場合	○（大判昭11.10.6）
	❾ 宣誓させるべき証人に宣誓させないで証人尋問をした場合	○（最判昭29.2.11）オリジナル②
	❿ 訴状を受理する能力のない者に訴状を送達した場合	○（最判昭28.12.24）
	⓫ 195条該当事由のない受命裁判官による証拠調べ手続がある場合	○（最判昭50.1.17 百選A13）
	⓬ 訴訟手続中段中に行われた裁判所・当事者の訴訟行為がある場合	○（大判昭14.9.14）

＊1　民事訴訟法上、強行規定と任意規定の区別は解釈に委ねられている。このうち、強行規定とは、訴訟制度の基礎を維持し、訴訟手続の安定を確保することを目的とする強度の公益性を有するものであり、任意規定とは、主として当事者間の公平を実現し、当事者の利益と便宜を図ることを目的とするものである。
＊2　令和4年法律第48号により、252条は253条1項と改正された。なお、この法律は、公布日より4年以内に施行される。

127

〈CORE TRAINING〉2　当事者の訴訟行為

CORE TRAINING

02　当事者の訴訟行為

□□□　訴え提起前に、本件契約の下で生ずる紛争を仲裁により　　➡ ② ＊　　　　　　✕
解決するとの合意が書面でされたにもかかわらず、その当事者
の一方が当該紛争の解決のために相手方当事者を被告として
訴えを提起した場合には、当該合意に基づき被告が訴えの却下
を求めたときであっても、裁判所は、その裁量により、訴えを
却下せず、本案の判決をすることができる。予R2-38-イ

□□□　訴え提起前に、一定の文書を証拠として用いないとの合　　➡ 証拠制限契約に　○
意が書面でされた場合に、裁判所は、請求の理由の有無を判断　　反する証拠方法の
するためにその文書を証拠として取り調べることはできない。　　申し出は、証拠能
予R2-38-ア　　　　　　　　　　　　　　　　　　　　　　　　力に欠けるものと
　　　　　　　　　　　　　　　　　　　　　　　　　　　　　　して却下される
　　　　　　　　　　　　　　　　　　　　　　　　　　　　　　② ❷iv

□□□　訴え提起前に、証拠調べの手続について、特定の外国の　　➡ ② ※　　　　　　✕
民事訴訟法における規律に服するとの合意が書面でされた場
合には、我が国の裁判所は、我が国の国内で証拠調べを行うと
きであっても、その外国の民事訴訟法における規律に従って証
拠調べの手続を行わなければならない。予R2-38-ウ

128

〈CORE TRAINING〉2　当事者の訴訟行為

CORE PLUS

② 訴訟契約

訴訟契約とは、当事者あるいは当事者となるべき者が、特定の訴訟につき影響を及ぼす一定の効果の発生を目的としてする合意のこと。

❶ 明文ある 訴訟契約	e.g. 管轄合意（11）、担保提供の方法に関する合意（76ただし書）、担保変換の合意（80ただし書）、最初の期日の変更の合意（93Ⅲただし書）、飛躍上告の合意（281Ⅰただし書）、仲裁合意*（仲裁2Ⅰ）
❷ 明文なき 訴訟契約	任意訴訟禁止の原則から明文なき訴訟契約は原則として無効だが、私的自治の原則の下、処分権主義・弁論主義の妥当範囲内、かつ、合意により生ずる不利益が明確に予想できる場合に限り、有効となる（以下、有効な訴訟契約の例） ⅰ 不起訴合意 　訴訟物たる権利が当事者の処分に服するもので、かつ特定された紛争についてであれば、合意は有効に認められる ⅱ 訴え取下げ合意 　処分権主義の妥当範囲内であり、訴えの取下げの効果も明確である（262条参照）ため、有効である ⅲ 不控訴合意 　当事者の一方のみが控訴しない旨の合意は著しく公平を欠き無効であるが、第一審終局判決前にする当事者双方とも控訴しない旨の合意は有効である（大判昭9．2．26参照） ⅳ 証拠契約 　事実証明のための証拠方法の提出に関する証拠制限契約は、証拠方法を一定のものに制限し、それ以外は裁判所に却下されることとなるが、自由心証の対象を制限するにすぎず、自由心証主義自体に違背するわけではないから、有効である　予R2-38-ア ⅴ 自白契約 　口頭弁論又は弁論準備手続期日における特定の事実を認めて争わない旨の合意をいい、弁論主義の妥当する訴訟において主要事実に関する限り、争いとなる権利関係を処分、変更することにほかならないから、当然に有効となる

＊ 「仲裁合意の対象となる民事上の紛争について訴えが提起されたときは、受訴裁判所は、被告の申立てにより、訴えを却下しなければならない」（仲裁14Ⅰ柱書本文）。予R2-38-イ

※ 国内での民事訴訟の手続を特定の外国の民事訴訟法における規律に服するとの合意は、「手続は法廷地法による」という伝統的な原則の下で、処分権主義・弁論主義の妥当範囲内とはいえないから、無効となる。予R2-38-ウ

9章 審理の進行と当事者の訴訟行為

129

第4編 訴訟の審理

MEMO

第1節　弁論主義と職権探知主義／第2節　弁論主義の適用対象／第3節　弁論主義の修正・補充

No.
034

釈　明

予H28-39

□　月　日
□　月　日
□　月　日

　釈明に関する次の1から5までの各記述のうち、判例の趣旨に照らし正しいものを2個選びなさい。

□□□　1．裁判長は、口頭弁論の期日外で一方当事者に対し攻撃又は防御の方法に重要な変更を生じ得る事項について釈明権を行使しても、その内容を相手方に通知する必要はない。

□□□　2．具体的な法律構成を示唆して訴えの変更を促す釈明権の行使は、許されない。

□□□　3．攻撃又は防御の方法でその趣旨が明瞭でないものについて当事者が釈明をすべき期日に出頭しない場合、裁判所は、その攻撃又は防御の方法を却下することができる。

□□□　4．裁判所は、訴訟関係を明瞭にするため、鑑定を命ずることができる。

□□□　5．当事者は、裁判長の釈明権の行使に対して不服があっても、異議を申し立てることができない。

10章

弁論主義

第4編　訴訟の審理

| No. 034 | 正解 3、4 | 記述2の判例知識は事例問題でも用いることがあり得るので、記憶しておこう。 | 正答率 78.0% |

1　誤り。

　裁判長が、口頭弁論の期日外において、攻撃又は防御の方法に重要な変更を生じ得る事項について釈明権を行使したときは、その内容を相手方に通知しなければならない（149条1項、4項）。これは、当事者対立構造に基礎を置く双方審尋主義の観点から、公平性を確保して手続の公正を図るものである。

2　誤り。

　判例は、「訴訟資料、証拠資料からみて、別個の法律構成に基づく事実関係が主張されるならば、原告の請求を認容することができ、当事者間における紛争の根本的な解決が期待できるにかかわらず、原告においてそのような主張をせず、かつ、そのような主張をしないことが明らかに原告の誤解または不注意と認められるようなときは、その釈明の内容が別個の請求原因にわたる結果となる場合でも、事実審裁判所としては、その権能として、原告に対しその主張の趣旨とするところを釈明することが許されるものと解すべきであり、場合によっては、発問の形式によって具体的な法律構成を示唆してその真意を確めることが適当である場合も存する」としている（最判昭45.6.11百選52事件）。したがって、具体的な法律構成を示唆して訴えの変更（143条）を促す釈明権の行使も許される場合がある。

3　正しい。

　攻撃又は防御の方法でその趣旨が明瞭でないものについて当事者が必要な釈明をせず、又は釈明をすべき期日に出頭しない場合、裁判所は、申立てにより又は職権で、その攻撃又は防御の方法を却下することができる（157条2項・1項）。これは当事者に対して釈明に応じるように促し、迅速かつ集中的な審理を可能にするためのものである。

4　正しい。

　裁判所は、訴訟関係を明瞭にするため、検証をし、又は鑑定を命ずることができる（151条1項5号）。

5　誤り。

　当事者は、裁判長の釈明権の行使（149条1項）に対して不服があるときは、異議を申し立てることができる（150条参照）。

文献　試験対策講座302、303頁。判例シリーズ39事件

〈CORE TRAINING〉1　弁論主義と職権探知主義

CORE TRAINING

01　弁論主義と職権探知主義

□□□　所有権に基づく建物明渡請求訴訟の原告が、被告との間で当該建物について使用貸借契約を締結したがその契約は終了した旨の陳述をしたのに対し、被告は、当該建物はもともと自己の所有する建物であったと主張し、口頭弁論の終結に至るまで、原告が陳述した使用貸借契約締結の事実を援用しなかった。この場合、裁判所は、証拠調べの結果、当該使用貸借契約締結の事実が認められるとの心証を得ても、この事実を判決の基礎とすることができない。H23-66-オ

➡ 裁判所は、当事者のいずれかが主張した事実は判決の基礎とすることができる（主張共通の原則）①＊　　✕

□□□　原告と被告との間に父子関係があると主張して提起された認知の訴えにおいて、被告が父子関係の存在の事実を認める旨の陳述をしたときは、裁判所は、その陳述に反する事実を認定することができない。H23-66-イ

➡ 人訴19Ⅰ、人事訴訟では当事者の自白は裁判所を拘束しない　①※　　✕

□□□　調査の嘱託は、裁判所が職権ですることができる。H26-67-ア

➡ 186　　〇

＊　令和4年法律第48号により、186条には2項が新設され、裁判所は、当事者に対し、嘱託に係る調査の結果の提示をしなければならないことが規定された。なお、この法律は、公布日より4年以内に施行される。

CORE PLUS

① 弁論主義

❶ 第1テーゼ	裁判所は当事者の主張しない事実を判決の基礎とすることはできない＊
❷ 第2テーゼ	裁判所は、当事者間に争いのない事実は、そのまま判決の基礎にしなければならない
❸ 第3テーゼ	裁判所は、当事者間に争いがある事実を証拠によって認定する場合は、必ず当事者の申し出た証拠によらなければならない

＊　主張立証責任の所在を問わず、当事者のいずれかが主張した事実は判決の基礎とすることができる（主張共通の原則）。H23-66-オ

※　人事訴訟では、弁論主義ではなく職権探知主義が採用されている（人訴19Ⅰ、Ⅱ）。H23-66-イ

10章

弁論主義

133

〈CORE TRAINING〉2　弁論主義の適用対象

CORE TRAINING

02　弁論主義の適用対象

□□□　Xは、Yに対し、Yの脇見運転による過失を原因とする交通事故により傷害を受け、500万円の損害を被ったと主張して、不法行為に基づく損害賠償請求として500万円の支払を求める訴えを提起したところ、Yは、Xには飛び出してきた不注意があるが、自分にも脇見運転による過失があったことを認めると主張した。X及びYからこれ以外の主張がなかった。裁判所は、証拠調べの結果、YがXに対して500万円の弁済をしている事実を認めて、Xの請求を棄却する判決をすることができる。 H26-70-ア

⮕ 主要事実を当事者の主張なく認定することは弁論主義に反する ②※　✕

□□□　上記事案において、裁判所は、証拠調べの結果、Yの脇見運転による過失は認められないとして、Xの請求を棄却することができる。 H26-70-ウ

⮕ 過失を基礎付ける脇見運転の事実は自白の対象になる ②❷　✕

□□□　上記事案において、裁判所は、証拠調べの結果、不法行為の成立を認めつつ、Xの飛び出しの事実を認めて、300万円の範囲で、Xの請求を認容することができる。 H26-70-イ

⮕ 最判昭41.6.21、最判昭43.12.24（百選 A17事件） ②❸　〇

CORE PLUS

② 弁論主義の適用対象

※　弁論主義の適用対象は主要事実に限られる。 H26-70-ア

❶ 所有権の来歴	所有権取得の経過は主要事実として弁論主義の適用対象となる。ただし、実際には当事者間で所有権の所在について争いがない時点での所有権の帰属について権利自白が成立し、原告がそこからの所有権の来歴を主張することになる
❷ 過　　失	過失を基礎付ける事実を主要事実として弁論主義の適用対象とするのが多数説 H26-70-ウ
❸ 過失相殺	過失相殺は、当事者の主張を待たず、職権で考慮し得る（最判昭41.6.21、最判昭43.12.24百選 A17事件） H26-70-イ ただし、過失を基礎付ける事実の主張は必要
❹ 公序良俗違反	「当事者が特に民法90条による無効の主張をしなくとも同条違反に該当する事実の陳述さえあれば、その有効無効の判断をなしうる」（最判昭36.4.27百選48事件）

134

第1節 証拠総則／第2節 証明対象と不要証事実

No.
035 | 論 | **裁判上の自白** | □ 月 日
□ 月 日
□ 月 日
予H27-39

11章 証拠

　裁判上の自白に関する次の1から5までの各記述のうち、正しいものを2個選びなさい。

□□□　1．貸金返還請求訴訟において、被告が原告の主張する額の金銭の受領を認める旨の陳述をしたときは、金銭消費貸借契約締結の事実につき裁判上の自白が成立する。

□□□　2．貸金返還請求訴訟の原告本人尋問において、被告が抗弁として主張する弁済の事実を原告が認める旨の供述をしたときは、弁済の事実につき裁判上の自白が成立する。

□□□　3．親子関係不存在確認の訴えにおいて、被告が、子の懐胎が可能である時期に両親が別居していたとの原告の主張を認める旨の陳述をしたときは、この事実につき裁判上の自白が成立する。

□□□　4．所有権に基づく建物明渡請求訴訟において、被告が原告との間で当該建物の賃貸借契約を締結した旨の抗弁を主張し、原告がこれを認める旨の陳述をしたときは、賃貸借契約締結の事実につき裁判上の自白が成立する。

□□□　5．所有権に基づく建物明渡請求訴訟において、原告が自ら進んで被告との間で当該建物の賃貸借契約を締結した旨の陳述をしたときは、これを被告が援用すれば、賃貸借契約締結の事実につき裁判上の自白が成立する。

第4編　訴訟の審理

No.
035
正解　4、5
裁判上の自白や先行自白などの基本的な用語の
定義をおさえておこう。
正答率
66.0%

　裁判上の自白とは、①口頭弁論又は弁論準備手続における弁論としての陳述であって、
②相手方の主張と一致する③自己に不利益な事実を認める陳述である。そして、判例は、
自己に不利益な事実とは、相手方が証明責任を負う事実をいうとしている（大判昭
8．2．9）。

1　誤り。

　要物契約としての金銭消費貸借契約成立の要件事実は、金銭授受の事実と金銭消費貸
借契約締結（返還合意）の事実である。そして、本記述では、被告は金銭授受の事実に
ついては認めているものの、金銭消費貸借契約締結の事実については認めていないため、
後者の事実について裁判上の自白は成立しない。

2　誤り。

　貸金返還請求訴訟において、弁済の事実を認める旨の陳述は証拠調べ手続である当事
者本人の尋問においてなされた以上、弁論としてなされたものではないため、裁判上の
自白は成立しない。したがって、本記述の場合、弁済の事実につき裁判上の自白は成立
しない。

3　誤り。

　実親子関係の存否の確認の訴えは、人事訴訟に当たる（人訴2条2号）。そして、職
権探知主義の妥当する人事訴訟手続においては、民事訴訟法179条のうち裁判所におい
て当事者が自白した事実に関する部分は、その適用が排除される（人訴19条1項）。し
たがって、親子関係不存在確認の訴えにおいて、被告が、子の懐胎が可能である時期に
両親が別居していたとの原告の主張を認める旨の陳述をしたときでも、この事実につき
裁判上の自白は成立しない。

4　正しい。

　所有権に基づく建物明渡請求訴訟において、被告が当該建物の占有権原を有すること
は、原告の建物明渡請求権の発生を障害する事実であるから、被告が証明責任を負うた
め、原告にとって、「自己に不利益な事実」に当たる。したがって、本記述の場合、賃
貸借契約締結の事実につき裁判上の自白が成立する。

5　正しい。

類　予R3-39-3

　裁判上の自白は、**当事者が自ら自己に不利益な事実を陳述**し、**後に相手方がこれを援
用**した場合にも成立する（**先行自白**）。そして、所有権に基づく建物明渡請求訴訟にお
いて、原告が被告との間で当該建物の賃貸借契約を締結したとの事実は、原告の建物明
渡請求権の発生を障害する事実であるから、被告が証明責任を負うため、原告にとって、
「自己に不利益な事実」に当たる。したがって、本記述の場合、賃貸借契約締結の事実
につき裁判上の自白が成立する。

文献　試験対策講座312〜314頁

第3節　自由心証主義

No. 036	証　　拠	□ 月　日
	予H28-40	□ 月　日
		□ 月　日

11章
証拠

　証拠に関する次のアからオまでの各記述のうち、判例の趣旨に照らし誤っているものを組み合わせたものは、後記1から5までのうちどれか。

□□□　ア．反対尋問を経ていない証言についても、裁判所は、その証言を事実認定の資料とすることができる。

□□□　イ．当事者の一方が提出した証拠により相手方に有利な事実を認定するには、相手方の援用がなければならない。

□□□　ウ．口頭弁論の全趣旨のみをもって事実を認定することは、許されない。

□□□　エ．損害が生じたことが認められる場合において、損害の性質上その額を立証することが極めて困難であるときは、裁判所は、口頭弁論の全趣旨及び証拠調べの結果に基づき、相当な損害額を認定することができる。

□□□　オ．自由心証主義は、職権探知主義による訴訟にも適用される。

1．ア　イ　　　2．ア　オ　　　3．イ　ウ　　　4．ウ　エ　　　5．エ　オ

137

第4編　訴訟の審理

| No.036 | 正解 3 | 自由心証主義に関する横断的な知識をしっかりと身に付けよう。 | 正答率79.0% |

ア　正しい。

　証拠資料を事実認定のために利用し得る資格を証拠能力という。刑事訴訟法には証拠能力の制限規定（刑訴319条、320条等）があるのに対し、民事訴訟法の下では、原則として証拠能力に制限はない。そして、判例は、**反対尋問を経ない伝聞証拠の証拠能力について**、交互尋問制（民訴202条1項）とは別個の問題であり、現行の民事訴訟法上は**裁判官の自由心証に委ねられている**としている（最判昭27.12.5）。したがって、反対尋問を経ていない証言についても、裁判所は、その証言を事実認定の資料とすることができる。

イ　誤り。

　当事者の一方が提出した証拠は、その当事者に有利な事実の認定のためだけでなく、**相手方に有利な事実の認定のためにも**当然に利用することができる（**証拠共通の原則**）。判例も、証拠として適法に顕出された証拠調べの結果は、「証拠共通の原則に従い、裁判所は自由な心証によってこれを事実認定の資料となすことができるのであって、必ずしもその証拠調の申出をなし、若しくはその証拠調の結果を援用する旨を陳述した当事者の利益にのみこれを利用しなければならないものではない」としている（最判昭28.5.14）。

ウ　誤り。

　「口頭弁論の全趣旨」（247条）とは、口頭弁論に現れた一切の資料から証拠調べの結果を除いたものをいい、通常は、証拠調べの結果を補充するものとして事実認定のための資料として用いられるが、口頭弁論の全趣旨のみをもって事実認定をすることも許されると解されている（最判昭27.10.21参照）。

エ　正しい。

　損害が生じたことが認められる場合において、損害の性質上その額を立証することが極めて困難であるときは、裁判所は、口頭弁論の全趣旨及び証拠調べの結果に基づき、相当な損害額を認定することができる（248条）。これは、損害の証明度を軽減し、原告の救済を図ろうとする趣旨である。

オ　正しい。

　自由心証主義（247条）は、訴訟において裁判官が事実を認定する際に働く原則であり、弁論主義による訴訟か、職権探知主義による訴訟かを問わず適用される。これは、弁論主義と職権探知主義の違いは、訴訟資料を収集し提出する権能と責任が、当事者のみにあるか、裁判所にもあるかであり、いずれも訴訟に顕出された資料や状況に基づき事実を認定する点では変わりがないからである。

文献　試験対策講座322、323、328、329頁

第3節　自由心証主義

No. 037　不法行為に基づく損害賠償請求訴訟　H23-74

□月　日
□月　日
□月　日

11章　証拠

　Xは、薬剤製造販売業者Yが販売した医薬品を摂取したため、健康被害が生じたと主張しているが、Yは、医薬品と健康被害との間の因果関係を争っている。そこで、Xは全国の同様の被害を主張している者に呼び掛けて被害者の会を設立したところ、その会員数は1000名を超えた。Xは、全国の会員らと共にYを被告として損害賠償を求める訴えを提起することにしている。この事例に関する次の1から4までの各記述のうち、判例の趣旨に照らし正しいものを2個選びなさい。

□□□　1．Xらは、Yの住所地にかかわらず、Xらの住所地を管轄する各地方裁判所に訴えを提起することができるが、裁判所は、訴訟の著しい遅滞を避け、又は当事者間の衡平を図るため必要があると認めるときは、申立てにより又は職権で、訴訟の全部又は一部を他の管轄裁判所に移送することができる。

□□□　2．Xらの中には弁護士費用を支払う資力のない者もいる。しかし、弁護士費用は損害としてYに請求することができるから、裁判所は、訴え提起の手数料や送達費用、鑑定費用等について訴訟上の救助を認めるか否かの判断において、弁護士費用を支払う資力がないことを考慮することはできない。

□□□　3．Xらは、Yが販売した医薬品によって健康被害が生じたことを、個々の原告ごとに立証しなければならないが、訴訟上の因果関係の立証は、一点の疑義も許されない自然科学的証明ではなく、経験則に照らして全証拠を総合検討し、特定の事実が特定の結果発生を招来した関係を是認し得る高度の蓋然性を証明することであり、その判定は、通常人が疑いを差し挟まない程度に真実性の確信を持ち得るものであることを必要とし、かつ、それで足りるものである。

□□□　4．Xらに損害が生じたことは認められても、その損害額の立証が極めて困難であるときは、裁判所は、口頭弁論の全趣旨及び証拠調べの結果に基づき、相当な損害額を認定することができるが、損害額の立証が不十分であるとして請求を棄却することもできる。

139

第4編　訴訟の審理

| No. 037 | 正解 1、3 | 不法行為に基づく損害賠償請求に関する条文・判例知識を整理しておこう。 | 正答率 83.7% |

1　正しい。

　Xらは、Yを被告として、損害賠償を求める訴えを提起しており、これは、財産権上の訴えに当たることから、義務履行地すなわち債権者の現在の住所地（民484条1項参照）を管轄する裁判所に訴えを提起することができる（民訴5条1号）。したがって、前段は正しい。また、第一審裁判所は、訴訟がその管轄に属する場合においても、当事者及び尋問を受けるべき証人の住所、使用すべき検証物の所在地その他の事情を考慮して、訴訟の著しい遅滞を避け、又は当事者間の衡平を図るため必要があると認めるときは、申立てにより又は職権で、訴訟の全部又は一部を他の管轄裁判所に移送することができる（17条）。したがって、後段も正しい。

2　誤り。

　判例は、不法行為（民709条）を理由とする損害賠償請求訴訟において、「訴訟追行を弁護士に委任した場合には、その弁護士費用は、事案の難易、請求額、認容された額その他諸般の事情を斟酌して相当と認められる額の範囲内のものに限り、右不法行為と相当因果関係に立つ損害というべきである」としている（最判昭44.2.27）。もっとも、裁判所は、訴訟の準備及び追行に必要な費用を支払う資力がない者又はその支払により生活に著しい支障を生ずる者に対しては、申立てにより、訴訟上の救助の決定をすることができるが（民訴82条1項本文）、この「費用」には、弁護士費用も含まれることから、裁判所は、訴訟上の救助を認めるか否かの判断において、弁護士費用を支払う資力がないことを考慮できる。

3　正しい。

　判例は、「訴訟上の因果関係の立証は、一点の疑義も許されない自然科学的証明ではなく、経験則に照らして全証拠を総合検討し、特定の事実が特定の結果発生を招来した関係を是認しうる高度の蓋然性を証明することであり、その判定は、通常人が疑を差し挟まない程度に真実性の確信を持ちうるものであることを必要とし、かつ、それで足りる」としている（最判昭50.10.24百選57事件、ルンバールショック事件）。

4　誤り。

　判例は、損害が発生したことは明らかであるが、損害額の立証が極めて困難であったとしても、248条により、相当な損害額が認定されなければならず、裁判所は、損害が発生したことを前提としながら、それにより生じた損害の額を算定することができないことを理由に損害賠償請求を棄却することはできないとしている（最判平20.6.10）。

文献　試験対策講座111、115～117、326、327、329頁。判例シリーズ45事件

第4節　証明責任／第5節　証拠調べ手続

No. 038	証　　拠

予H24-38

□ 月　日
□ 月　日
□ 月　日

11章　証拠

　証拠調べに関する次の1から5までの各記述のうち、誤っているものを2個選びなさい。

□□□　1．判例によれば、証拠調べが終了した後に当該証拠の申出を撤回することはできない。

□□□　2．争点及び証拠の整理が終了した後は、新たに証人及び当事者本人の尋問の申出をすることはできない。

□□□　3．裁判所は、証人が遠隔の地に居住するときには、映像と音声の送受信により相手の状態を相互に認識しながら通話をすることができる方法によって、証人の尋問をすることができる。

□□□　4．鑑定人に書面又は口頭のいずれによって鑑定意見を述べさせるかは、裁判長がその裁量により定める。

□□□　5．証拠調べは、当事者が期日に出頭しない場合には、することができない。

141

第4編 訴訟の審理

No. 038 | 正解 **2、5** | その行為で相手方にどんな不利益が生じ得るか という観点で証拠調べの知識を整理しよう。 | 正答率 82.2%

1 正しい。

証拠の申出は、証拠調べが行われるまでは、いつでも自由に撤回することができるが、証拠調べ終了後は、撤回することができない（最判昭32.6.25百選A21事件、最判昭58.5.26参照）。これは、裁判官の心証形成に影響を与えた後であり、また、証拠共通の原則により、相手方も当該証拠調べの結果を援用することができる状況にあるところ、撤回を認めるとその相手方の利益を害するおそれがあるからである。

2 誤り。

争点及び証拠の整理手続終了後の攻撃防御方法の提出について、当事者は、**相手方の求めに基づき**、手続の終了前に当該攻撃防御方法を提出することができなかった**理由を説明しなければならない**が（167条、174条・167条、178条）、その**提出自体**が**禁止**されているわけでは**ない**。したがって、争点及び証拠の整理が終了した後であっても、新たに証人及び当事者本人の尋問の申出をすることはできる。

3 正しい。

裁判所は、証人が遠隔の地に居住するときには、映像と音声の送受信により相手の状態を相互に認識しながら通話をすることができる方法によって、証人の尋問をすることができる（204条1号）。これは、遠隔地に居住している証人の負担を軽減するためのものである。

＊　令和4年法律第48号により、証人が遠隔地に居住している場合に限らず、「証人の住所、年齢又は心身の状態その他の事情により、証人が受訴裁判所に出頭することが困難であると認める場合」であって「相当と認めるとき」に、裁判所は、テレビ会議システムによる証人尋問をすることができる（204条1号）とされた。なお、この法律は、公布日より4年以内に施行される。

4 正しい。

裁判長は、鑑定人に、書面又は口頭で、意見を述べさせることができる（215条1項）。そして、書面によるか口頭によるかは、裁判長が裁量で定める。

5 誤り。

証拠調べは、当事者が期日に出頭しない場合においても、することができる（183条）。これは、期日に当事者が出頭しない場合に証拠調べをすることができないとすると、予定した審理時間が無駄になるのみならず、証拠調べのために出頭した証人等に当事者が欠席する度に何度も呼び出されるという負担をかけることになるため、このような不都合を回避するためのものである。

文献　試験対策講座252〜255、340〜342、345頁

第5節　証拠調べ手続

No.
039

証拠調べ

予R1-41

□　月　日
□　月　日
□　月　日

11章
証拠

証拠調べに関する次のアからオまでの各記述のうち、判例の趣旨に照らし正しいものを組み合わせたものは、後記1から5までのうちどれか。

ア．証拠の申出は、期日前においてもすることができる。

イ．調査嘱託の嘱託先から送付された回答書を証拠資料とするためには、回答書を文書として取り調べなければならない。

ウ．証人の尋問の終了後は、その尋問の申出を撤回することができない。

エ．文書の証拠調べは、書証の申出をした者が当該文書を朗読し、又はその要旨を告げる方法により行われる。

オ．訴え提起後は、証拠保全の申立てをすることができない。

1．ア　ウ　　2．ア　エ　　3．イ　エ　　4．イ　オ　　5．ウ　オ

143

第4編　訴訟の審理

No.
039　　正解　**1**　　証拠調べについての条文と判例を確認しよう。　正答率 68.3%

ア　正しい。
　証拠の申出は、期日前においてもすることができる（180条2項）。

イ　誤り。
　判例は、「262条〔現186条〕に基づく調査の嘱託によって得られた回答書等調査の結果を証拠とするには、裁判所がこれを口頭弁論において提示して当事者に意見陳述の機会を与えれば足り、当事者の援用を要しない」とする（最判昭45.3.26）。したがって、調査嘱託の嘱託先から送付された回答書を証拠資料とするために、回答書を文書として取り調べる必要はない。

ウ　正しい。
　前掲最判昭32年（百選A21事件）は、証拠調べ終了後は、証人尋問の申出を撤回することができないとする。証拠調べ終了後は、既に裁判官の心証形成がなされており、これを除去させることは困難だからである。

エ　誤り。
　刑事訴訟法には、書証の証拠調べの方式について、書証の申出をした者による朗読又はそれに代わる要旨を告げる方法が規定されている（刑訴305条1項、刑訴規203条の2第1項）が、民事訴訟法にはそのような規定は存在しない。

オ　誤り。
　訴えの提起後における証拠保全の申立ては、その証拠を使用すべき審級の裁判所にしなければならない。ただし、最初の口頭弁論の期日が指定され、又は事件が弁論準備手続若しくは書面による準備手続に付された後口頭弁論の終結に至るまでの間は、受訴裁判所にしなければならない（235条1項）。このように、訴え提起後であっても、証拠保全の申立てをすることができる。

文献　試験対策講座340、356頁

No. 040	論	文書提出命令	☐ 月 日 ☐ 月 日 ☐ 月 日	11章
		H24-66		証拠

第5節　証拠調べ手続

文書提出命令に関する次のアからオまでの各記述のうち、誤っているものを組み合わせたものは、後記1から5までのうちどれか。

☐☐☐ 　ア．文書提出命令の申立ては、その対象となった文書について証拠調べの必要性を欠くことを理由として却下することはできない。

☐☐☐ 　イ．公務員の職務上の秘密に関する文書については、当該文書の提出によって公務の遂行に著しい支障を生ずるおそれがあることを理由としてその提出を拒むことができる。

☐☐☐ 　ウ．判例によれば、株式会社の社内文書で外部の者への開示が予定されていないものであっても、その文書を開示することにより当該株式会社に看過し難い不利益を生ずるおそれがないときには、文書提出命令の対象となる。

☐☐☐ 　エ．判例によれば、刑事事件に係る訴訟に関する書類は、文書提出命令の対象となることはない。

☐☐☐ 　オ．いわゆるインカメラ手続を実施した結果、提出義務がないとして文書提出命令の申立てを却下した裁判所は、当該文書を閲読しなかったものとして本案についての心証を形成しなければならない。

1．ア　イ　　　2．ア　エ　　　3．イ　ウ　　　4．ウ　オ　　　5．エ　オ

145

第4編　訴訟の審理

| No. 040 | 正解 2 | 文書提出命令は論文式試験でも出題されているので、重要判例をおさえよう。 | 正答率 88.2% |

ア　誤り。

　裁判所は、当事者が申し出た証拠で必要でないと認めるものは、取り調べることを要しない（181条1項）。そして、文書提出命令の申立ての採否も、証拠の採否であることに変わりはないことから、裁判所は、証拠調べの必要性がないことを理由として却下することができる。

イ　正しい。

　公務員の職務上の秘密に関する文書については、当該文書の提出によって公務の遂行に著しい支障を生ずるおそれがあることを理由としてその提出を拒むことができる（220条4号ロ）。

ウ　正しい。

　判例は、「ある文書が、その作成目的、記載内容、これを現在の所持者が所持するに至るまでの経緯、その他の事情から判断して、**専ら内部の者の利用に供する目的で作成**され、**外部の者に開示することが予定されていない**文書であって、開示されると個人のプライバシーが侵害されたり個人ないし団体の自由な意思形成が阻害されたりするなど、**開示によって所持者の側に看過し難い不利益が生ずるおそれ**があると認められる場合には、**特段の事情がない限り**、当該文書は220条4号ハ〔現同号ニ〕所定の『**専ら文書の所持者の利用に供するための文書**』に当たる」としている（最決平11.11.12百選69事件）。

エ　誤り。

　文書提出命令の対象となる文書が、刑事事件に係る訴訟に関する書類に当たる場合、当該文書の所持者は、その提出を拒むことができる（220条4号ホ）。もっとも、判例は、「訴訟に関する書類」（刑訴47条）に当たる文書であっても、法律関係文書（民訴220条3号）に該当し、その保管者が提出を拒否したことが、民事訴訟における当該文書を取り調べる必要性の有無、程度、当該文書が開示されることによる弊害発生のおそれの有無等の諸般の事情に照らし、その裁量権の範囲を逸脱し、又は濫用するものであると認められるときは、裁判所は、当該文書の提出を命ずることができるとしている（最決平31.1.22、最決平16.5.25百選A23事件）。

オ　正しい。

　インカメラ手続（223条6項前段）により提出義務がないとして文書提出命令の申立てを却下した場合、裁判所は、当該文書を閲読していたとしても、裁判官の私知と同視されるので、その文書の記載内容から心証を形成することはできない。

文献　試験対策講座340、347〜354頁。判例シリーズ51事件

No. 041	証拠調べ手続		月 日
	予H29-39		月 日

第5節 証拠調べ手続

11章 証拠

　証拠調べに関する次の1から5までの各記述のうち、正しいものを2個選びなさい。

□□□　1．当事者の一方が期日に出頭しない場合には、証人尋問をすることができない。

□□□　2．証人尋問は、映像と音声の送受信により相手の状態を相互に認識しながら通話をすることができる方法によってすることはできない。

□□□　3．16歳未満の者を証人として尋問する場合には、宣誓をさせることができない。

□□□　4．鑑定人は、鑑定に必要な学識経験を有する第三者の中から指定されるものであって、宣誓をする義務を負わない。

□□□　5．鑑定人に口頭で鑑定意見を述べさせた後に、鑑定人に対し質問をする場合には、裁判長、鑑定の申出をした当事者、他の当事者の順序で行うのが原則である。

147

第4編　訴訟の審理

| No. 041 | 正解 3、5 | 証人と鑑定人について、それぞれの規定の違いを意識しよう。 | 正答率 67.2% |

1　誤り。

証拠調べは、当事者が期日に出頭しない場合においても、することができる（183条）。そして、証人尋問は、人証の証拠調べの一形態である。したがって、当事者の一方が期日に出頭しない場合であっても、証人尋問をすることはできる。

2　誤り。

裁判所は、一定の場合において、映像と音声の送受信により相手の状態を相互に認識しながら通話をすることができる方法によって、証人の尋問をすることができる（204条柱書）。これは、遠隔地に居住する証人の負担又は証人の精神的不安などの軽減を目的として、テレビ会議システムの利用を許容したものである。

＊　令和4年法律第48号により、証人が遠隔地に居住している場合に限らず、「証人の住所、年齢又は心身の状態その他の事情により、証人が受訴裁判所に出頭することが困難であると認める場合」であって「相当と認めるとき」に、裁判所は、テレビ会議システムによる証人尋問をすることができる（204条1号）とされた。なお、この法律は、公布日より4年以内に施行される。

3　正しい。

16歳未満の者又は宣誓の趣旨を理解できない者を証人として尋問する場合には、宣誓をさせることができない（201条2項）。これは、16歳未満の者は政策的観点から画一的に宣誓を禁じると共に、宣誓の趣旨を理解できない者に対する宣誓の要求は無意味であることから宣誓を禁じたものである。

4　誤り。

鑑定人は、特別の定めがある場合を除き、宣誓をさせなければならない（216条・201条1項）。これは、人証である鑑定人についても、証人と同様に、宣誓義務を原則的に課すことで、証言の真実性・裁判の公正性を担保しようとするものである。したがって、鑑定人も宣誓する義務を負う。

5　正しい。

鑑定人に対する質問は、裁判長、その鑑定の申出をした当事者、他の当事者の順序でする（215条の2第2項）。これは、当事者の鑑定人に対する質問の機会を保障するために規定された。

文献　試験対策講座341〜346頁

第5節　証拠調べ手続

No.
042

証拠調べ

H23-65

□ 月 日
□ 月 日
□ 月 日

11章
証拠

　証拠調べに関する次の1から5までの各記述のうち、正しいものを2個選び
なさい。

□□□　1．裁判所は、証拠調べをするに当たり、訴訟関係又は証拠調べの結果の趣
旨を明瞭にするため必要があると認めるときは、当事者の意見を聴いて、
決定で、証拠調べの期日において専門的な知見に基づく説明を聴くために
専門委員を手続に関与させることができる。

□□□　2．裁判所は、証拠保全として、文書の証拠調べ及び検証をすることはでき
るが、証人の尋問をすることはできない。

□□□　3．当事者が訴訟能力を欠く場合は、その当事者本人を尋問することはでき
ない。

□□□　4．証人が正当な理由なく出頭しない場合、裁判所は、受命裁判官又は受託
裁判官に裁判所外でその証人の尋問をさせることができる。

□□□　5．裁判所は、職権で当事者本人を尋問することができる。

149

第4編　訴訟の審理

No.
042　正解　1、5　証拠調べ手続のおおまかな流れを把握してから
個々の条文を記憶するようにしよう。　正答率
85.2%

1　正しい。

　裁判所は、証拠調べをするに当たり、訴訟関係又は証拠調べの結果の趣旨を明瞭にするために必要があると認めるときは、当事者の意見を聴いて、決定で、証拠調べの期日において専門的な知見に基づく説明を聴くために専門委員を手続に関与させることができる（92条の2第2項前段）。これは、事柄の性質上専門的知見を導入する必要性が高い専門訴訟（医療訴訟、建築瑕疵訴訟など）において、当該専門的知見を裁判所に提供する趣旨である。

＊　令和4年法律第48号により、「92条の2第2項」は「92条の2第3項」となる。なお、この法律は、公布日より4年以内に施行される。

2　誤り。

　裁判所は、あらかじめ証拠調べをしておかなければその証拠を使用することが困難となる事情があると認めるときは、申立てにより、民事訴訟法第2編第4章の規定に従い、証拠調べをすることができる（234条）。そして、同章には、書証（219条から231条まで）、検証（232条、233条）のほか、証人尋問も規定されている（190条から206条まで）。したがって、裁判所は、証拠保全として、証人の尋問をすることができる。

3　誤り。

　当事者が訴訟能力を欠く場合（31条本文）であっても、その当事者本人を尋問することはできる（211条ただし書、210条・201条2項参照）。

4　誤り。

　証人が受訴裁判所に出頭する義務がないとき、又は正当な理由により出頭することができないときは、裁判所は、受命裁判官又は受託裁判官に裁判所外で証人の尋問をさせることができる（195条1号）。一方、証人が正当な理由なく出頭しない場合には、裁判所は、受命裁判官又は受託裁判官に裁判所外で証人の尋問をさせることはできない。

5　正しい。

　裁判所は、当事者の申立てにより又は職権で、当事者本人を尋問することができる（207条1項前段）。これは、事案における真実をもっとも正確に熟知していると考えられる当事者への尋問を認めることで、裁判所による事件の全体像の把握や争点整理を充実させる趣旨である。

文献　試験対策講座120、342～345、356、357頁

第5節　証拠調べ手続

No.
043

証人尋問

予R4-40

☐　月　日
☐　月　日
☐　月　日

11章
証拠

　証人尋問に関する次の1から5までの各記述のうち、判例の趣旨に照らし誤っているものを2個選びなさい。

☐☐☐　1．証人尋問の申出は、証人を指定してしなければならない。

☐☐☐　2．裁判所への出頭義務を負う証人が正当な理由なく出頭しない場合には、裁判所は、受命裁判官又は受託裁判官に裁判所外でその証人の尋問をさせることができる。

☐☐☐　3．通常共同訴訟において、共同訴訟人A及びBのうち、Aのみが第一審判決に対して控訴を提起し、Bについては第一審判決が確定している場合には、控訴審において、Bを証人として尋問することができる。

☐☐☐　4．未成年者を証人として尋問する場合には、親権者又は後見人の同意がなければ、宣誓をさせることができない。

☐☐☐　5．同一期日において後に尋問を受ける証人であっても、裁判長の許可があれば、先行する他の証人の尋問中に在廷することができる。

151

第4編　訴訟の審理

| No.
043 | 正解 2、4 | 条文知識で解ける問題である。日頃から条文に
触れることを心掛けよう。 | 正答率
73.7% |

1　正しい。

　民事訴訟規則106条は、「証人尋問の申出は、証人を指定し、かつ、尋問に要する見込みの時間を明らかにしてしなければならない」と規定している。

2　誤り。

　受命裁判官等による証人尋問について、証人が正当な理由により出頭することができない場合には受命裁判官又は受託裁判官に裁判所外で証人尋問をさせることができる（195条1号）。一方、証人が正当な理由なく出頭しない場合には、裁判所は、受命裁判官又は受託裁判官に裁判所外で証人の尋問をさせることはできない。

3　正しい。

　証人尋問における「証人」（190条）は、過去の事実や状態につき自己の経験により認識したことを訴訟において供述すべき当事者及びその法定代理人以外の者をいう。本問では、**共同訴訟人独立の原則（39条）**により、控訴の確定遮断効はAのみに及び、Bには及ばない。そのため、Bは当事者及び法定代理人以外の者となるので「証人」となり、控訴審において、Bを証人として尋問することができる。

4　誤り。

　証人は原則として宣誓義務を負うが（201条1項）、一定の場合には宣誓能力が否定され、宣誓を行わせることが許されない。そして、未成年者のうち、16歳未満の者又は宣誓の趣旨を理解することができない者は宣誓能力が否定され（201条2項）、親権者又は後見人の同意により宣誓能力が認められる規定はない。

5　正しい。

　後に尋問をすべき証人の取扱いにつき、民事訴訟規則120条は、「裁判長は、必要があると認めるときは、後に尋問すべき証人に在廷を許すことができる」と規定している。

文献　試験対策講座341〜344頁

第5節　証拠調べ手続

No.
044

証拠保全

予R3-41

□　月　日
□　月　日
□　月　日

11章
証拠

　　証拠保全に関する次のアからオまでの各記述のうち、誤っているものを組み合わせたものは、後記1から5までのうちどれか。

ア．訴え提起後における証拠保全の申立ては、最初の口頭弁論の期日が指定された後口頭弁論の終結に至るまでの間は、急迫の事情がある場合を除き、受訴裁判所にしなければならない。

イ．裁判所は、必要があると認めるときは、訴訟の係属中、職権で、証拠保全の決定をすることができる。

ウ．証拠保全として、文書の取調べをすることはできるが、証人尋問をすることはできない。

エ．証拠保全の決定は、口頭弁論又は相手方が立ち会うことができる審尋の期日を経なければ、これをすることができない。

オ．証拠保全の申立てを却下する決定に対しては、抗告をすることができる。

1．ア　エ　　　2．ア　オ　　　3．イ　ウ　　　4．イ　オ　　　5．ウ　エ

第4編　訴訟の審理

No. 044	正解　5	証拠保全については、条文の正確な知識が求め られるので、条文をしっかりと整理しておこう。	正答率 79.5%

ア　正しい。

　訴え提起後は、「その証拠を使用すべき審級の裁判所」が証拠保全の管轄裁判所となるが（235条1項本文）、「最初の口頭弁論の期日が指定され、又は事件が弁論準備手続若しくは書面による準備手続に付された後口頭弁論の終結に至るまでの間は、受訴裁判所」が管轄裁判所となる（同項ただし書）。なお、「急迫の事情がある場合」には、訴えの提起後であっても、尋問を受けるべき者若しくは文書を所持する者の居所又は検証物の所在地を管轄する地方裁判所又は簡易裁判所に証拠保全の申立てをすることができる（235条3項）。

＊　令和4年法律第48号により、解説文中の「尋問を受けるべき者」、「文書を所持する者」に加えて、「電磁的記録を利用する権限を有する者」が規定された。なお、この法律は、公布日より4年以内に施行される。

イ　正しい。

　「裁判所は、必要があると認めるときは、訴訟の係属中、職権で、証拠保全の決定をすることができる」（237条）。

ウ　誤り。

　234条は「裁判所は、あらかじめ証拠調べをしておかなければその証拠を使用することが困難となる事情があると認めるときは、申立てにより、この章の規定に従い、証拠調べをすることができる」と規定しているので、「第四章　証拠」に規定するすべての証拠方法について証拠保全の手続を行うことができる。したがって、文書の取調べはもちろん、証人尋問もすることができる。

エ　誤り。

　236条は、「証拠保全の申立ては、相手方を指定することができない場合においても、することができる。この場合においては、裁判所は、相手方となるべき者のために特別代理人を選任することができる」と規定している。

オ　正しい。

　「証拠保全の決定に対しては、不服を申し立てることができない」が（238条）、当事者の証拠保全の申立てを却下する決定に対しては、当事者は通常の抗告をすることができる（328条1項）。

文献　試験対策講座356、357頁

第5節　証拠調べ手続

| No. 045 | 電話会議又はテレビ会議による手続 予R1-40 | □ 月 日 □ 月 日 □ 月 日 | 11章 証拠 |

　音声の送受信により同時に通話をすることができる方法（以下「電話会議」という。）又は映像と音声の送受信により相手の状態を相互に認識しながら通話をすることができる方法（以下「テレビ会議」という。）による手続に関する次のアからオまでの各記述のうち、正しいものを組み合わせたものは、後記1から5までのうちどれか。

□□□　ア．電話会議によって弁論準備手続の期日における手続を行うことができるのは、当事者の一方が期日に出頭した場合に限られる。

□□□　イ．弁論準備手続の期日における手続が電話会議によって行われている場合には、期日に出頭していない原告は、訴えを取り下げることはできない。

□□□　ウ．テレビ会議によって当事者本人を尋問することはできない。

□□□　エ．少額訴訟においては、電話会議によって証人を尋問することができる。

□□□　オ．テレビ会議によって鑑定人に口頭で意見を述べさせることができるのは、鑑定人が遠隔の地に居住している場合に限られる。

1．ア　イ　　　2．ア　エ　　　3．イ　ウ　　　4．ウ　オ　　　5．エ　オ

155

第4編　訴訟の審理

| No. 045 | 正解 2 | 電話会議又はテレビ会議による手続について、それらを定める条文を確認しよう。 | 正答率 66.1% |

ア　正しい。

　裁判所は、当事者が**遠隔の地に居住**しているときその他相当と認めるときは、当事者の意見を聴いて、**電話会議**によって、**弁論準備手続の期日における手続**を行うことができる。ただし、**当事者の一方**がその**期日に出頭した場合に限る**（170条3項）。

＊　当事者の利便性を向上し、迅速な争点等の整理を行う観点から、令和4年法律第48号の改正により、「当事者が遠隔の地に居住しているときその他」との文言は削除され、また、170条3項ただし書は削除された。なお、この法律は公布日より1年以内に施行される。

イ　誤り。

　弁論準備手続は、口頭弁論自体ではなく、あくまでもその準備段階という位置付けになってはいるものの、手続において当事者が訴えの取下げをすることは許される（261条3項参照）。そして、期日に出頭せず、電話会議によって、弁論準備手続の期日における手続に関与した当事者は、その期日に出頭したものとみなされる（170条4項）。したがって、弁論準備手続が電話会議で行われている場合には、期日に出頭していない原告であっても、訴えを取り下げることができる。

＊　令和4年法律第48号により、「261条3項ただし書」は、「261条4項」に規定されることになる。なお、この法律は、公布日より4年以内に施行される。

ウ　誤り。

　204条がテレビ会議システムによる証人尋問を定め、当事者本人尋問を定める210条が204条を準用していることから、テレビ会議システムによる当事者本人の尋問をすることが認められる。

エ　正しい。

　少額訴訟において、裁判所が相当と認めるときは、電話会議によって、法廷から裁判所外にいる証人を尋問することができる（372条3項）。

オ　誤り。

　裁判所は、鑑定人に口頭で意見を述べさせる場合において、鑑定人が遠隔の地に居住しているときその他相当と認めるときは、テレビ会議によって、意見を述べさせることができる（215条の3）。したがって、テレビ会議によって鑑定人に口頭で意見を述べさせることができるのは、鑑定人が遠隔の地に居住している場合に限られない。

＊　令和4年法律第48号により、215条の3中「鑑定人が遠隔の地に居住しているときその他」の文言は削除された。なお、この法律は、公布日より4年以内に施行される。

　文献　試験対策講座252、253、342〜344、543頁

第5節　証拠調べ手続

No.
046

文書提出命令

H23-68

□　月　日
□　月　日
□　月　日

11
章

証
拠

　Aは、Y会社で工員として勤務していたが、工場で就業中に事故に遭って死亡した。Aの遺族であるXは、Y会社を被告として損害賠償を求める訴えを提起したが、事故の状況を立証するため、国の機関である労働基準監督署において保管されている調査報告書の提出を求める文書提出命令の申立てを検討している。この事例に関する次の1から4までの各記述のうち、判例の趣旨に照らし正しいものを2個選びなさい。

□□□　1．労働基準監督官が作成した調査報告書にY会社やその関係者の私人の秘密に関する記載があったとしても、これは公務員の職務上の秘密には当たらないので、国には同報告書を提出する義務がある。

□□□　2．労働基準監督官が作成した調査報告書中の調査担当者の意見が公務員の職務上の秘密に当たり、かつ、これが提出されると公務の遂行に著しい支障を生ずるおそれが具体的に存在する場合には、国には同報告書を提出する義務はない。

□□□　3．裁判所は、Xが提出を求めている調査報告書が、公務員の職務上の秘密に関する文書か否か、又はその提出により公務の遂行に著しい支障を生ずるおそれがあるか否かの判断をするため必要があると認めるときは、文書の所持者である国にその提示をさせることができる。

□□□　4．調査報告書について文書提出命令が出された場合、Y会社は、証拠調べの必要性がないことを理由として、即時抗告をすることができる。

157

第4編　訴訟の審理

| No. 046 | 正解 **2、3** | 220条4号ロに関する重要判例を、以下の解説を読んでおさえておこう。 | 正答率 82.1% |

1　誤り。

　判例は、「民訴法220条4号ロにいう『公務員の職務上の秘密』とは、公務員が職務上知り得た非公知の事項であって、実質的にもそれを秘密として保護するに値すると認められるものをいう」としたうえで、「上記『公務員の職務上の秘密』には、公務員の所掌事務に属する秘密だけでなく、公務員が職務を遂行する上で知ることができた私人の秘密であって、それが本案事件において公にされることにより、私人との信頼関係が損なわれ、公務の公正かつ円滑な運営に支障を来すこととなるものも含まれる」としている（最決平17.10.14百選A22事件）。したがって、私人の秘密であっても「公務員の職務上の秘密」に当たる場合があり、文書の提出義務が否定される場合があり得る。

2　正しい。

　前掲最決平17年（百選A22事件）は、調査報告書中の調査担当者の意見部分が公務員の所掌事務に属する秘密が記載されたものであると認められ、「公務員の職務上の秘密に関する文書」（220条4号ロ）に当たるとしたうえで、その文書の記載内容からみて「その提出により……公務の遂行に著しい支障を生ずるおそれ」（同号ロ）が存在することが具体的に認められる場合には、同報告書の意見部分の提出義務は否定されるとしている。

3　正しい。

　裁判所は、文書提出命令の申立てに係る文書が220条4号イからニまでに掲げる文書のいずれかに該当するかどうかの判断をするため必要があると認めるときは、文書の所持者にその提示をさせることができる（インカメラ手続、223条6項前段）。本記述は、Xが提出を求めている調査報告書が220条4号ロの文書に該当するか否かを判断するのに必要があると認められる場合であるから、裁判所は、223条6項前段に基づき、文書の所持者である国に、その提示をさせることができる。

4　誤り。

　文書提出命令の申立てについての決定に対しては、即時抗告をすることができるが（223条7項）、判例は、「証拠調べの必要性を欠くことを理由として文書提出命令の申立てを却下する決定に対しては、右必要性があることを理由として独立に不服の申立てをすることはできない」としている（最決平12.3.10百選A24事件）。

文献 試験対策講座346、352、353頁

〈CORE TRAINING〉 1　証拠総則

CORE TRAINING

01　証拠総則

□□□　主要事実を立証するためには証明が必要であるが、間接事実を立証するには疎明で足りる。 H20-64-ア　　➡ ① ※1　　✕

□□□　疎明は、即時に取り調べることができる証拠によってしなければならない。 H20-64-イ 、H19-64-2　　➡ 188　　◯

□□□　民事保全法上の保全命令の発令要件の立証は、疎明で足りる。 H20-64-ウ　　➡ 民保13Ⅱ　① ❷ii　　◯

□□□　疎明も、民事訴訟法の定める証拠調べの手続に従わなければならない。 H20-64-エ　　➡ ① ※2　　✕

□□□　厳格な証明においては、要証事実について高度の蓋然性をもって証明する必要があるが、自由な証明においては、厳格な証明よりも低い証明度で足りる。 H19-64-1　　➡ ② ※　　✕

CORE PLUS

① 証明と疎明

❶ 証　明	裁判官が要証事実の存在につき確信を抱いた状態、あるいは、確信を得させるために証拠を提出する当事者の行為
❷ 疎　明	ⅰ 事実の存在が一応確からしいといった、確信よりも低い心証で足りる場合、あるいはそれを得させるために証拠を提出する当事者の行為 ⅱ 明文がある場合にのみ認められる（35Ⅰ、91Ⅱ、民訴規10Ⅲ、民保13Ⅱ等） H20-64-ウ

※1　間接事実も主要事実の証拠資料と同様の機能を持つから証明が必要。 H20-64-ア
※2　疎明は民事訴訟法の定める証拠調べ手続に従わなくてよい。 H20-64-エ

② 厳格な証明と自由な証明

❶ 厳格な証明	法定の証拠調べ手続によって行われる証明
❷ 自由な証明	法定の証拠調べ手続に縛られない証明

※　厳格な証明・自由な証明共に、要証事実について高度の蓋然性をもって証明する必要がある。 H19-64-1

〈CORE TRAINING〉2　裁判上の自白

CORE TRAINING

02　裁判上の自白

□□□　所有権に基づく土地の所有権移転登記手続請求訴訟の口頭弁論の期日において、被告は、10年の取得時効の請求原因に対して、原告がその土地の占有の開始時においてその土地の所有権を有していないことを知っていたとの主張をした。これに対し、原告は、その期日において、被告が主張をしたこの事実を認めるとの陳述をした。この原告の陳述について、裁判上の自白が成立する。 予R3-39-1

➡ 短期取得時効（民162Ⅱ）では、悪意の事実は、相手方が証明責任（民186Ⅰ参照）を負う自己に不利益な事実である 3 ❷

○

□□□　原告の被告に対する所有権に基づく土地の明渡請求訴訟とその反訴である被告の原告に対する時効取得を理由とする当該土地の所有権確認請求訴訟の口頭弁論の期日において、原告は、被告との間で当該土地の賃貸借契約を締結し、被告がこの賃貸借契約に基づいて当該土地を占有しているとの主張をした。これに対し、被告は、その期日において、原告から当該土地を賃借したことを認めるとの陳述をした。この被告の陳述について、裁判上の自白が成立する。 予R3-39-4

➡ 他主占有権原は原告が証明責任を負う（民186Ⅰ参照）被告にとって不利益な事実であるから、裁判上の自白に当たる 3 ❷

○

□□□　Xは、「甲建物は、かつてAが所有していたが、同人が死亡し、同人の子で唯一の相続人であるXが相続した。しかるに、Yは何らの権原もなく、同建物を占有している。」と主張し、同建物の所有権に基づいて、Yに対して、同建物の明渡しを求める訴えを提起した。Yは、「Xが甲建物を所有していることは認めるが、Xは、元所有者のCから買い受けたものである。Xは、Yに同建物を賃貸し、引き渡した。」と主張した。裁判所は、証拠調べの結果、Xは、同建物を元所有者のCから買い受けたものであり、Aから相続したものではないと認めた場合には、XY間の建物賃貸借が認められないと判断したときでも、Xの請求を認容することはできない。 H19-70-3 、予H29-38-3

➡ Xの甲建物所有につき権利自白が成立する 3 *

✕

□□□　消費貸借契約に基づく貸金返還請求訴訟の口頭弁論の期日において、原告は、被告に対し100万円を貸し付けたとの主張をした。これに対し、被告は、当事者尋問において、原告から100万円を借り受けたことを認めるとの陳述をした。この被告の陳述について、裁判上の自白が成立する。 予R3-39-2

➡ 当事者尋問での陳述は、弁論としての陳述ではない 3 ❹ i

✕

160

〈CORE TRAINING〉2 裁判上の自白

□□□ 口頭弁論の期日において相手方の主張した事実を争うことを明らかにしなかった当事者は、次回以降の期日において当該事実を争うことができない。H24-63-イ　　➡ 擬制自白は原則口頭弁論終結時に成立 ③ ❹ii　✕

□□□ 公示送達の方法により訴状及び第一回口頭弁論期日の呼出状が送達された場合において、被告が当該期日に欠席したときは、原告の主張した事実を自白したものとみなす。H26-64-ア、H22-60-5、予R2-36-エ　　➡ 159Ⅲただし書 ③ ※　✕

CORE PLUS

③ 裁判上の自白の要件

裁判上の自白とは、口頭弁論又は弁論準備手続においてなされた相手方の主張する自己に不利益な事実を認めこれを争わない旨の弁論としての陳述。

要件	内容
❶ 相手方の主張する	相手方の主張と一致することを要する。先行自白の場合には、相手方の援用があって初めて裁判上の自白が成立する
❷ 自己に不利益な	相手方が証明責任を負う事実であること 予R3-39-1・4
❸ 事実	自白の対象は主要事実に限られる＊
❹ 弁論としての陳述	i 口頭弁論又は弁論準備手続において弁論としてなされることを要する。当事者尋問での陳述等は含まれない 予R3-39-2 ii 弁論としての陳述がなくても、当事者が口頭弁論において相手方の主張した事実を争うことを明らかにしない場合には、その事実を自白したものとみなす（擬制自白、159Ⅰ本文）H24-63-イ ただし、弁論の全趣旨により、その事実を争ったものと認めるべきときは、擬制自白は成立しない（159Ⅰただし書）

＊ 権利・法律関係に関する自白（権利自白）は、裁判上の自白に当たらない。ただし、所有権や売買のような日常的法律概念についての自白であれば、裁判上の自白が成立しうる。H19-70-3、予H29-38-3

※ 当事者が欠席した場合にも擬制自白は成立する（159Ⅲ本文）が、公示送達による呼出しがなされた場合には擬制自白は成立しない（159Ⅲただし書）。H26-64-ア、H22-60-5、予R2-36-エ

〈CORE TRAINING〉3　自白の撤回／4　自由心証主義

CORE TRAINING

03 自白の撤回

□□□　自己に不利益な陳述をした当事者は、相手方がその陳述を援用する前においても、当該陳述を撤回することができない。 H24-63-オ 、H23-66-ア

➡ 相手方の援用が無ければ自白は成立しない　4❶　×

□□□　消費貸借契約に基づく貸金請求訴訟において、原告が被告との間で過去に別の消費貸借契約を締結したことを主張し、被告がこれを認める陳述をした場合には、被告は、当該陳述を撤回することができない。 予H29-38-2・4 、予H23-37-1・2

➡ 自白の対象は主要事実に限られるため、自白は成立していない　4❶　×

□□□　自白の撤回は、第三者の刑事上罰すべき行為によって自白をした場合にもすることができる。 H24-63-ウ 、予H23-37-4

➡ 最判昭33.3.7　4❷ii　○

□□□　自白の撤回は、時機に後れたものとして却下されることはない。 H24-63-エ

➡ 東京高判昭56.1.19参照　4※　×

04　自由心証主義

□□□　裁判官は、自己の判断で経験則を取捨選択して事実認定を行うことができ、取捨選択の当不当が上告理由となることはない。 H22-64-エ

➡ 経験則は一般法則だから、誤った経験則の適用は法令違反（312Ⅲ）に準じて扱われ（大判昭8.1.31）、高等裁判所にする上告の上告理由となる　×

□□□　判例によれば、訴え提起後に挙証者自身が作成した文書は、実質的に相手方の反対尋問の機会を奪うことになるので、証拠能力が認められない。 H20-67-1

➡ 最判昭24.2.1　5❶　×

162

〈CORE TRAINING〉3　自白の撤回／4　自由心証主義

CORE PLUS

4 自白の撤回

❶ 原　則	自白が成立すれば撤回不可　H24-63-オ 、H23-66-ア 、予H29-38-2・4 、予H23-37-1・2
❷ 例　外	i　相手方が同意した場合は撤回可 ii　自白が刑事上罰すべき他人の行為による場合には撤回可（最判昭33. 3. 7）H24-63-ウ 、予H23-37-4 iii　自白が真実に反し、かつ錯誤に基づく場合には撤回可（大判大 4. 9.29百選56事件） 　なお、自白が真実に反することが証明されれば、自白が錯誤に基づくことが推定される（最判昭25.7.11）

※　自白の撤回も攻撃防御方法であるため、時機に後れた攻撃防御方法（157 I ）として却下され得る（東京高判昭56.1.19参照）。　H24-63-エ

5 自由心証主義（247条）の内容

証拠方法の無制限と弁論の全趣旨のしん酌	❶ 証拠方法の無制限	裁判官が事実認定のために取り調べる証拠方法は制限されない。訴訟開始後に挙証者自身が作成した文書も証拠能力が認められる（最判昭24. 2. 1）H20-67-1
	❷ 弁論の全趣旨のしん酌	口頭弁論に現れた一切の資料、状況をしん酌することができる
❸ 証拠力の自由評価		いかなる証拠にどの程度の証拠力を認めるかの判断は、裁判官の自由な判断に委ねられている。当事者の一方が提出した証拠は、当然に相手方に有利な事実認定にも用いられる（証拠共通の原則）

163

〈CORE TRAINING〉5　証明責任

CORE TRAINING

05　証明責任

□□□　Xは、甲土地をA時点とその20年後のB時点のいずれにおいても占有していたから、両時点の間、甲土地の占有を継続し、甲土地を時効取得したと主張して、甲土地の登記名義人であるYに対し、所有権に基づき所有権移転登記手続を求める訴えを提起した。これに対し、Yは、「A時点ではXが占有していたが、B時点ではYが占有していた。」との主張をする場合にはB時点でYが占有していた事実について、「Xは、A時点でもB時点でも占有していたが、両時点の間のC時点ではYが占有しており、Xは、継続して占有していなかった。」との主張をする場合にはC時点でYが占有していた事実について、いずれも裁判官に確信を抱かせる必要がある。H24-67-1・2・4

➡ B時点でのXの占有は前提事実であり、反証で足りる　6　✕

□□□　上記事案において、Yは、「A時点ではXが占有していたが、B時点ではYが占有していた。」との主張をする場合にはB時点でXが占有していた事実について裁判官に真偽不明の心証を抱かせれば足りるが、「Xは、A時点でもB時点でも占有していたが、両時点の間のC時点ではYが占有しており、Xは、継続して占有していなかった。」との主張をする場合にはC時点でYが占有していた事実について裁判官に確信を抱かせる必要がある。H24-67-3

➡ B時点でのXの占有は前提事実であり、反証で足りる。AB両時点の間Xが継続して占有していた事実は推定事実であり本証が必要　6　○

164

〈CORE TRAINING〉5　証明責任

CORE PLUS

6 法律上の事実推定と証明責任 H24-67-1・2・3・4

※　法律上の事実推定とは、ある実体規定でAという法律効果の要件事実とされている乙事実につき、他の法規（推定規定）で「甲事実（前提事実）あるときは乙事実（推定事実）あるものと推定する」と定める場合をいう（民186Ⅱ等）。

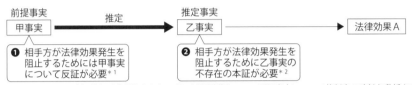

*1　反証とは、客観的証明責任を負わない者の証明活動をいい、要証事実について裁判官の確信を動揺させ、真偽不明に追い込めばよい。
*2　本証とは、客観的証明責任を負う者の証明活動をいい、要証事実について裁判官の確信を生ぜしめなければならない。

〈CORE TRAINING〉6　証拠調べ手続

CORE TRAINING

06　証拠調べ手続
06-1　証拠の申出

□□□　証人尋問の申出を却下する決定に対しては、即時抗告をすることができる。予R2-43-3

➡即時抗告は明文がある場合にのみ可能だが、規定がない（181参照）⑦❷ⅱ　×

□□□　裁判所は、裁判所外において証拠調べをすることができない。予R2-43-1

➡185Ⅰ　⑦❹ⅰ　×

06-2　証人尋問

□□□　当事者の訴訟代理人を尋問するときは、当事者尋問の規定による。H26-68-5

➡211本文参照。当事者・法定代理人でない訴訟代理人は第三者に過ぎない　⑧❶ⅰ　×

□□□　裁判長は、地方裁判所で行う証人の尋問において、当事者に先立って尋問をしようとするときは、当事者の意見を聴かなければならない。H26-68-1、予H30-36-1

➡202Ⅱ　⑧❸、ⅱ　○

□□□　証人は、裁判長の許可を受けた場合を除き、書類に基づいて陳述することはできない。H21-65-ア

➡203　⑧❺、＊1　○

□□□　裁判所は、相当と認める場合において、当事者に異議がないときは、証人の尋問に代え、その証人に書面の提出をさせることができる。H26-68-4、予H25-41-1

➡205　⑧❾、＊2　○

＊　令和4年法律第48号により、205条には2項、3項が新設され、205条は205条1項と改正された。なお、この法律は、公布日より4年以内に施行される。

□□□　尋問をした証人について、裁判所は、再度尋問をすることはできない。予R2-43-5

➡再度の尋問について禁止する規定はない　×

166

〈CORE TRAINING〉6　証拠調べ手続

CORE PLUS

11章 証拠

7 証拠総則の重要条文のまとめ

❶ 証拠の申出	ⅰ　証拠の申出は証明すべき事実を特定してしなければならない（180Ⅰ）
	ⅱ　証拠の申出は期日前にもできる（180Ⅱ）
❷ 証拠調べを要しない場合	ⅰ　裁判所は当事者が申し出た証拠でも必要がないと認められるものは取り調べなくてよい（181Ⅰ）
	ⅱ　証拠申出の却下決定に対しての即時抗告を認める条文はない　予R2-43-3
❸ 集中証拠調べ	証人尋問と当事者尋問はできる限り争点・証拠整理手続終了後の最初の口頭弁論期日に、まとめて集中的に行なわなければならない（182）
❹ 裁判所外における証拠調べ	ⅰ　相当と認めるときは裁判所外においても証拠調べをすることができる（185Ⅰ前段）　予R2-43-1
	ⅱ　受命・受託裁判官による裁判所外での証拠調べも認められている（185Ⅰ後段）

8 証人尋問

❶ 尋問の対象	ⅰ　第三者　H26-68-5		
	ⅱ　証人能力は行為能力や訴訟能力などと関係なく認められる		
❷ 宣誓の実施	ⅰ　原則 宣誓をさせなければならない（201Ⅰ） ⅱ　例外 ○宣誓能力がない者には、宣誓をさせることができない（201Ⅱ） ○証言拒否権（196）を有する者が、これを行使しない場合には、宣誓をさせないことができる（201Ⅲ）		
❸ 尋問の順序 H26-68-1、予H30-36-1	ⅰ　原則尋問を申し出た当事者、他の当事者、裁判長の順でする（202Ⅰ） ⅱ　適当と認めるときは、当事者の意見を聴いて、尋問の順番を変更できる（202Ⅱ）		
❹ 当事者尋問との先後	ⅰ　原則当事者尋問より先（207Ⅱ本文） ⅱ　順番を変えることも可能（207Ⅱただし書）		
❺ 書類に基づく陳述 H21-65-ア	ⅰ　原則禁止（203本文*1） ⅱ　裁判長の許可を受けたときは可能（203ただし書）		
❻ 不出頭の場合の扱い			勾引（194）
❼ 宣誓を拒絶した場合の扱い	訴訟費用の負担及び過料 （192Ⅰ、201Ⅴ、200）	罰金又は拘留 （193、201Ⅴ、200）	―
❽ 証言（陳述）を拒絶した場合の扱い			
❾ 尋問に代わる書面の提出	相当と認める場合で、当事者に異議がないときには可能（205*2） H26-68-4、予H25-41-1		

＊1　令和4年法律第48号により、203条本文の「書類に基づいて」は「書類その他の物に基づいて」と改正された。なお、この法律は、公布日より4年以内に施行される。　H21-65-ア

＊2　令和4年法律第48号により、205条には2項、3項が新設され、205条は205条1項と改正された。なお、この法律は、公布日より4年以内に施行される。　H26-68-4、予H25-41-1

167

〈CORE TRAINING〉6　証拠調べ手続

CORE TRAINING

06-3　当事者尋問

□□□　株式会社を訴訟において代表している代表取締役を尋問するには、当事者本人の尋問の手続によらなければならない。 H25-59-4

➡ 37・211本文
9 ＊1　　　○

□□□　当事者本人を尋問する場合においてその当事者に宣誓をさせるかどうかは、裁判所の裁量に委ねられている。 H26-68-2 、予R2-43-4

➡ 207 I 後段。宣誓は必要的なものではない　9 ❷　○

□□□　証人及び当事者本人を尋問するときは、まず当事者本人を尋問しなければならない。 予R2-43-2 、予H25-41-5

➡ 207 II 本文
9 ❹ i　　　×

□□□　当事者本人は、裁判長の許可を受けたときであっても、記憶喚起のため、書類に基づいて陳述することができない。 予H25-41-3

➡ 210・203ただし書　9 ❺ ii、＊2　×

□□□　裁判所は、当事者本人を尋問する場合においては、その当事者が正当な理由なく期日に出頭しないときでも、その勾引を命ずることはできない。 H26-68-3

➡ 208。不出頭の場合の扱いは勾引ではない　9 ❻　○

□□□　当事者本人の尋問においては、その陳述によって自分が敗訴するおそれのあることが、陳述を拒む正当な理由となる。 予H25-41-2

➡ 208。敗訴のおそれがあるだけでは正当な理由があるとはいえない　×

168

〈CORE TRAINING〉6 証拠調べ手続

CORE PLUS

9 当事者尋問

❶ 尋問の対象	当事者、法定代理人[*1]（207、211）
❷ 宣誓の実施	任意的（207 I 後段）H26-68-2 、予R2-43-4
❸ 尋問の順序	i 原則として、尋問の申出をした当事者、他の当事者、裁判長の順でする（210・202 I） ii 適当と認めるときは、当事者の意見を聴いて、尋問の順番を変更できる（210・202 II）
❹ 証人尋問との先後	i 原則証人尋問より後（207 II 本文）予R2-43-2 、予H25-41-5 ii 順番を変えることも可能（207 II ただし書）
❺ 書類に基づく陳述	i 原則禁止（210・203本文[*2]） ii 裁判長の許可を受けたときは可能（210・203ただし書）予H25-41-3
❻ 不出頭の場合の扱い H26-68-3	正当な理由がない場合は、相手方の主張を真実と認めることができる（208）
❼ 宣誓を拒絶した場合の扱い	
❽ 証言（陳述）を拒絶した場合の扱い	
❾ 尋問に代わる書面の提出	不可（210条が205条を準用していない）

*1 法定代理人についての規定は法人の代表者に準用されるため、訴訟の当事者となっている法人の代表者の尋問は、法定代理人と同様に、当事者尋問の手続によって行われる（37・211本文）。H25-59-4

*2 令和4年法律第48号により、203条本文の「書類に基づいて」は「書類その他の物に基づいて」となる。なお、この法律は、公布日より4年以内に施行される。予H25-41-3

169

〈CORE TRAINING〉6　証拠調べ手続

CORE TRAINING

06-4　書証

□□□　A名義の文書をBが無断で作成した場合であっても、当該文書がBを作成者とするものとして提出されたときは、その成立の真正が認められる。H26-69-2

➡ ⑩ ❶　　○

□□□　A名義の文書が存在する場合に、その作成者がAとなるのは、A自らが文書を作成した場合であり、Aの依頼を受けた使者Bが文書を作成した場合の作成者はBである。H26-69-1

➡ 作成者は記載内容たる意思の主体であるAである　×

□□□　挙証者の相手方が文書の成立の真正につき認否をしなかった場合には、成立に争いがあるものとして扱われる。H26-69-3

➡ 159 I 本文。争いがないものと扱われる　×

□□□　文書の成立についての自白は裁判所を拘束するものではないが、私文書の成立について当事者間に争いがない場合には、裁判所は、証拠に基づかなくても、当該私文書が真正に成立したものと認めることができる。予H30-40-1

➡ 179。当事者間に争いのない事実は証明不要　○

□□□　債務者とその連帯保証人の署名がある借用証書は、一通の書面であっても、作成者が複数の文書である。H26-69-4

➡ 債務者と連帯保証人両者の意思が表示されている　○

□□□　A名義で事件の経過を記載した報告書は、Aの意思に基づいて作成されたことが認められれば、その内容が真実であると推定される。H25-68-ア

➡ 内容の真実性までは推定されない ⑩ ※　×

□□□　文書は、その方式及び趣旨により公務員が職務上作成したものと認めるべきときは、真正に成立した公文書とみなされる。H23-67-5

➡ 228Ⅱ。推定されるにとどまる ⑩ ❸　×

□□□　公文書の成立の真否について疑いがあるときは、裁判所は、職権で、当該官庁又は公署に照会をすることができる。H23-67-1

➡ 228Ⅲ ⑩ ❹　○

□□□　作成者をAとして提出された文書にAの署名がある場合には、押印がないときであっても、その文書は、真正に成立したものと推定される。H25-68-オ 、H23-67-4

➡ 228Ⅳ ⑩ ❺　○

170

〈CORE TRAINING〉 6 　証拠調べ手続

11章 証拠

□□□　当事者が文書の成立の真正を筆跡の対照によって証明　　➡ 229Ⅲ　10 ❻ ii　○
しようとする場合において、対照をするのに適当な相手方の筆
跡がないときは、裁判所は、対照の用に供すべき文字の筆記を
相手方に命ずることができる。 H23-67-3

□□□　訴訟において相手方の主張を争うのは自由であるから、　　➡ 230Ⅰ　10 ❼　×
当事者が、相手方提出の文書が真正に成立したものであること
を知りながら、その成立を争ったとしても、何らの制裁を受け
ることはない。 H20-67-3 、予H30-39-4

C O R E　P L U S

10 文書の成立の真正

❶ 成立の真正	挙証者の主張する特定人の思想表明として作成されたものであること H26-69-2
❷ 成立の真正の証明	文書はその成立の真正を証明しなければならない（228Ⅰ）
❸ 公務員が作成した文書の真正の推定	方式及び趣旨により公務員が職務上作成したものと認めるべきときは、文書の成立の真正が推定される（228Ⅱ） H23-67-5
❹ 公文書の成立の真正についての照会	公文書の成立の真正に疑いがある場合は、裁判所は官庁・公署に照会できる（228Ⅲ） H23-67-1
❺ 私文書の成立の真正の推定	本人又は代理人の署名又は押印があるときは私文書の成立の真正が推定される（228Ⅳ） H25-68-オ 、H23-67-4
❻ 筆跡等の対照による真正の証明	ⅰ 文書の成立の真正は筆跡・印影の対照によっても証明できる（229Ⅰ） ⅱ 対照をするのに適当な相手方の筆跡がないときは、裁判所は、対照の用に供すべき文字の筆記を相手方に命ずることができる（229Ⅲ） H23-67-3
❼ 文書の成立の真正を争ったものに対する過料	故意・重過失により真実に反して文書の成立の真正を争った者は、10万円以下の過料に処される（230Ⅰ） H20-67-3 、予H30-39-4

※　意思表示その他の法律行為が記載された文書たる処分証書は、成立の真正が認められれ
ば記載されているとおりの法律行為の存在が認定されるが、作成者の事実認識を記載した
書面たる報告証書は、成立の真正が証明されても、実質的証拠力（記載内容の真実性）は
別個に判断される。 H25-68-ア

171

〈CORE TRAINING〉6 証拠調べ手続

CORE TRAINING

□□□ 成立に争いのある私文書に本人の印章による印影が存在する場合には、その印影は本人の意思に基づいて顕出されたものと事実上推定され、ひいては当該私文書が真正に成立したものと推定される。 H25-68-エ 、予H30-40-4

➡ 最判昭39.5.12（百選70事件）、二段の推定 11 ◯

□□□ 成立に争いのある私文書に本人名義の署名が存在する場合には、その署名をしたのが本人であるかどうかかが明らかでないときであっても、その署名は本人の意思に基づいてされたものと事実上推定され、ひいては当該私文書が真正に成立したものと推定される。 予H30-40-3

➡ 署名について一段目の推定は働かない 11 ❶ ✕

□□□ 作成者をAとして提出されたが、Aの署名も押印もない文書につき、裁判所は、他の証拠を併せて考慮することにより、その文書がAの意思に基づいて作成されたと認定することができる。 H25-68-イ 、予H30-40-2

➡ 署名・押印がない場合228Ⅳの推定が働かないだけ ◯

□□□ 作成者をAとして提出された借用証書につき、Aが借主欄に署名したことは認められるが、署名後に金額欄の記載が改ざんされたとAが主張する場合には、当該借用証書は、真正に成立したものと推定されない。 H25-68-ウ 、予H30-40-5

➡ Aの主張は推定を覆すものであるが、立証に成功しない限り推定は破れない 11 b ✕

□□□ 作成名義人による署名がある私文書は、形式的証拠力が事実上推定され、相手方の反証によりこの推定が覆されなければ実質的証拠力が法律上推定される。 H20-67-2

➡ 228Ⅳにより形式的証拠力が推定されるにとどまる ✕

〈CORE TRAINING〉6　証拠調べ手続

11 二段の推定　H25-68-エ、予H30-40-4

❶ 文書上の印影が本人の印章によって顕出されたものである
　予H30-40-3

　　　ⅰ　事実上の推定（一段目の推定）　　　⇠┄┄ 反証　　a　第三者が権限なく本人の印章を押印した場合や、同居者が本人の印章を自由に使用できる場合などには、推定が破れる
　　　　（最判昭39.5.12百選70事件）

❷ 当該印影は本人の意思に基づいて押印された

　　　ⅱ　228条4項による推定（二段目の推定）　⇠┄┄ 反証　　b　本人の意思に基づく押印後に第三者が権限なく文書に記載を付加した場合などには、推定が破れる
　　　　　　　　　　　　　　　　　　　　　　　　　　　　　H25-68-ウ、予H30-40-5

❸ 文書成立の真正

〈CORE TRAINING〉6 証拠調べ手続

CORE TRAINING

□□□ 文書提出命令の申立てをする場合において、文書の表示又は文書の趣旨を明らかにすることが著しく困難であるときは、その申立ての時においては、これらの事項に代えて、文書の所持者がその申立てに係る文書を識別することができる事項を明らかにすれば足りる。 予H27-42-2

➡ 222Ⅰ前段 **12 ❷** i ○

□□□ 民事訴訟法第220条第4号に掲げる場合であることを文書の提出義務の原因とする文書提出命令の申立ては、書証の申出を文書提出命令の申立てによってする必要がある場合でなければ、することができない。 予H27-42-1

➡ 221Ⅱ **12 ❸** ○

□□□ 裁判所は、第三者に対して文書の提出を命じようとする場合には、その第三者を審尋しなければならない。 予H27-42-3

➡ 223Ⅱ **12 ❺** ○

□□□ 第三者が所持する文書については、文書提出命令の申立てをすることはできないが、文書送付の嘱託を申し立てることはできる。 H19-64-3

➡ 223Ⅱ参照。文書提出義務が認められる限り第三者が所持する文書も文書提出命令の申立てができる ✕

□□□ 文書提出命令の申立てについての決定に対して即時抗告がされたときは、裁判所は、その即時抗告についての裁判が確定するまで、訴訟手続を停止しなければならない。 予R1-45-3

➡ 223Ⅶ参照。手続を停止する規定はない ✕

□□□ 判例によれば、第三者に対してされた文書提出命令に対し、文書提出命令の申立人ではない本案訴訟の当事者は、即時抗告をすることができない。 予H27-42-5

➡ 最決平12.12.14 **12** * ○

174

〈CORE TRAINING〉6　証拠調べ手続

CORE PLUS

12 文書提出命令の重要条文のまとめ

❶ 申立て時に明らかにすべき事項	以下の事項を明らかにする必要がある ⅰ　文書の表示（221Ⅰ①） ⅱ　文書の趣旨（221Ⅰ②） ⅲ　文書の所持者（221Ⅰ③） ⅳ　証明すべき事実（221Ⅰ④） ⅴ　文書の提出義務の原因（221Ⅰ⑤）
❷ 文書の特定のための手続	ⅰ　文書の表示・文書の趣旨を明らかにすることが著しく困難な場合、これらの事項に代えて、文書の所持者がその申立てに係る文書を識別することができる事項を明らかにすれば足りる（222Ⅰ前段）　予H27-42-2 ⅱ　ⅰの場合、申立人は当該事項を明らかにすることを所持者に求めるよう裁判所に申し出なければならず（222Ⅰ後段）、申立人の申出があれば、裁判所は、文書提出命令の申立てに理由がないことが明らかな場合を除き、文書の所持者に対し、当該文書の表示及び趣旨を明らかにすることを求めることができる（222Ⅱ）
❸ 220条4号を文書提出義務の原因とする場合	書証の申出を文書提出命令の申立てによってする必要がある場合でなければならない（221Ⅱ）　予H27-42-1
❹ 部分的な文書提出命令	文書に取り調べる必要がないと認める部分があり、又は提出の義務があると認めることができない部分があるときは、裁判所は、その部分を除いて、提出を命ずることができる（223Ⅰ後段）
❺ 第三者に対する審尋	第三者に対して文書提出命令をする場合は、その第三者を審尋しなければならない（223Ⅱ）　予H27-42-3
❻ 即時抗告	文書提出命令の申立てについての決定に対しては即時抗告できる（223Ⅶ）＊

＊　判例は、「文書提出命令の申立てについての決定に対しては、文書の提出を命じられた所持者及び申立てを却下された申立人以外の者は、抗告の利益を有せず、本案事件の当事者であっても、即時抗告をすることができない」としている（最決平12.12.14）。　予H27-42-5

175

〈CORE TRAINING〉6　証拠調べ手続

CORE TRAINING

□□□　当事者が文書提出命令に従わないときは、裁判所の決定により、過料に処されることがある。H23-64-ウ、予H30-39-1 ⟿ 224 I 13❶ ✕

□□□　当事者が、相手方の使用を妨げる目的で提出の義務がある文書を滅失させたときは、裁判所は、当該文書の記載に関する相手方の主張を真実と認めることができる。H18-68-5 ⟿ 224 II 13❷ ◯

□□□　裁判所は、第三者が文書提出命令に従わないからといって、文書提出命令を申し立てた当事者の当該文書の記載に関する主張を真実と認めることはできない。予H30-39-2 ⟿ 225 I 参照 13❹ ◯

□□□　裁判所は、文書の成立の真否に争いがあり、対照をするのに適当な相手方の筆跡がない場合に、対照の用に供すべき文字の筆記を相手方に命じたにもかかわらず、相手方が正当な理由なくこれに従わないときは、当該文書の成立の真否に関する挙証者の主張を真実と認めることができる。予H30-39-3 ⟿ 229 IV 前段 13❺ ◯

□□□　裁判所は、当事者が検証物提示命令に従わないからといって、当該検証物の性状に関する相手方の主張を真実と認めることはできない。予H30-39-5 ⟿ 232 I・224 I 13❻ ✕

CORE PLUS

13 文書提出命令に従わない場合等の効果

❶ 当事者が文書提出命令に従わない場合	裁判所は当該文書の記載に関する相手方の主張を真実と認めることができる（224 I）H23-64-ウ、予H30-39-1
❷ 当事者が相手方の使用を妨げる目的で文書を滅失等させた場合	裁判所は当該文書の記載に関する相手方の主張を真実と認めることができる（224 II）H18-68-5
❸ ❶❷の場合で、更に当該文書の記載に関する具体的な主張をすること及び当該文書により証明しようとしていた事実を他の証拠により証明することが著しく困難な場合	その事実に関する相手方の主張を真実と認めることができる（224 III）
❹ 第三者が文書提出命令に従わない場合	20万円以下の過料に処する（225 I）予H30-39-2
❺ 相手方が対照の用に供すべき文字の筆記に応じない場合	当該文書の成立の真否に関する挙証者の主張を真実と認めることができる（229 IV 前段）予H30-39-3
❻ 当事者が検証物提出命令に従わない場合	当該検証物の性状に関する相手方の主張を真実と認めることができる（232 I・224 I）予H30-39-5

〈CORE TRAINING〉6　証拠調べ手続

14　文書提出命令　判例一覧

判　例	条　文	判示事項
最決平17.10.14 百選A 22事件	220④ロ	○「公務員の職務上の秘密」(220④ロ)には、公務員の所掌事務に属する秘密だけでなく、職務を遂行するうえで知ることができた私人の秘密であって、それが公にされることにより、私人との信頼関係が損なわれ、公務の公正かつ円滑な運営に支障をきたすこととなるものも含まれる ○「その提出により公共の利益を害し、又は公務の遂行に著しい支障を生ずるおそれがある」(220④ロ)というためには、文書の性格から公共の利益を害し、又は公務の遂行に著しい支障を生ずるおそれの存在することが具体的に認められることが必要である
最決平12. 3.10 百選A 24事件	220④ハ	「技術又は職業の秘密」(197Ⅰ③)とは、その事項が公開されると、当該技術の有する社会的価値が下落しこれによる活動が困難になるもの又は当該職業に深刻な影響を与え以後その遂行が困難になるものをいう
最決平11.11.12 百選69事件	220④ニ	○ⅰ 文書の作成目的、記載内容などに照らして、専ら内部の者の利用に供する目的で作成され、外部の者に開示することが予定されていない文書であって、ⅱ 開示されると個人のプライバシーが侵害されたり個人ないし団体の自由な意思形成が阻害されたりするなど、開示によって所持者の側に看過し難い不利益が生ずるおそれがあると認められる場合には、ⅲ 特段の事情がない限り、当該文書は「専ら文書の所持者の利用に供するための文書」(220④ニ)に当たる ○貸出稟議書は、銀行内部において、融資案件についての意思形成を円滑、適切に行うために作成される文書であること、法令によってその作成が義務付けられたものではないことから、専ら銀行内部の利用に供する目的で作成され、外部に開示することが予定されていない文書であって、開示されると銀行内部における自由な意見の表明に支障をきたし銀行の自由な意思形成が阻害されるおそれがある
最決平12.12.14	220④ニ	○「特段の事情」とは、文書提出の申立人がその対象である貸出稟議書の利用関係において所持者である信用金庫と同一視することができる立場にある場合をいう ○信用金庫会員が提起する代表訴訟は、会員としての立場から理事の責任を追及するものにすぎず、会員として閲覧できない書類を信用金庫と同一の立場で利用する地位を会員に付与するものではないから、特段の事情はない
最決平18. 2.17	220④ニ	銀行の社内通達文書は、ⅰ 開示によって自由な意思決定が阻害されないこと、ⅱ 個人のプライバシーに関する情報や銀行の営業秘密に関する事項が記載されているものではないことから、銀行に看過し難い不利益が生じるおそれはない

177

〈CORE TRAINING〉6　証拠調べ手続

CORE TRAINING

06-5　その他（調査の嘱託）

□□□　調査の嘱託は、個人に対してすることができる。H26-67-ウ

➡ 186参照。官庁等とその他団体に対してしかできない　×

＊　令和4年法律第48号により、186条には2項が新設され、186条は186条1項となる。なお、この法律は、公布日より4年以内に施行される。

□□□　調査の嘱託の嘱託先が調査に応じない場合には、過料の制裁が科される。H26-67-エ

➡ 嘱託に応じない場合の制裁規定はない　×

□□□　調査の嘱託を釈明処分としてすることはできない。H26-67-オ

➡ 151 I ⑥　×

06-6　証拠保全

□□□　裁判所は、訴えの提起後においては、申立てがなければ証拠保全の決定をすることができない。予H26-41-2

➡ 237　15❷　×

□□□　証拠保全の申立ては、相手方を指定することができない場合においても、することができる。予H26-41-3

➡ 236前段　15❸i　○

□□□　訴えの提起前に証拠保全の申立てをし、検証の申出をする場合には、検証物の所在地を管轄する地方裁判所又は簡易裁判所にしなければならない。予H26-41-1

➡ 235 II　15❹iii、＊　○

□□□　証拠保全の申立てを認める決定に対しては不服申立てをすることができないが、却下する決定に対しては抗告をすることができる。H19-64-4、予H26-41-5

➡ 238、328 I　15❺　○

□□□　証拠保全の手続において尋問をした証人については、当事者が口頭弁論における尋問の申出をしたときであっても、裁判所は、その尋問をする必要はない。予H26-41-4

➡ 242　15❻　×

178

〈CORE TRAINING〉6　証拠調べ手続

CORE PLUS

11章
証拠

15 証拠保全

❶ 申立要件	あらかじめ証拠調べをしておかなければその証拠を使用することが困難となる事情がある（234）
❷ 職権による証拠保全の可否	訴訟係属中は可能（237）予H26-41-2
❸ 相手方の指定ができない場合	ⅰ 相手方の指定ができない場合でも証拠保全の申立てはできる（236前段）予H26-41-3 ⅱ 裁判所は相手方となるべき者のために特別代理人を選任できる（236後段）
❹ 管　轄	ⅰ 訴え提起後は、その証拠を使用すべき審級の裁判所（235Ⅰ本文） ⅱ 最初の口頭弁論期日が指定され、又は弁論準備手続若しくは書面による準備手続に付された後口頭弁論終結までは、受訴裁判所（235Ⅰただし書） ⅲ 訴え提起前は、尋問を受けるべき者若しくは文書を所持する者の所在又は検証物の所在地を管轄する地方裁判所又は簡易裁判所（235Ⅱ*）予H26-41-1
❺ 不服申立て H19-64-4、 予H26-41-5	ⅰ 証拠保全の申立てを却下する決定に対しては抗告をすることができる（328Ⅰ） ⅱ 証拠保全の申立てを認める決定に対しては不服申立てをすることができない（238）
❻ 再尋問	証拠保全の手続で尋問した証人について、当事者が口頭弁論での尋問を申し出た場合には、裁判所は再度尋問しなければならない（242）予H26-41-4

＊　令和4年法律第48号により、235条2項「若しくは文書を所持する者」は「文書を所持する者若しくは電磁的記録を利用する権限を有する者」に改正された。なお、この法律は、公布日より4年以内に施行される。 予H26-41-1

179

第 4 編　訴訟の審理

MEMO

第**5**編

訴訟の終了

第1節 訴えの取下げ

| No. 047 | 訴えの取下げ | H22-65 | □ 月 日
□ 月 日
□ 月 日 |

訴えの取下げに関する次の1から5までの各記述のうち、正しいものを2個選びなさい。

1. 上告審においては、訴えを取り下げることができない。

2. 原告側の固有必要的共同訴訟においては、原告の一人による訴えの取下げは効力を生じない。

3. 判例によれば、詐欺脅迫等明らかに刑事上罰すべき被告の行為により訴えの取下げがされるに至った場合であっても、当該訴えの取下げは有効である。

4. 裁判所は、訴えの取下げの有効性について、職権で調査しなければならない。

5. 判例によれば、訴訟外で訴えを取り下げる旨の合意が成立し、被告がその合意の存在を主張立証した場合、裁判所は、請求棄却の判決をしなければならない。

12章 当事者の意思による訴訟終了

183

第5編　訴訟の終了

| No.
047 | 正解　2、4 | 訴えの取下げに関する重要な知識を問うものである。しっかりと復習しておこう。 | 正答率
91.2% |

1　誤り。

　訴えは、判決が確定するまで、その全部又は一部を取り下げることができる（261条1項）。したがって、事件が上告審に移審した後でも、判決が確定するまでは、訴えを取り下げることができる。

2　正しい。

　判決の合一確定の要請が働く**固有必要的共同訴訟**においては、**共同訴訟人の1人の訴訟行為**は、それが**全員の利益となる場合にのみ、その効力を生じる**とされており（40条1項）、**不利になる訴訟行為**は、他の共同訴訟人のみならず、その行為をした共同訴訟人についても効力を生じない。そして、**共同原告の1人がする訴えの取下げ**は、固有必要的共同訴訟においては、それが認められると、他の共同訴訟人の訴えが不適法として却下されることになるため、**不利な訴訟行為**とされるから、**効力を生じない**。判例も、固有必要的共同訴訟の係属中に共同原告の1人が訴えの取下げをしても、その取下げは効力を生じないとしている（最判昭46.10.7百選A31事件）。

3　誤り。

　判例は、「訴の取下は訴訟行為であるから、一般に行為者の意思の瑕疵がただちにその効力を左右するものではないが、詐欺脅迫等明らかに**刑事上罰すべき他人の行為により訴の取下**がなされる**にいたったとき**は、民訴法420条1項5号〔現338条1項5号〕の法意に照らし、その**取下**は**無効**と解すべき」としている（最判昭46.6.25百選91事件）。

4　正しい。

　訴えの取下げの有無及び効力は、訴訟係属の有無にかかわる事項であるため、裁判所は、これらについて職権で調査しなければならない。

5　誤り。

　判例は、「訴の取下に関する合意が成立した場合においては、右訴の原告は権利保護の利益を喪失したものとみうるから、**右訴を却下すべき**」としている（最判昭44.10.17百選92事件）。したがって、本記述の場合、裁判所は、請求棄却の判決をする必要はない。

文献　試験対策講座362〜367、457、458頁。判例シリーズ69事件、70事件

184

第1節　訴えの取下げ

| No. 048 | 訴えの取下げ　　H26-72 | □ 月 日
□ 月 日
□ 月 日 |

訴えの取下げに関する次の1から5までの各記述のうち、誤っているものはどれか。

1．訴えは、その一部を取り下げることができる。
2．訴えは、控訴審では取り下げることができない。
3．訴えの取下げは、相手方が本案について口頭弁論をした後には、その同意なしにすることができない。
4．訴えの取下げは、和解の期日において口頭ですることができる。
5．請求を放棄した場合と異なり、訴えを取り下げた場合には、確定判決と同一の効力は生じない。

12章　当事者の意思による訴訟終了

185

第5編　訴訟の終了

| No. 048 | 正解 **2** | 請求の放棄との違いを意識しながら、訴えの取下げの条文知識を整理しよう。 | 正答率 93.2% |

1　正しい。

　訴えは、**判決が確定するまで、その全部又は一部を取り下げることができる**（261条1項）。これは、当事者の意思によって訴訟を終了させることを認めるものであり、請求の放棄・認諾と並ぶ、訴訟の終了の場面における処分権主義の表れのひとつである。

2　誤り。

　1の解説で述べたように、訴えは、判決が確定するまでは、取り下げることができる（261条1項）。したがって、第一審係属中はもとより控訴審においても、終局判決が確定するまでは、訴えを取り下げることができる。

3　正しい。

　訴えの取下げは、**相手方が本案について準備書面を提出し、弁論準備手続において申述をし、又は口頭弁論をした後**にあっては、**相手方の同意を得なければ、その効力を生じない**（261条2項本文）。これは、訴えの取下げにおいては、紛争解決が手続上保障されず、被告のそれまでの防御活動が無駄になるおそれがあることから、請求棄却判決による最終的な紛争解決を得ることについての被告の訴訟上の利益を保護するため、被告が防御態勢を整え、請求棄却判決を求めようとした後は、その同意を要求する趣旨である。

4　正しい。

　訴えの取下げは、書面でしなければならない（261条3項本文）。もっとも、口頭弁論、弁論準備手続又は和解の期日においては、口頭ですることを妨げない（同項ただし書）。
＊　令和4年法律第48号により、解説中にある根拠条文は、「261条3項本文」が「261条3項」と、「261条3項ただし書」が「261条4項前段」となる。なお、この法律は、公布日より4年以内に施行される。

5　正しい。

　原告が請求を放棄した場合、裁判所はその要件を調査し、要件を具備していれば裁判所書記官において調書を作成する（160条、民訴規67条1項1号）。そして、請求の放棄が調書に記載されると、その調書の記載には、請求棄却の「確定判決と同一の効力」が生じる（民訴267条）。これに対し、**訴えを取り下げた場合**には、訴訟は、**取下げがあった部分**については、**初めから係属していなかったものとみなされる**ため（262条1項）、確定判決と同一の効力が生じることはない。
＊　令和4年法律第48号により、160条の「調書」については、「電子調書」に改正された。なお、この法律は、公布日より4年以内に施行される。

文献　試験対策講座363〜367頁

No.		訴訟上の和解		☐ 月 日
049	論		H25-72	☐ 月 日
				☐ 月 日

第2節　請求の放棄・認諾／第3節　訴訟上の和解

訴訟上の和解に関する次の1から5までの各記述のうち、判例の趣旨に照らし正しいものを2個選びなさい。

☐☐☐　1．訴訟上の和解をするためには訴訟が適法に係属していることが必要であるから、重複する訴えの場合には、前訴が取り下げられない限り、後訴において訴訟上の和解をすることはできない。

☐☐☐　2．訴訟上の和解には、当事者以外の第三者も加わることができるが、そのためには訴訟参加の手続を経ることを要する。

☐☐☐　3．成立した訴訟上の和解について当事者の一方が錯誤無効を主張して和解の効力を争うためには、和解が無効であることの確認を求める別訴を提起しなければならない。

☐☐☐　4．裁判所は、訴訟の係属後であれば、第1回口頭弁論期日前であっても、和解を試みることができる。

☐☐☐　5．筆界（境界）確定の訴えにおいて、筆界を定める効果を有する内容の和解をすることはできない。

12章 当事者の意思による訴訟終了

第5編　訴訟の終了

| No. 049 | 正解 **4、5** | 和解に関する条文・判例知識を整理しておこう。 | 正答率 89.9% |

1　誤り。

　訴え提起前の和解（275条）との均衡から、訴訟上の和解をするためには、事件が事実上係属すれば足り、係属が適法であることまでは要しないと解される。したがって、訴えが、訴訟要件のひとつである重複起訴禁止（142条）に触れる場合であっても、前訴を取り下げることなく、後訴において訴訟上の和解をすることができる。

2　誤り。

　訴訟上の和解には、訴訟当事者以外の第三者も加わることができ（大判昭13.8.9参照）、そのために訴訟参加の手続を経ることを要しない。

3　誤り。

　判例は、訴訟上の和解が無効であると主張する方法として、**和解が無効であることの確認を求める別訴**を提起する方法（大判大14.4.24）のみならず、**和解が無効であることを前提とする請求異議の訴え**を提起する方法（大判昭14.8.12）や、**期日指定の申立て**をする方法（大判昭6.4.22）を認めている。したがって、本記述においては、必ずしも和解が無効であることの確認を求める別訴を提起する方法を採る必要はない。

4　正しい。

　裁判所は、訴訟の係属後であれば、訴訟がいかなる程度にあるかを問わず、和解を試みることができる（89条）。したがって、裁判所は、訴訟の係属後であれば、第1回口頭弁論期日前であっても、和解を試みることができる。

＊　令和4年法律第48号により、89条には2項から5項が新設され、89条は89条1項と改正された。なお、この法律は、公布日より4年以内に施行される。

5　正しい。

　判例は、「相隣者間において境界を定めた事実があっても、これによって、その一筆の土地の境界自体は変動しない」としたうえで、当事者の「合意の事実を境界確定のための一資料にすることは、もとより差し支えないが、これのみにより確定することは許されない」としている（最判昭42.12.26）。したがって、境界確定の訴えにおいて、境界を定める効果を有する内容の和解をすることはできない。

文献　試験対策講座159～163、363～367頁

〈CORE TRAINING〉1 訴えの取下げ

CORE TRAINING

01 訴えの取下げ

□□□ 原告が、被告の脅迫により訴えを取り下げたとしても、当該訴えの取下げは有効である。予R4-43-ア

➡ 338 I ⑤（最判昭46.6.25百選91事件）　✕

□□□ 訴えは、判決が確定した後も、その全部又は一部を取り下げることができる。H24-69-ア、予H30-42-1

➡ 261 I 　1❶ i　✕

□□□ 実親子関係の不存在の確認の訴えについても、訴えを取り下げることができる。H24-69-エ

➡ 訴えの取下げは人事訴訟においても許される 1❶ ii　○

□□□ 本訴が取り下げられた場合において、反訴を取り下げるには、相手方の同意を得なければならない。H24-69-ウ、予H30-42-4

➡ 261 II ただし書 1 ＊　✕

□□□ 被告が本案について答弁書を提出した後、原告が訴えの取下書を提出し、被告がこれに対する同意を確定的に拒絶した場合には、後に被告が改めて同意をしても、当該訴えの取下げは効力を生じない。予R4-43-イ

➡ 261 II 本文　○

12章 当事者の意思による訴訟終了

CORE PLUS

1 訴えの取下げの要件

❶ 原　則	i	終局判決確定時までは、原告は自由に訴えを取り下げ得る（261 I）。一方、判決確定後については、相手方の同意があったとしても、訴えを取り下げることはできない H24-69-ア、予H30-42-1
	ii	人事関係のように職権探知主義が採られ、請求の放棄・認諾が許されない事件（人訴19 II）でも、訴えの取下げについては訴訟係属を遡及的に取り下げるにすぎず、訴訟物（身分関係）の処分をもたらさないとして許されている H24-69-エ
❷ 例　外	i	請求棄却判決を求める被告の訴訟上の地位の保障の観点から、被告が請求の当否につき、準備書面を提出し、弁論準備手続で申述し、又は口頭弁論期日に弁論をした後は、被告の同意がなければ取下げの効力を生じない（民訴261 II 本文）＊
	ii	合一確定の要請される独立当事者参加訴訟では、参加人も本訴の維持について利益を有するから、本訴の原告が訴えを取り下げるには参加人の同意をも要すると解されている（最判昭60.3.15）
	iii	訴えの提起自体が1人の意思ではできない固有必要的共同訴訟の場合にも取下げは1人ではできないとされる

＊ ただし、本訴の取下げ後に被告が反訴を取り下げるときは、相手方が反訴の本案について口頭弁論をした後においても、相手方の同意を要しない（261 II ただし書）。H24-69-ウ、予H30-42-4

189

〈CORE TRAINING〉 1 訴えの取下げ

CORE TRAINING

□□□ 本案について終局判決があった後に訴えを取り下げた場合でも、相手方の同意があれば、同一の訴えを提起することができる。 H24-69-イ

➡ 262Ⅱ ③❷ⅰ ✕

□□□ 訴えを却下する判決がされた後に訴えを取り下げた原告は、同一の訴えを提起することができない。 予R2-44-4

➡「終局判決」(262 Ⅱ)があるとはいえない ③❷ⅰ ✕

□□□ 金銭債務の不存在確認を求める訴訟において請求を棄却する判決がされた後に、原告が訴えを取り下げた場合であっても、被告は、当該金銭債務の履行を求める訴えを提起することができる。 予R2-44-5

➡ 再訴禁止効は訴えを取り下げた原告にのみ生じる ③❷ⅰ ○

□□□ 訴えの取下げは、期日外においてもすることができる。 予H30-42-3

➡ 261Ⅲただし書参照 ②❶ ○

＊ 令和4年法律第48号により、根拠条文が261条4項前段となる。なお、この法律は、公布日より4年以内に施行される。

□□□ 当事者双方が裁判外で訴えを取り下げる旨の合意をし、被告がその合意の存在を口頭弁論又は弁論準備手続の期日において主張立証した場合には、訴えの取下げがあったものとみなされる。 予R3-42-ウ

➡ 訴えの利益が失われ、却下判決がなされる(最判昭44.10.17百選92事件) ②※1 ✕

□□□ 本案について終局判決があった後に訴えを取り下げた者は、その訴えと訴訟物を同一とする再訴の提起を正当なものとする新たな利益又は必要性が存するときは、取り下げた訴えと訴訟物を同一とする再訴を提起することができる。 予H30-37-エ

➡ 最判昭52.7.19 (百選A29事件) ③❷ⅱ ○

□□□ 請求を全部認容した第一審判決が控訴裁判所により取り消されて、事件が第一審に差し戻された場合において、原告が差戻し後の第一審において訴えを取り下げたときは、原告は、同一の訴えを提起することができない。 予R2-44-3 、予H29-43-1

➡ 最判昭38.10.1 ③❷ⅲ ✕

□□□ 第一審裁判所は、当事者の申立てにより、訴えの取下げまでに生じた訴訟費用の負担を命じなければならない。 予R2-44-2

➡ 73Ⅰ本文 ②＊ ○

□□□ 第一審判決に仮執行宣言が付された後、控訴審において訴えが取り下げられたときは、その仮執行宣言付判決は、その効力を失う。 H23-70-2

➡ 262Ⅰ、民執39Ⅰ ③、22②参照 ③❶ ○

190

〈CORE TRAINING〉1　訴えの取下げ

2 訴えの取下げの手続

手続	❶ 取下書提出、あるいは口頭陳述（261Ⅲ） →民事訴訟法は、期日外でも訴えの取下げをすることができることを前提としているといえる　予H30-42-3 ❷ 取下げの陳述の調書への記載（民訴規67Ⅰ①） ❸ 取下げに被告の同意を要する場合、被告への取下書等の送達（民訴261Ⅳ） ❹ 被告の同意と方式、同意の擬制 →被告の同意も裁判所に対し、書面又は口頭で行う。被告が明確な応答をしない場合には、261条5項の規定に従って被告の同意が擬制される ❺ 取下げの効力の審理 →審理の結果、取下げを有効と認めるときは、訴訟は取下げにより終了した旨を宣言する判決（訴訟終了宣言判決）をする＊

＊　この際、第一審裁判所は申立てにより、決定で訴えの取下げまでに生じた訴訟費用の負担を命じなければならない（73Ⅰ本文）。予R2-44-2

※1　当事者双方が裁判外で訴えを取り下げる旨の合意をし、その存在が口頭弁論等の期日において主張立証された場合には、訴えの利益が失われ、却下判決をすべきである（最判昭44.10.17百選92事件）。予R3-42-ウ

※2　令和4年法律第48号により、261条3項ただし書は削除され、4項に規定された。また、261条4項が5項に、電子調書に関する規定が追加されたことに伴い、261条5項が6項に変更された。なお、この法律は、公布日より4年以内に施行される。

3 訴えの取下げの効果

❶ 訴訟係属の遡及的消滅	訴えの取下げが効力を生じると、訴訟係属は遡及的に消滅する（262Ⅰ）。したがって、当事者の攻撃防御方法の提出・訴訟告知・応訴の効果や、裁判所の証拠調べ・裁判も当然失効する e.g.　仮執行宣言付き判決が第一審でなされた後、控訴審で訴えが取り下げられた場合には、仮執行宣言付き判決は効力を失う（民執39Ⅰ③、22②参照）H23-70-2
❷ 再訴の禁止（262Ⅱ）	ⅰ 本案について終局判決があった後に訴えを取り下げた場合には、同一の訴えを提起することができない（民訴262Ⅱ）。一方、本案についての終局判決ではなく却下判決のみがなされた場合や、被告が同一の訴えを提起する場合には同項は適用されない　H24-69-イ、予R2-44-4・5 ⅱ 判例は、「同一の訴え」とは、単に当事者及び訴訟物を同じくするだけではなく、訴えの利益又は必要性の点についても事情を一にする訴えを意味するとして、例え新訴と旧訴の訴訟物が同一であっても、再訴の提起を正当化しうる新たな利益又は必要性が存するときは、262条2項の規定はその適用がないとしている（最判昭52.7.19百選A29事件）予H30-37-エ ⅲ 判例は、第一審の本案の終局判決が控訴審で取り消された後は、差戻し後の第一審で本案の終局判決がなされるまでは、「終局判決」は存在しないから、その間に訴えを取り下げたとしても、262条2項による再訴禁止の効果は生じないとしている（最判昭38.10.1）予R2-44-3、予H29-43-1

〈CORE TRAINING〉2　請求の放棄・認諾

CORE TRAINING

02　請求の放棄・認諾

□□□　離婚請求訴訟において、被告は、請求の認諾をすることができない。予H29-43-5
➡ 人訴19Ⅱ、37Ⅰ本文　④❶ii　　✕

□□□　請求の認諾は、相手方が反対給付を履行することを条件にしてすることができる。H23-71-オ
➡ 請求の放棄・認諾は無条件になされなければならない　④❷　　✕

□□□　原告が被告に対し証書真否確認の訴えを提起した場合において、確認の対象となる文書が、法律関係を証する書面に該当しないものでも、被告が口頭弁論の期日において原告の請求を認諾する旨の陳述をし、それが調書に記載されたときは、当該訴訟は終了する。予R4-43-オ
➡ 134の2、最判昭28.10.15　④❹　　✕

□□□　請求の放棄は、被告が本案について口頭弁論をした後にあっても、その同意を得ることなくすることができる。予R3-42-イ
➡ ④※1　　〇

□□□　請求の放棄は、1個の金銭請求の一部についてすることができる。H23-71-エ
➡ ④※2　　〇

□□□　請求の放棄は、原告が訴訟外で請求に理由のないことを認めている場合にも成立し、そのことを被告が訴訟において証明したときは、放棄調書の作成により訴訟が終了する。H23-71-イ、H20-70-1
➡ 266Ⅰ、261Ⅲただし書参照、民訴規95Ⅱ　⑤❶i　　✕

＊　令和4年法律第48号により、261条3項ただし書は削除され、4項に規定された。なお、この法律は、公布日より4年以内に施行される。

□□□　請求の認諾は、和解の期日においてもすることができる。H23-71-ア、予R3-42-ア
➡ 266Ⅰ　⑤❶i　　〇

□□□　請求の放棄又は認諾をする旨の書面を提出した当事者が口頭弁論の期日に出頭せず、相手方のみが出頭したときは、裁判所は、不出頭の当事者が請求の放棄又は認諾をする旨の陳述をしたものとみなすことができる。予H29-43-4
➡ 266Ⅱ、261Ⅲただし書参照　⑤❶i　　〇

□□□　相手方が出頭していない口頭弁論の期日においても、請求の認諾をすることができる。H23-71-ウ
➡ ⑤❶i　　〇

192

〈CORE TRAINING〉2 請求の放棄・認諾

CORE PLUS

4 請求の放棄・認諾の要件

要 件	❶ 当事者が訴訟物について係争利益を自由に処分できる場合であること 　ⅰ 会社関係訴訟では、請求認容判決に対世効が認められているため（会社838）、請求の放棄は許されるが、認諾は許されない 　ⅱ 人事訴訟では原則として請求の放棄・認諾、訴訟上の和解が認められていない（人訴19Ⅱ）が、例外として離婚訴訟と離縁訴訟では認められている（人訴37Ⅰ本文、44） 予H29-43-5 ❷ 請求につき無条件・無留保になされること 　→引換給付、相殺の抗弁などを留保して請求を肯定しても認諾は成立しない H23-71-オ ❸ 請求が法律上許される権利・法律関係の主張であること（認諾の場合） ❹ 請求についての訴訟要件の具備（最判昭28.10.15） 予R4-43-オ ❺ 訴訟能力・代理権の存在

※1　請求の放棄・認諾をするに際して、相手方の同意は要件となっていない。予R3-42-イ
※2　請求の放棄・認諾は1個の金銭債権の一部についてもすることができる。H23-71-エ

5 請求の放棄・認諾の手続、効果

❶ 手 続	ⅰ 裁判所に対する口頭の陳述	○口頭弁論期日、弁論準備手続期日のほか、和解期日における口頭の陳述によって行う（266Ⅰ）。期日外での請求の放棄・認諾は認められていない H23-71-ア・イ、H20-70-1、予R3-42-ア ○被告が最初の口頭弁論などの期日に欠席しても、それ以前に準備書面に放棄・認諾の旨を記載して提出していれば、裁判所の判断で放棄・認諾の陳述が擬制される（266Ⅱ、261Ⅲただし書参照） 予H29-43-4 ○請求の放棄・認諾は裁判所に対する意思表示であるから、相手方が欠席した場合でもできる。ただし、放棄については被告の請求棄却の申立てがあるまでできない H23-71-ウ
	ⅱ 要件の調査と調書への記載	
❷ 効 果	ⅰ 訴訟の終了 ⅱ 執行力・形成力 　→認諾調書は、請求認容の確定判決と同視されるから、給付請求についての認諾調書には執行力が生じる（267、民執22⑦） ⅲ 既判力 　→判例は、既判力は認めるべきであるが、その意思表示に実体法上の無効・取消し原因が存するときは、放棄・認諾は無効であり、既判力も生じないとする制限的既判力説を採用している（大判大4.12.28）	

※　令和4年法律第48号により、261条3項ただし書は削除され、4項に規定された。また、267条に2項が新設され、267条は267条1項となる。なお、この法律は、公布日より4年以内に施行される。

12章
当事者の意思による訴訟終了

〈CORE TRAINING〉3　訴訟上の和解

CORE TRAINING

03　訴訟上の和解

□□□　建物明渡請求訴訟において、被告が請求原因事実を全て認め、抗弁を提出しなかった場合であっても、当事者は、建物明渡期限の猶予を内容とする和解をすることができる。予R1-34-4

➡ 互譲の内容及び程度は問題とならない　6 ❶ ii　　○

□□□　裁判所は、口頭弁論の終結後に和解を試みる場合には、口頭弁論の再開を命じなければならない。予R1-34-1

➡ 89参照。口頭弁論の再開を命じなければならないとする規定はない　6 ❷ i　　×

□□□　口頭弁論の終結後においてする和解の期日に、口頭弁論終結時の裁判官以外の裁判官が関与することは許される。H25-64-ウ

➡ 89　6 ❷ ii　　○

□□□　裁判所は、当事者双方のための衡平を考慮し、職権で、事件の解決のために適当な和解条項を定めることができ、当事者双方がその和解条項の告知を受けたときは、訴訟上の和解が調ったものとみなされる。予R3 42 エ

➡ 申立てが必要であり、職権ですることはできない。265 I　6 ※1　　×

□□□　訴訟上の和解によって訴訟が終了したが、その後その和解の内容である私法上の契約が債務不履行により解除されるに至ったとしても、そのことによっては、一旦終了した訴訟は復活しない。予R4-43-エ 、予R3-42-オ

➡ 最判昭43.2.15（百選94事件）6 ※2　　○

194

〈CORE TRAINING〉3　訴訟上の和解

CORE PLUS

6 訴訟上の和解の性質・手続

❶ 性 質	ⅰ 期日	訴訟上の和解は、訴訟係属中の期日においてなされる点で、訴訟係属前の起訴前和解 (275) や期日外でなされる裁判外の和解 (民695) と区別される
	ⅱ 互譲	○ 和解といえるためには、当事者が訴訟物たる権利関係や、これに付随する権利関係について相互に譲歩することを要する ○ 互譲の程度・内容は問われないから、被告が請求原因事実の存在及び内容を全面的に認める場合でも、当事者は、建物明渡期限の猶予を内容とする和解をすることができる 予R1-34-4
	ⅲ 法的性質	判例・通説は、訴訟上の和解は、1個の行為であるが、私法上の和解たる性質と訴訟行為たる性質を同時に有するものとしている (最判昭38.2.12)。訴訟法と実体法が競合的に適用され、その結果、訴訟上の要件・実体上の要件のいずれが欠けても、訴訟上の和解が全体として無効となる
❷ 手 続	ⅰ	期日において両当事者が口頭で申述する。審級のいかんを問わないので、裁判所は、訴訟係属後であれば、控訴審や上告審でも、口頭弁論終結後でさえも当事者に和解を勧めることができる (民訴89) 予R1-34-1
	ⅱ	裁判所は和解のための特別の期日 (和解期日) を定めて受命裁判官・受託裁判官に担当させることができる H25-64-ウ
	ⅲ	訴訟代理人がいても、本人又は法定代理人の出頭を命じ (民訴規32Ⅰ)、それに従わないと訴訟費用を負担させることができる (民訴63)

※1　当事者の共同の申立てが必要であり、職権で和解をすることはできない (265Ⅰ)。
予R3-42-エ

※2　和解が解除されても、解除後の紛争は和解により成立した義務の不履行を内容としており、訴訟終了効に影響するものではない (最判昭43.2.15百選94事件)。予R4-43-エ 、予R3-42-オ

12章 当事者の意思による訴訟終了

195

〈CORE TRAINING〉3　訴訟上の和解

CORE TRAINING

□□□　訴訟上の和解が成立した場合には、和解の当事者は、その和解の内容である私法上の契約に係る意思表示の重要な部分に錯誤があったとして当該和解の効力を争うことはできない。予R4-43-ウ

➡ 最判昭33.6.14
（百選93事件）
7
✕

CORE PLUS

7 当事者の意思による訴訟終了

	訴えの取下げ	請求の放棄・認諾	訴訟上の和解
意　義	訴えによる審判要求を取り下げる旨の裁判所に対する原告の意思表示	○請求の放棄＝請求に理由がないことを認める原告の裁判所に対する期日における意思表示 ○請求の認諾＝請求に理由があることを認める被告の裁判所に対する期日における意思表示	訴訟係属中の両当事者が、訴訟物をめぐる主張につき、互譲により訴訟の全部又は一部を終了させる旨の期日における合意
	処分権主義に基づく紛争解決手段		
主　体	原　告	○請求の放棄→原告 ○請求の認諾→被告	両当事者
当事者の同意	被告が請求の当否につき弁論等をした場合には、被告の同意が必要（261Ⅱ本文）	不　要	必　要
紛争解決の基準の提示	な　し	あ　り	
訴訟要件の具備の要否	不　要	必　要	○訴訟要件一般は不要 ○当事者の実在・専属管轄に反しないことは必要
手　続	書面又は期日では口頭でも可能（261Ⅲ）	○期日における口頭又は書面（266Ⅰ） ○擬制放棄・認諾（266Ⅱ）	原則：期日における互譲合意 例外：ⅰ　一方当事者不出頭型 　　　ⅱ　裁定型
	訴訟終了		
効　果	○訴訟係属の遡及的消滅（262Ⅰ） ○本案の終局判決後に取り下げた場合、再訴禁止（262Ⅱ）	確定判決と同一の効力（267）	
既判力	な　し	原則：あり 例外：意思表示の瑕疵による無効・取消しの主張は可能 　　　（最判昭33.6.14百選93事件）予R4-43-ウ	

※　令和4年法律第48号により、261条3項ただし書は削除され、4項に規定された。なお、この法律は、公布日より4年以内に施行される。

第1節　裁判

No. 050　判　決

予H29-40

□　月　日
□　月　日
□　月　日

判決に関する次の1から5までの各記述のうち、正しいものはどれか。

1．判決は、言渡しによってその効力を生じ、当事者が上訴をする場合には、判決の言渡しの日の翌日から14日以内にしなければならない。

2．判決書の原本は、判決の言渡し後に作成することもできる。

3．判決の言渡しは、当事者双方が欠席した場合であっても、することができる。

4．判決の言渡しは、主文と理由を朗読する方法によりしなければならない。

5．裁判所書記官は、当事者の申請がなければ、判決書の正本や判決書に代わる調書の謄本を当事者に送達する必要はない。

13章　終局判決による訴訟終了

197

第5編　訴訟の終了

| No.
050 | 正解 3 | 判決の言渡しについての条文知識を中心に、判決に関する知識を整理しよう。 | 正答率
73.8% |

1　誤り。

　判決は言渡しによってその効力を生じる（250条）。もっとも、上訴期間の起算点は判決書又はそれに代わる調書の送達を受けた日からであり（285条本文、313条）、判決の言渡しの翌日からではない。

2　誤り。

　判決の言渡しは、判決書の原本に基づいてしなければならないから（252条）、言渡し前に判決書の原本が作成されていることが必要である。したがって、判決書の原本は、判決の言渡し後に作成することはできない。

＊　令和4年法律第48号により、判決の言渡しは、改正後252条1項の規定により作成された電子判決書に基づいてされることとなる（253条1項）。なお、この法律は、公布日より4年以内に施行される。

3　正しい。

　判決の言渡しは、当事者が在廷しない場合においてもすることができる（251条2項）。これは、当事者双方が口頭弁論期日に出頭しない場合には、原則として訴訟行為をすることができないが、判決の言渡しに当事者の訴訟行為は必要ないことから、規定された。

4　誤り。

　判決の言渡しは、裁判長が主文を朗読してしなければならないところ（民訴規155条1項）、裁判長は、相当と認めるときは、判決の理由を朗読し、又は口頭でその要領を告げることができる（同条2項）。したがって、判決の言渡しにおいては、理由を朗読しなければならないわけではない。

5　誤り。

　判決書又はこれに代わる調書は当事者に送達しなければならない（255条1項）。これは、判決の理由が必ずしも告知されるとは限らないし（民訴規155条1項、2項）、判決自体は当事者が在廷しなくても行い得ることから（民訴251条2項）、当事者が判決の内容を知る機会を提供するための規定である。

文献　試験対策講座385、516頁

第1節 裁判

No. 051	判決の確定		☐ 月 日
		H24-70	☐ 月 日
			☐ 月 日

判決の確定に関する次の1から5までの各記述のうち、誤っているものはどれか。

☐☐☐ 1．第一審判決が原告の請求の一部を認容し、その余を棄却するものであった場合には、当事者双方が控訴せず、いずれの控訴期間も満了した時に、第一審判決は確定する。

☐☐☐ 2．控訴審で控訴棄却の判決がされたときは、その確定とともに第一審判決も確定する。

☐☐☐ 3．控訴権を有する全ての当事者が控訴権を放棄したときは、控訴期間の満了前であっても、第一審判決は確定する。

☐☐☐ 4．判例の趣旨によれば、通常共同訴訟において、共同訴訟人の一人が控訴したときは、他の共同訴訟人についても判決の確定が遮断される。

☐☐☐ 5．上告審の終局判決は、その言渡しとともに確定する。

13章 終局判決による訴訟終了

199

第5編　訴訟の終了

| No. 051 | 正解 4 | 解説を読み、判決の確定に関する知識を整理しよう。 | 正答率 84.6% |

1　正しい。

　判決は、**不服申立ての利益を有する当事者に判決正本が送達された日**から、当事者が**上訴を提起することなく上訴期間を経過したときに確定**する（116条1項）。そして、請求の一部認容判決に対しては、当事者双方がそれぞれ認容されなかった部分について上訴の利益を有することから、本記述の場合には、当事者双方が控訴せず、いずれの控訴期間も満了したときに、第一審判決が確定することになる。

2　正しい。

　控訴棄却判決は、第一審判決に取り消されるべき原因がないことを判断の内容とするものであり（302条1項）、その確定により、第一審判決も確定する。

3　正しい。

　第一審判決は、控訴期間の満了前には確定しないものとされているが（116条1項）、控訴権を有するすべての当事者が控訴権を放棄したときは、控訴期間の満了前であっても、控訴権の放棄をした時点で確定する。

4　誤り。

　判決の確定は、控訴期間内にされた控訴の提起により、遮断される（116条2項）。もっとも、**通常共同訴訟においては、共同訴訟人の1人のした訴訟行為は、他の共同訴訟人に対して影響を及ぼさない**ことから（共同訴訟人独立の原則、39条）、共同訴訟人の1人が控訴をしても、その控訴により他の共同訴訟人について判決の確定が遮断されることはない。

5　正しい。

　判決はそれに対する**不服申立手段が尽きたときに確定**することから、**上訴が許されない判決は、言渡しと同時に確定**することになる。そして、上告審の終局判決は、上訴が許されない判決に当たる。

■**文献**／試験対策講座385、386、448頁

200

第2節 判決の効力／第3節 既判力

No. 052	論	確定判決の既判力	□ 月 日
		予H28-36	□ 月 日 □ 月 日

確定判決の拘束力に関する次の1から5までの各記述のうち、判例の趣旨に照らし誤っているものを2個選びなさい。

□□□　1．売買による所有権の取得を請求原因として買主が提起した所有権確認請求訴訟において、被告である売主が詐欺を理由として売買契約の取消しをすることができたのにこれをしないまま口頭弁論が終結し、請求を認容する判決が確定した場合には、売主は自己の所有権の確認を買主に対して求める後訴において当該取消しを主張して買主の所有権の取得を争うことができない。

□□□　2．貸金返還請求訴訟において、被告である借主が相殺適状にある反対債権を有していたものの、相殺の意思表示をしないまま口頭弁論が終結し、請求を容認する判決が確定した場合には、借主は、その確定判決について提起した請求異議の訴えにおいて、その後にした相殺の意思表示による債務の消滅の効果を請求異議の事由として主張することができる。

□□□　3．甲土地の所有権を主張するXが、Xからの贈与を原因とする所有権移転登記を有するYに対して贈与の不存在を理由に当該登記の抹消登記を求める抹消登記手続請求訴訟を提起した場合において、判決の理由中の判断においてXに甲土地の所有権があるとして、請求を認容する判決が確定したときは、YはXに対して甲土地の明渡しを求める後訴においてYが甲土地を所有する旨を主張することはできない。

□□□　4．土地の賃貸人から提起された建物収去土地明渡請求訴訟において、被告である借地人が建物買取請求権を行使しないまま口頭弁論が終結し、請求を認容する判決が確定した場合には、借地人は、その確定判決について提起した請求異議の訴えにおいて、その後にした建物買取請求権の行使の効果を請求異議の事由として主張することができない。

□□□　5．被相続人の貸金債務につき相続人が貸主から提起された貸金返還請求訴訟において、被告である相続人の限定承認の事実が認められ、相続財産の限度での債務の支払を命じる留保付判決が確定した場合には、貸主は、口頭弁論の終結の前に法定単純承認の事実があったとして、限定承認の効力を争い、無留保の判決を得るため、改めて貸金返還請求訴訟を提起することは、許されない。

第 5 編　訴訟の終了

| No. 052 | 正解 3、4 | 既判力に関する重要な判例である。しっかり復習しておこう。 | 正答率 80.9% |

1　正しい。

　判例は、**売買契約による所有権移転を請求原因とする所有権確認訴訟**で、当事者が**詐欺を理由とする契約の取消権**を行使できたのにもかかわらず、これを**行使しないまま口頭弁論を終結し、請求認容判決**が確定した場合、**後訴**において取消権を行使して売買契約により移転した所有権の存否を争うことは**許されない**としている（最判昭55.10.23百選77事件）。

2　正しい。

　判例は、「当該債務名義たる判決の**口頭弁論終結前**には**相殺適状**にあるにすぎない場合、**口頭弁論の終結後**に至って**はじめて相殺の意思表示**がなされたことにより債務消滅を原因として異議を主張するのは民訴法545条 2 項〔現民執35条 2 項〕の適用上**許される**」としている（最判昭40. 4 . 2 ）。

3　誤り。

　確定判決は、主文に包含するものに限り、既判力を有する（114条 1 項）。「主文に包含するもの」（同項）とは、訴訟物たる権利・法律関係の存否についての判断、又はその申立ての適法性に関する判断を意味し、それらの判断の前提となる**判決理由中の判断**は、相殺の抗弁を除き（114条 2 項）、**既判力を有しない**。したがって、本記述の場合、前訴におけるＸに甲土地の所有権があるという判決理由中の判断には既判力が生じないため、ＹはＸに対して甲土地の明渡しを求める後訴においてＹが甲土地を所有する旨を主張することができる。

4　誤り。

　判例は、借地人が**賃貸人から提起された建物収去土地明渡請求訴訟**の事実審口頭弁論終結時までに**建物買取請求権を行使しない**まま、当該請求を**認容する判決**が確定した場合であっても、借地人は建物買取請求権を行使し**請求異議の訴え**を提起したうえで、**建物買取請求権行使の効果を異議の事由として主張**することが**できる**としている（最判平 7 .12.15百選78事件）。

5　正しい。

　判例は、相続人が**限定承認**し、**相続財産の限度で支払を命じた留保付判決が確定**した場合には、訴訟物は給付請求権の存在と範囲であるが、限定承認は、訴訟物ではなく相続人の責任の範囲を画するものであるから、既判力は生じない。もっとも、**限定承認の存在と効果も訴訟物に準じて審理**され、**判決主文に明示**されるから、この点にも**既判力に準じた効力**が生じるとしたうえで、債権者は、前訴で主張できた口頭弁論終結前の限定承認と相容れない事実（例えば、民法921条の**法定単純承認の事実**）を後訴で主張して限定承認の存在と効力を争うことは、**許されない**としている（最判昭49. 4 .26百選85事件）。

文献　試験対策講座394〜409頁。判例シリーズ56事件、59事件

202

No. 053 確定判決の既判力

H25-70

確定判決の既判力に関する次の1から5までの各記述のうち、判例の趣旨に照らし誤っているものを2個選びなさい。

1．貸金返還請求訴訟において、被告がその債務につき消滅時効が完成していたのに援用の意思表示をしないまま口頭弁論が終結し、請求認容判決が確定した場合であっても、被告は、その後にした時効の援用の効果を請求異議の事由として主張することができる。

2．貸金返還請求訴訟において、被告が原告に対する反対債権を有し相殺適状にあったのに相殺の意思表示をしないまま口頭弁論が終結し、請求認容判決が確定した場合であっても、被告は、その後にした相殺の意思表示の効果を請求異議の事由として主張することができる。

3．売買による所有権の取得を請求原因として買主が提起した所有権確認訴訟において、売主である被告が詐欺を理由として当該売買契約の取消しをすることができたのにこれをしないまま口頭弁論が終結し、請求認容判決が確定した場合であっても、被告は、自己の所有権の確認を求める後訴において当該売買契約の取消しを主張して買主の所有権の取得を争うことができる。

4．土地の賃貸人から提起された建物収去土地明渡請求訴訟において、賃借人である被告が建物買取請求権を行使しないまま口頭弁論が終結し、請求認容判決が確定した場合であっても、被告は、その後にした建物買取請求権の行使の効果を請求異議の事由として主張することができる。

5．将来の賃料相当額の損害金請求を認容する判決が確定した場合であっても、その後、土地価格の昂騰等の事情によって当該判決の認容額が不相当となったときは、原告は、後訴により、当該認容額と適正賃料額との差額に相当する損害金の支払を求めることができる。

第5編 訴訟の終了

| No.
053 | 正解 **1、3** | 既判力に関する判例知識は論文式試験でも頻出
である。しっかりおさえておこう。 | 正答率
94.8% |

1 誤り。

判例は、給付訴訟において、債務者が**債権の消滅時効を援用せず**に口頭弁論が終結し、当該債務者の**敗訴判決**が確定した場合、当該債務者は、**後訴**において、当該債権が前訴の口頭弁論終結前に**時効**により**消滅**したことを主張することは**できない**としている（大判昭14．3．29）。

2 正しい。

前掲最判昭40年は、「相殺は当事者双方の債務が相殺適状に達した時において当然その効力を生ずるものではなくて、その一方が相手方に対し相殺の意思表示をすることによってその効力を生ずるものであるから、当該債務名義たる判決の**口頭弁論終結前**には**相殺適状にあるにすぎない場合**、口頭弁論の終結後に至ってはじめて**相殺の意思表示**がなされたことにより債務消滅を原因として異議を**主張する**」ことは**許される**としている。

3 誤り。

前掲最判昭55年（百選77事件）は、「**売買契約による所有権の移転を請求原因とする所有権確認訴訟**が係属した場合に、当事者が右売買契約の詐欺による**取消権を行使する**ことができたのにこれを**行使しない**で事実審の口頭弁論が終結され、右売買契約による所有権の移転を認める**請求認容の判決**があり同判決が**確定した**ときは、もはやその後の**訴訟において右取消権を行使**して右売買契約により移転した所有権の存否を争うことは**許されなくなる**」としている。

4 正しい。

前掲最判平7年（百選78事件）は、土地の**賃貸人から提起された建物収去土地明渡請求訴訟**において、賃借人が**建物買取請求権を行使しないまま口頭弁論が終結**し、**請求認容判決が確定した**場合であっても、賃借人は、**その後にした建物買取請求権行使の効果を請求異議の事由として主張することができる**としている。その理由として、同判決は、「建物買取請求権は、前訴確定判決によって確定された賃貸人の建物収去土地明渡請求権の発生原因に内在する瑕疵に基づく権利……とは別個の制度目的及び原因に基づいて発生する権利」であることから、「訴訟法上も、前訴確定判決の既判力によって同権利の主張が遮断されることはない」ことを挙げている。

5 正しい。

判例は、**将来の賃料相当額の損害金請求を認容**する**判決**が確定した場合であっても、**事実審口頭弁論終結後の諸事情によって当該判決の認容額が不相当**となったときは、原告は、後訴により、当該認容額と適正賃料額との**差額に相当する損害金の支払を求めることができる**としている（最判昭61．7．17百選83事件）。

文献 試験対策講座203、204、398〜402頁。判例シリーズ56事件、62事件

第3節　既判力

No.
054　論　　　　　　　　相　　殺
　　　　　　　　　　　　　　　　　　　H19-58

□　月　日
□　月　日
□　月　日

相殺に関する次のアからオまでの各記述のうち、判例の趣旨に照らし正しい
ものを組み合わせたものは、後記1から5までのうちどれか。

□□□　ア．AのBに対する売買代金の支払を求める訴訟において、BがAに対する
　　　　　貸金債権の一部をもって相殺する旨の抗弁を主張したところ、自働債権の
　　　　　成立が認められず、請求を認容する判決が確定した。その後、Bが同一の
　　　　　貸金債権のうち相殺をもって対抗した額を超える部分について訴えを提起
　　　　　して、その支払を請求することは、前訴判決の既判力により妨げられる。

□□□　イ．AのBに対する売買代金の支払を求める訴訟において敗訴判決を受けた
　　　　　Bが、請求異議訴訟において、Aに対する貸金債権による相殺を主張した
　　　　　ところ、自働債権の存在が認められず、請求を棄却する判決が確定した。
　　　　　その後、Bが同一の貸金債権について訴えの提起をして、その支払を請求
　　　　　することは、請求異議訴訟における判決の既判力により妨げられない。

□□□　ウ．AのBに対する売買代金の支払を求める訴訟において、BがAに対する
　　　　　貸金債権をもって相殺する旨の抗弁を主張している場合、AがBに対する
　　　　　請負代金債権をもって当該貸金債権と訴訟上相殺する旨の再抗弁を主張す
　　　　　ることは許される。

□□□　エ．BのAに対する貸金債権の支払を求める訴訟において、Bの訴えを却下
　　　　　する判決が確定した後、AのBに対する売買代金の支払を求める訴訟にお
　　　　　いて、Bが前訴と同一の貸金債権をもって相殺する旨の抗弁を主張するこ
　　　　　とは、前訴判決の既判力により妨げられない。

□□□　オ．BのAに対する貸金債権の支払を求める訴訟の係属中に、AのBに対す
　　　　　る売買代金の支払を求める別訴が提起された場合、当該別訴において、B
　　　　　が同一の貸金債権をもって相殺する旨の抗弁を主張することは許されない。

1．アイ　　　2．アウ　　　3．イオ　　　4．ウエ　　　5．エオ

13章　終局判決に
　　よる訴訟終了

205

第5編　訴訟の終了

| No. 054 | 正解 5 | 相殺の抗弁は論文式試験においても重要なテーマなので、関連する知識を整理しておこう。 | 正答率 83.1% |

ア　誤り。

　相殺の抗弁についての判断の既判力は、**相殺をもって対抗した額**に限り**生ずる**（114条2項）。したがって、本記述の場合、相殺をもって対抗した貸金債権の一部にのみ既判力が生じ、**それを超える部分**については、**既判力は生じない**ので、Bが同一の貸金債権のうち相殺をもって対抗した額を超える部分について**訴えを提起**して、その**支払を請求**することは、前訴判決の既判力により**妨げられない**（最判平10.6.12百選80事件参照）。

イ　誤り。

　114条2項は、「相殺のために主張した請求の成立又は不成立の判断は、相殺をもって対抗した額について既判力を有する」と規定し、既判力の生じる相殺についての判断を「相殺の抗弁」に限定していないことから、訴えを提起する債務者が相殺を行う場合にも、同項は適用される。すなわち、被告が債務名義を有する債権に対し、原告が相殺を理由に請求異議訴訟（民執35条）を提起する場合にも、自働債権の存否の判断に既判力が生じることになる。したがって、本記述の場合、自働債権たる貸金債権の不存在について既判力が生じるので、Bが同一の貸金債権について訴えの提起をして、その支払を請求することは、請求異議訴訟における判決の既判力により妨げられる。

ウ　誤り。

　判例は、「被告による訴訟上の相殺の抗弁に対し原告が**訴訟上の相殺を再抗弁**として主張することは、不適法として**許されない**」としている（最判平10.4.30百選44事件）。

エ　正しい。

　訴訟判決は、その判決で確定した訴訟要件の欠缺について、既判力を有する（東京地判平3.8.28参照）。本記述の場合、Bの訴えを却下する判決の既判力は、実体法上の請求権であるBのAに対する貸金債権の存否については及ばないため、Bが前訴と同一の貸金債権をもって相殺する旨の抗弁を主張することは、前訴判決の既判力により妨げられない。

オ　正しい。

　判例は、「係属中の**別訴**において**訴訟物**となっている**債権を自働債権として他の訴訟**において**相殺の抗弁を主張**することは**許されない**」としている（最判平3.12.17百選38①事件）。したがって、Bが、別訴において、同一の貸金債権をもって相殺する旨の抗弁を主張することは許されない。

文献　試験対策講座179～183、201～203、279～282、405～407頁。判例シリーズ27事件、61事件、63事件

206

第3節　既判力

No. 055　| 論 |　承継人の範囲　　予H29-42

□月　日
□月　日
□月　日

BがAから賃借した土地上に建物を建築し所有していたところ、Aは、Bに対し、土地賃貸借契約の終了に基づく建物収去土地明渡請求訴訟を提起した。この場合に関する次の1から5までの各記述のうち、誤っているものを2個選びなさい。

1．民事訴訟法第50条の「義務承継人」の範囲を訴訟物たる義務の引受けをした者と解すると、口頭弁論終結前にBがCに当該建物を貸し渡した事案では、Cに訴訟を引き受けさせることはできないこととなる。

2．民事訴訟法第115条第1項第3号の「承継人」の範囲を訴訟物たる権利の譲受け又は義務の引受けをした者と解すると、口頭弁論終結後にBがCに当該建物を貸し渡した事案では、Cに確定判決の効力が及ぶこととなる。

3．民事訴訟法第50条の「義務承継人」の範囲を紛争の主体たる地位の移転を受けた者と解すると、口頭弁論終結前にCがBに無断で空き家だった当該建物に入居した事案では、Cに訴訟を引き受けさせることができることとなる。

4．民事訴訟法第50条の「義務承継人」の範囲を紛争の主体たる地位の移転を受けた者と解すると、口頭弁論終結前にBがCに当該建物を売却してこれを引き渡し、その所有権移転登記をした事案では、Cに訴訟を引き受けさせることができることとなる。

5．民事訴訟法第115条第1項第3号の「承継人」の範囲を紛争の主体たる地位の移転を受けた者と解すると、口頭弁論終結後にBがCに当該建物を売却してこれを引き渡し、その所有権移転登記をした事案では、Cに確定判決の効力が及ぶこととなる。

（参照条文）民事訴訟法
（義務承継人の訴訟引受け）
　第50条　訴訟の係属中第三者がその訴訟の目的である義務の全部又は一部を承継したときは、裁判所は、当事者の申立てにより、決定で、その第三者に訴訟を引き受けさせることができる。
　2・3　（略）
（確定判決等の効力が及ぶ者の範囲）
　第115条　確定判決は、次に掲げる者に対してその効力を有する。
　　一　当事者
　　二　当事者が他人のために原告又は被告となった場合のその他人
　　三　前二号に掲げる者の口頭弁論終結後の承継人
　　四　前三号に掲げる者のために請求の目的物を所持する者
　2　（略）

13章　終局判決による訴訟終了

207

第5編　訴訟の終了

| No. 055 | 正解 2、3 | 承継人の範囲に関する複数の見解をおさえ、論理的帰結を問う問題の形式にも慣れておこう。 | 正答率 59.5% |

1　正しい。

　本記述では、50条の「義務承継人」の範囲を**訴訟物たる義務を引き受けた者**と解するところ、Aから賃借した土地上に建物を建築し所有しているBに対する請求の訴訟物は、**賃貸借契約の終了に基づく目的物返還請求権としての建物収去土地明渡請求権**であるのに対し、Aとの契約関係にないCに対する請求の訴訟物は、**所有権に基づく返還請求権としての建物退去土地明渡請求権**であり、両請求は債権的請求権か物権的請求権かという点で**訴訟物を異にする**から、Cは訴訟物たる義務を引き受けた者とはいえない。したがって、本記述の事案では、Cに訴訟を引き受けさせることはできないこととなる。

2　誤り。

　本記述では、115条1項3号の「承継人」の範囲を**訴訟物たる権利の譲受け又は義務の引受けをした者**と解するところ、1の解説で述べたように、Bに対する請求の訴訟物は、**賃貸借契約の終了に基づく目的物返還請求権としての建物収去土地明渡請求権**であるのに対し、Cに対する請求の訴訟物は、**所有権に基づく返還請求権としての建物退去土地明渡請求権**であり、両請求は**訴訟物を異にする**から、Cは訴訟物たる権利の譲受け又は義務の引受けをした者とはいえない。したがって、本記述の事案では、Cに確定判決の効力が及ぶことにはならない。

3　誤り。

　義務承継人の訴訟引受け（50条）は、訴訟の係属中第三者がその訴訟の目的である義務の全部又は一部を承継したときに、これをすることができるところ、本記述におけるCは、口頭弁論終結前にBに無断で空き家だった建物に入居した不法占有者にすぎず、そもそも**「義務……を承継した」**場合に該当しないことから、「義務承継人」の範囲についての見解の如何にかかわらず、訴訟を引き受けさせることはできない。

4　正しい。

　本記述では、50条の「義務承継人」の範囲を**紛争の主体たる地位の移転を受けた者**と解するところ、この見解は、**新請求と旧請求とが主要な争点（攻撃防御方法）を共通**にし、**承継人との紛争が旧当事者間の紛争から派生又は発展したものと社会通念上みられる**場合に承継を認めるものである。本記述におけるAのBに対する請求（旧請求）では、Bの土地賃借権の存否が主要な争点となると考えられるが、AのCに対する請求（新請求）でも、**Cが自らの占有権原を基礎付ける事情としてBの土地賃借権の存続を主張**することが考えられ、**両請求は主要な争点を共通にする**といえる。また、Cに対する請求は、口頭弁論終結前にBがCに建物を売却してこれを引き渡し、その所有権移転登記をしたことによって、**係争物たる土地の占有がCに移転したことに基づく**ものであるから、Cとの紛争は、AB間の紛争から派生・発展したものと社会通念上みることができる。

208

第3節　既判力

したがって、本記述の事案では、Cに訴訟を引き受けさせることができることとなる。

5　正しい。
　本記述では、115条1項3号の「承継人」の範囲を、**紛争の主体たる地位の移転を受けた者**と解するところ、この見解は、「**前訴で解決された紛争及びそこから派生した紛争の主体たる地位を基準時後に取得した者**」を承継人とするものである。そして、この「前訴で解決された紛争及びそこから派生した紛争の主体たる地位を基準時後に取得した者」には、①基準時後に、**訴訟物たる権利又は義務自体の主体**となった者と、②**訴訟物たる権利関係**又はこれを**先決関係とする権利関係**について基準時後に**当事者適格を取得した者**の2種類がある。本記述において、Cは、土地賃貸借契約の終了に基づく建物収去土地明渡請求訴訟の被告であるBから、当該訴訟の口頭弁論終結後に建物を譲り受けており、②訴訟物たる権利関係を先決関係とする権利関係について基準時後に当事者適格を取得した者に当たる。したがって、本記述の事案では、Cに確定判決の効力が及ぶこととなる。

文献　試験対策講座411、412、497～503頁

13章　終局判決による訴訟終了

209

〈CORE TRAINING〉 1 裁判

CORE TRAINING

01 裁判

□□□ 判決は裁判所による裁判であるが、決定は裁判長による裁判である。予H28-34-ア

➡ 決定も裁判所による裁判 ①❶ ×

□□□ 判決は公開の法廷における言渡しによってその効力を生ずるが、決定は相当と認める方法で関係人に告知することによってその効力を生ずる。予H28-34-イ

➡ 憲82 I、民訴250、119 ①❸ ○

□□□ 判決書には、株式会社の代表者を記載しなければならない。H25-59-5

➡ 37・253 I ⑤ ①＊1 ○

＊ 令和4年法律第48号により、「253条1項5号」は「252条1項5号」に改正された。また、判決の言渡しは、電子判決書に基づいてされることになる（253条1項）。なお、この法律は、公布日より4年以内に施行される。

□□□ 裁判所は、被告が口頭弁論において原告の主張した事実を争わず、その他何らの防御の方法も提出しない場合に、判決書の原本に基づかないで原告の請求を認容する判決をするときは、当事者の意見を聴かなければならない。予H30-36-2

➡ 254 I ① ①＊2 ×

＊ 令和4年法律第48号により、254条1項中の「第252条」「判決書原本」はそれぞれ「前条」「電子判決書」に改正された。なお、この法律は、公布日より4年以内に施行される。

□□□ 請求の一部について判断を脱漏した判決に対して控訴が提起された後は、第一審裁判所は、脱漏部分について追加判決をすることができない。H22-67-5

➡ 258 I 参照 ②❶ⅲ ×

210

〈CORE TRAINING〉 1 裁判

CORE PLUS

1 裁判の種類

		判　決	決　定	命　令
❶	主　体	裁判所 予H28-34-ア		裁判官（137等）*4
❷	審理方法	必要的口頭弁論（87 I 本文）	任意的口頭弁論（87 I ただし書）	
❸	告知方法	判決書・言渡し（252、253）*1、*2、*3	相当と認める方法（119）予H28-34-イ	
❹	上訴方法	控訴・上告	抗告・再抗告	
❺	裁判事項	重要事項	付随的事項	
❻	判事補	単独では不可	単独で可（123）	

＊1　判決書には253条1項各号の記載が必要であるが、当事者が株式会社の場合には、株式会社の代表者を記載する必要がある（37・253 I ⑤）。H25-59-5　なお、令和4年法律第48号により、253条1項各号は、252条1項各号となる。この法律は、公布日より4年以内に施行される。
＊2　被告が口頭弁論において原告の主張した事実を争わず、その他何らの防御の方法も提出しない場合や、被告が公示送達による呼び出しを受けたにもかかわらず口頭弁論の期日に出頭しない場合において、原告の請求を認容するときは、判決の言渡しは、判決書の原本に基づかないですることができる（調書判決、254 I ①、②）。予H30-36-2
＊3　令和4年法律第48号により、判決の言渡しは、改正後252条1項の規定により作成された電子判決書に基づいてされることとなる（253条1項）。なお、この法律は、公布日より4年以内に施行される。
＊4　令和4年法律第48号により、137条が改正され、訴えの提起の手数料を納付しない場合の補正命令は裁判長の権限ではなくなった。なお、この法律は、公布日より4年以内に施行される。

2 判決の種類

❶ 終局判決	ⅰ 全部判決	同一訴訟手続で審理されている事件の全部を同時に完結させる終局判決をいう	
	ⅱ 一部判決	同一訴訟手続で審理されている事件の一部を、他の部分と切り離して完結する終局判決をいう（243 II）。一部判決も終局判決であることから、独立して上訴の対象となる	
	ⅲ 追加判決	裁判所が全部判決をしたつもりで請求の一部につき裁判を脱漏してしまった場合、脱漏した部分はなお当該裁判所に係属していることとなるところ（258 I）、この場合に裁判所が職権又は当事者の申立てによってする脱漏した部分の判決をいう H22-67-5	
❷ 中間判決		○訴訟の進行過程において、当事者間で争点となった訴訟法上・実体法上の事項につき、審理の途中で判断を示して終局判決を容易ならしめるために準備するための判決をいう ○終局判決ではなく、既判力・執行力は生じない	

13章 終局判決による訴訟終了

211

〈CORE TRAINING〉1　裁判／2　判決の効力

CORE TRAINING

□□□　受訴裁判所が合議体である場合において、判決について
の評議が終了した後に、評議に関与した裁判官の一部が判決書
に署名押印することができなくなっても、判決の成立は妨げら
れない。 H22-67-1

⮕ 大判昭15.3.9
参照　③❶ⅱ　〇

□□□　訴訟費用は、敗訴の当事者が負担するのが原則であるが、
裁判所は、事情により、勝訴の当事者に、その権利の伸張又は
防御に必要でない行為によって生じた訴訟費用の全部又は一
部を負担させることができる。 予H27-34-4

⮕ 61、62　③❷ⅰ　〇

□□□　当事者が適切な時期に攻撃防御方法を提出しないこと
により訴訟を遅滞させたときは、裁判所は、その当事者に、そ
の勝訴の場合においても、遅滞によって生じた訴訟費用の全部
又は一部を負担させることができる。 H23-64-オ

⮕ 63　③❷ⅱ　〇

□□□　裁判所は、終局判決において、当事者の申立てがなくて
も、訴訟費用の負担について裁判をしなければならない。
予H27-34-1

⮕ 67Ⅰ本文　③❷
ⅲ　〇

□□□　訴訟費用の負担の裁判の対象となる訴訟費用には、当事
者が任意で選任した訴訟代理人である弁護士に対して支払う
報酬も含まれる。 予H27-34-2

⮕ 67、民訴費2各
号参照　③❷ⅳ　✕

□□□　当事者が裁判所において和解をした場合における和解
の費用は、その負担について特別の定めをしなかったときは、
当事者双方が半分ずつ平等に負担する。 予H27-34-5

⮕ 68　③❷ⅴ　✕

□□□　訴訟上の救助の決定は、申立て又は職権ですることがで
きる。 予H27-34-3

⮕ 82Ⅰ本文　③❷
ⅵ　✕

02　判決の効力

□□□　判決を言い渡した裁判所は、当該判決に計算違い、誤記
その他これらに類する明白な誤りがあるとき以外は、言渡し後
にそれを変更することができない。 予H28-34-エ

⮕ 256Ⅰ、257Ⅰ　✕
④❶ⅰ

212

〈CORE TRAINING〉1　裁判／2　判決の効力

CORE PLUS

③ 判決の成立と訴訟費用

❶ 判決の成立	i 判決は、口頭弁論に関与した裁判官によってなされなければならない (249 I)。したがって、弁論終結後、裁判所内部で判決内容が確定する前に裁判官の交代があった場合には、弁論を再開して更新の手続をとる必要があるが (249 II)、既に判決の内容が確定していればこうした更新手続は不要である ii 受訴裁判所が合議体である場合において、判決についての評議が終了した後に、評議に関与した裁判官の一部が判決書に署名押印することができなくなっても、判決の成立は妨げられない (大判昭15.3.9 参照) H22-67-1
❷ 訴訟費用	i 訴訟費用は、敗訴の当事者が負担するのが原則であるが (61)、裁判所は、事情により、勝訴の当事者に、その権利の伸長又は防御に必要でない行為によって生じた訴訟費用の全部又は一部を負担させることができる (62) 予H27-34-4 ii 当事者が適切な時期に攻撃防御方法を提出しないことにより訴訟を遅滞させたときは、裁判所は、その当事者に、その勝訴の場合においても、遅滞によって生じた訴訟費用の全部又は一部を負担させることができる (63) H23-64-オ iii 裁判所は、事件を完結する裁判において、職権で、その審級における訴訟費用の全部について、その負担の裁判をしなければならない (67 I 本文) 予H27-34-1 iv 訴訟費用の負担の裁判 (67) の対象となるのは、民事訴訟費用等に関する法律 2 条各号に列挙された費用を指し、任意で選任した訴訟代理人たる弁護士に対して支払う報酬は含まれない 予H27-34-2 v 当事者が裁判所において和解をした場合において、和解の費用又は訴訟費用の負担について特別の定めをしなかったときは、その費用は、各自が負担する (68) 予H27-34-5 vi 訴訟の準備及び追行に必要な費用を支払う資力がない者などに対して、裁判所は、申立てにより、訴訟上の救助の決定をすることができる (82 I 本文) 予H27-34-3

④ 判決の変更と更正

	i 判決の変更 (256) [*1]	ii 判決の更正 (257) [*2]
❶ 事　　由	法令違反 予H28-34-エ	計算違い・誤記その他明白な誤り
❷ 手　　続	職権による	申立て又は職権による
❸ 期　　間	確定前の言渡し後 1 週間以内	いつでもよい
❹ 審　　理	口頭弁論を経ない	任意
❺ 裁判形式	判決	決定
❻ 不服申立手段	上訴	即時抗告

*1　令和 4 年法律第48号により、256条 3 項が電子呼出状による送達の場合に改正された。なお、この法律は、公布日より 4 年以内に施行される。

*2　令和 4 年法律第48号により、257条 3 項が新設され、判決の更正の申立てへの却下に対して即時抗告ができることが明文化された。なお、この法律は、公布日より 4 年以内に施行される。

13章 終局判決による訴訟終了

213

〈CORE TRAINING〉2 判決の効力／3 既判力

CORE TRAINING

□□□ 原告が被告の住所を知りながらこれを不明としてした申立てに基づき訴状等の公示送達が実施されたため、被告が訴え提起の事実を知らないまま被告敗訴の第一審判決が下され、その後、控訴期間を徒過した場合には、当該被告は、控訴を追完することができる。予H27-31-1

➡ 最判昭42.2.24（百選A12事件）⑤❷ ○

03 既判力

□□□ XY間の甲土地の売買契約が錯誤により取り消されて無効であることを理由としてXがYに対して提起した所有権に基づく所有権移転登記抹消登記手続を求める訴えに対し、重要な錯誤でないとして、請求を棄却する判決が確定した場合に、YがXに対して当該売買契約に基づき甲土地の引渡しを求める後訴において、Xが錯誤が重要であると主張することは、前訴の確定判決の既判力に抵触し、許されない。予H30-41-4改題

➡ 前訴と後訴の訴訟物は同一、先決、矛盾のいずれの関係にもない ⑥ ✕

□□□ XがYに対して所有権に基づき建物の明渡しを求める訴えを提起し、Xの建物の所有権の取得が認められないとして請求を棄却する判決が確定した後、XがYに対して当該建物について同一の取得原因を主張して所有権の確認を求める訴えを提起した場合において、後訴裁判所がXの請求を認容する判決をすることは、前訴の確定判決の既判力に反し許されない。予R2-37-1

➡ 前訴と後訴の訴訟物が同一、先決、矛盾のいずれの関係にもない ⑥ ⅲ ✕

□□□ XがYに対して売買契約の詐欺取消しを理由として売買代金相当額の不当利得の返還を求める訴えを提起し、詐欺の事実が認められないとして請求を棄却する判決が確定した後、XがYに対して当該売買契約について通謀虚偽表示による無効を理由として売買代金相当額の不当利得の返還を求める訴えを提起した場合において、後訴裁判所がXの請求を認容する判決をすることは、前訴の確定判決の既判力に反し許されない。予R2-37-2

➡ 前訴と後訴の訴訟物が同一である ⑥ ❶ ○

□□□ XがYに対して消費貸借契約に基づき貸金の返還を求める訴えを提起し、YのXに対する金員の支払が弁済に当たるとして請求を棄却する判決が確定した後、YがXに対して当該消費貸借契約に基づく貸金債務についてその金員の支払の前に債務免除があったとして、支払った金員の額の不当利得の返還を求める訴えを提起した場合において、後訴裁判所がYの請求を認容する判決をすることは、前訴の確定判決の既判力に反し許されない。予R2-37-3

➡ 前訴と後訴の訴訟物が同一、先決、矛盾のいずれの関係にもない ⑥ ✕

214

〈CORE TRAINING〉2　判決の効力／3　既判力

C O R E　P L U S

5　97条1項本文の「責めに帰することができない事由」

❶ 意義	一般に、通常人の払うであろう注意をもってしては避けられないと認められる事由をいい、積雪のための汽車の遅延や、震災による通信の途絶などの予期しない天変地異による控訴状の延着が挙げられる
❷ 公示送達の不知	判例は、原告の権利行使の機会と、被告の正当な権利主張の機会の保障の調和を図るため、「責めに帰することができない事由」の判断に当たっては被告側の事情だけでなく公示送達によらざるを得なかった原告側の事情も総合的に考慮している（最判昭42.2.24百選A12事件） →原告が転居先を容易に知り得たのに安易に転居先不明とした場合や、原告が被告の住所を知りながらこれを不明とした場合には、「責めに帰することができない事由」に該当することになる　予H27-31-1

※　令和4年法律第48号により、責めに帰することができない事由として「裁判所の使用に係る電子計算機の故障」が例示として追加された。なお、この法律は、公布日より4年以内に施行される。

6　既判力が作用する場面　予R2-37-3、予H30-41-4改題

各類型の具体化と既判力が作用する根拠
❶ 同一関係　前訴でXがYに対して所有権確認請求訴訟を提起し、請求棄却判決が確定した後、XがYに対し再び所有権確認請求を行った場合など、前訴と後訴の訴訟物が同一である場合。なお、同一関係に当たるか否かは訴訟物を基準に判断されるから、判決の理由中判断に当たる部分が異なっていても、訴訟物が同一である限りは同一関係に当たることとなる　予R2-37-2
❷ 先決関係　前訴でXがYに対して所有権確認請求訴訟を提起し、請求認容判決が確定した後、Xが同一の土地について所有権に基づく明渡請求訴訟を提起した場合など。この場合には、後訴において前訴で判断したXの所有権の有無が判断の前提となるから、訴訟物が異なるとしても、先決関係に当たるとして後訴に前訴の既判力が作用することとなる
❸ 矛盾関係　前訴でXがYに対して所有権確認請求訴訟を提起し、請求認容判決が確定した後、YからXに対して同じ土地の所有権確認請求訴訟が提起された場合など。この場合には、民法上の一物一権主義から、前訴でX所有と確認された土地を後訴でY所有と認めることはできず、訴訟物は異なるとしても、矛盾関係に当たるとして後訴に前訴の既判力が作用することとなる

	前訴の判決	後訴の判決	既判力	作用類型
i	X所有権確認の判決	X所有権の確認請求	○	同一関係
	訴訟物：Xの所有権	訴訟物：Xの所有権		
ii	X所有権確認の判決	X所有権に基づく明渡請求	○	先決関係
	訴訟物：Xの所有権	訴訟物：Xの明渡請求権		
iii	X所有権に基づく明渡請求の棄却判決	X所有権の確認請求	× 予R2-37-1	―
	訴訟物：Xの明渡請求権	訴訟物：Xの所有権		
iv	X所有権確認の判決	Y所有権確認の判決	○	矛盾関係
	訴訟物：Xの所有権	訴訟物：Yの所有権		

13章　終局判決による訴訟終了

215

〈CORE TRAINING〉 3　既判力

CORE TRAINING

□□□　XがYに対して土地の所有権の確認を求める訴えを提起し、請求を認容する判決が確定した後、YがXに対して当該土地の所有権の確認を求める訴えを提起した場合において、後訴裁判所が、当該土地について前訴の口頭弁論の終結後にXから所有権を取得したとのYの主張を認めてYの請求を認容する判決をすることは、前訴の確定判決の既判力に反し許されない。予R2-37-4

➡ 口頭弁論終結後の事情、民執35Ⅱ参照　[7]　✕

□□□　手形の所持人から提起された振出人に対するいわゆる白地手形に基づく手形金請求訴訟において、白地部分が補充されず、請求を棄却する判決が確定した場合、当該手形の所持人は、その後に提起した訴えにおいて、当該白地部分を補充して振出人に対し手形上の権利の存在を主張することができる。H23-69-5

➡ 最判昭57.3.30（百選A26事件）[7]❹　✕

□□□　XはYに対して、甲土地の所有権の確認を求める訴えを提起し、その判決が確定した場合において、前訴判決がXの請求認容であったとする。その後Xから甲土地を借り受けたZが債権者代位権の行使としてYに対して甲土地の引渡しを求めたときには、Yは前訴判決基準時におけるXの所有権の存在と矛盾しない攻撃防御方法のみ提出できる。H20-69-4

➡ Xが甲土地の所有権を有する点についての前訴判決の既判力がYに及び（115Ⅰ①）、Zにも及ぶ（115Ⅰ③）[8]❶ i、ii　〇

□□□　XがYに有する貸金債権の連帯保証人Zに対して提起した保証債務履行請求の訴えに対し、請求を認容する判決が確定した後、XのYに対する貸金返還請求訴訟において、保証債務履行請求訴訟の事実審の口頭弁論終結時前にYが弁済したとして、請求を棄却する判決が確定した場合に、ZがXに対して保証債務履行請求訴訟の確定判決について提起した請求異議の訴えにおいて、貸金返還請求訴訟の確定判決を請求異議の事由として援用することは、許されない。予H30-41-5

➡ 最判昭51.10.21（百選90事件）[8]※　〇

216

CORE PLUS

7 基準時後の形成権の行使の可否

基準時は口頭弁論終結時と解されている（民執35Ⅱ参照）。予R2-37-4

	可否（判例）	理　由
❶ 無効の主張	否定	無効事由は、口頭弁論終結時よりも前に存在する。そして、無効事由が存在する法律行為は、形成権の行使を待つまでもなく、初めから無効なのであるから、無効の主張は、基準時後に変動事由を生じさせるものではない
❷ 取消権 （最判昭55.10.23百選77事件）	否定	請求権自体に付着する瑕疵である →無効の主張が遮断されることとのバランス
❸ 解除権	否定	取消権と同じと解される
❹ 白地補充権 （最判昭57.3.30百選A26事件） H23-69-5	否定	前訴の訴訟物も白地補充を前提とした現在の手形金請求であり、白地補充後の訴訟物と同一である（白地補充権も一種の形成権と解されるが、その行使で新たな事情により権利変動を生じたと捉えていないものと思われる）。また、手形所持人の意思でいつでも補充できた
❺ 時効援用権 （大判昭14.3.29）	否定	前訴での主張を期待しても酷ではない
❻ 相殺権 （最判昭40.4.2）	肯定	請求債権と自働債権とは別個のものである。実質的には敗訴であり、前訴での行使を期待するのは酷といえる
❼ 建物買取請求権 （最判平7.12.15百選78事件）	肯定	○請求権自体に付着する瑕疵ではない ○建物買取請求権は、建物の社会的効用を維持するという政策上別個の制度目的・原因に基づく ○実質的には敗訴であり、前訴での行使を期待するのは酷といえる

8 既判力の主観的範囲

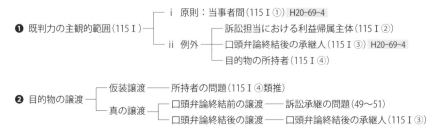

※　判例は、当事者間に既判力を生じたことが、当事者の一方と特殊な関係にある第三者に反射的に有利又は不利に影響を及ぼす効力たる反射効を否定し、主債務者に対する確定判決の既判力は第三者たる連帯保証人に拡張されないとしている（最判昭51.10.21百選90事件）。予H30-41-5

〈CORE TRAINING〉4　執行力

CORE TRAINING

04　執行力

□□□　財産上の請求に関する判決であって手形又は小切手に
よる金銭の支払及びそれに附帯する法定利率による損害賠償
の請求に関するもの以外のものについては、裁判所は、当事者
の申立てがなければ、仮執行宣言をすることができない。H25-
71-1　　⬤ 259 I　⑨❶　✕

□□□　裁判所は、判決に仮執行宣言を付すときは、申立てによ
り又は職権で、担保を立てて仮執行を免れることができること
を宣言することができる。H25-71-2　　⬤ 259Ⅲ　⑨❷ii　◯

□□□　控訴裁判所は、第一審判決について不服の申立てがない
部分に限り、当事者の申立てにより、決定で、仮執行宣言をす
ることができる。H25-71-5　　⬤ 294　⑨❷iii　◯

□□□　仮執行宣言は、本案判決を変更する判決の言渡しにより、
仮執行宣言を取り消す裁判をしなくても、変更の限度において
その効力を失う。H25-71-3　　⬤ 260 I　⑨❸　◯

□□□　判例の趣旨によれば、貸金返還請求訴訟において、債権
者が、仮執行宣言付きの第一審判決に基づく強制執行によって
弁済を受けた場合には、控訴裁判所は、その弁済の事実をしん
酌して第一審判決を取り消し、請求を棄却すべきである。H25-
71-4　　⬤ 最判平24.4.6
参照　⑨※　✕

CORE PLUS

⑨ 仮執行宣言

❶ 要　件	財産上の請求に関する判決で、必要があると認められること（259 I）H25-71-1
❷ 裁　判	i　裁判所は裁量により無条件とし又は担保を供させることができる（259 I） ii　裁判所は、申立てにより又は職権で、担保を立てて仮執行を免れることができることを宣言することができる（259Ⅲ）H25-71-2 iii　控訴裁判所は、第一審判決について不服の申立てがない部分にかぎり、申立てにより、決定で、仮執行の宣言をすることができる（294）H25-71-5
❸ 失　効	仮執行の宣言は、その宣言又は本案判決を変更する判決の言渡しにより、変更の限度においてその効力を失う（260 I）H25-71-3

※　仮執行宣言付きの第一審判決に基づく強制執行によって債権者が弁済を受けた場合であ
っても、控訴裁判所は、その弁済の事実を考慮せず、請求の当否を判断する（最判平
24.4.6参照）。H25-71-4

第**6**編

複雑訴訟

第1節　訴えの客観的併合

No.
056

請求の併合

H26-60

☐　月　日
☐　月　日
☐　月　日

　請求の併合に関する次の1から5までの各記述のうち、誤っているものを2個選びなさい。

☐☐☐　1．配偶者の不貞行為を理由として離婚の訴えを家庭裁判所に提起する場合には、原告は、被告に対する当該不貞行為による慰謝料請求を併合することができる。

☐☐☐　2．土地の所有者が地上建物の所有者に対して建物収去土地明渡しを求める訴えを当該土地の所在地を管轄する裁判所に提起する場合には、原告は、被告に対する貸金返還請求を併合することができない。

☐☐☐　3．土地の明渡請求と当該土地の明渡しまでの賃料に相当する額の損害の賠償請求とが一の訴えでされた場合には、裁判所は、各請求について判決をする必要がある。

☐☐☐　4．消費貸借契約に基づく貸金100万円の支払請求と、仮に当該契約が無効であるときには不当利得として同額の支払を求める請求とが一の訴えでされた場合において、裁判所は、前者の請求を認容するときは、後者の請求について判決をする必要はない。

☐☐☐　5．不特定物の引渡しの請求とその執行不能の場合における代償請求とが一の訴えでされた場合において、裁判所は、前者の請求を認容するときは、後者の請求について判決をする必要はない。

14章

複雑請求訴訟

221

第6編　複雑訴訟

No.
056

正解　**2、5**

客観的併合の要件と各併合形態の定義を確認しよう。

正答率
81.3%

1　正しい。

　数個の請求は、同種の訴訟手続による場合に限り、1つの訴えですることができる（136条）。ただし、本記述のように、人事訴訟に係る請求と当該請求の原因である事実によって生じた損害の賠償に関する請求は、136条の規定にかかわらず、1つの訴えですることができるとされている（人訴17条1項）。

2　誤り。

　請求の客観的併合の場合、各請求について受訴裁判所に管轄権があることが要件となるが、受訴裁判所が4条から6条の2まで（6条3項を除く）の規定により1つの請求について管轄権を有するときは、他の裁判所の法定専属管轄に属する請求を除き（13条）、本来的には管轄権のない他の請求についても管轄権が生じる（7条本文）。したがって、本記述の場合には、建物収去土地明渡しを求める訴えについて、当該土地の所在地を管轄する裁判所が管轄権を有することから（5条12号）、貸金返還請求についても併合することができる。

3　正しい。

　相互に両立し得る複数の請求を並列的に併合し、そのすべてにつき判決を求める場合を請求の**単純併合**という。単純併合の場合、裁判所は、併合された**すべての請求について判決をしなければならない**。本記述の訴えは単純併合に当たるため、裁判所は、各請求について必ず判決を言い渡さなければならない。

4　正しい。

　法律上相互に両立し得ない複数の請求に順位を付して、主位的請求の認容を解除条件として、**予備的請求の審判を求める場合**を、請求の**予備的併合**という。本記述の訴えは予備的併合に当たるため、裁判所は、主位的請求である前者の請求を認容するときは、後者の請求について判決をする必要はない。

5　誤り。

　不特定物の引渡しの請求とその執行不能の場合における代償請求とが1つの訴えでされた場合、前者は**現在給付の訴え**であり、後者は執行不能の時点における給付請求権の存在を主張する**将来給付の訴え**であって、両者は**両立する関係**にあることから、その併合形態は**単純併合**である。そして、3の解説で述べたように、請求の単純併合の場合、裁判所は、併合された**すべての請求について判決をしなければならない**。したがって、本記述の場合、裁判所は、前者の請求を認容するときでも、後者の請求について判決をしなければならない。

文献　試験対策講座110〜112、428〜431頁

222

〈CORE TRAINING〉 1 訴えの客観的併合

CORE TRAINING

01 訴えの客観的併合

□□□ 請求の予備的併合及び選択的併合においては、弁論を分離することは許されない。H24-72-1

➡ 1❷、❸　　○

□□□ XがYに対して選択的に債務不履行又は不法行為に基づく損害賠償を求める訴えを提起したところ、第一審裁判所は、不法行為に基づく損害賠償請求の一部を認容し、その余の請求を棄却するとの判決をした。これに対し、Yが控訴をしたが、Xは控訴と附帯控訴をしなかった場合において、控訴裁判所が不法行為に基づく損害賠償請求の全部を棄却すべきと判断したときは、控訴裁判所は、債務不履行に基づく損害賠償請求権の有無について判断するまでもなく、第一審判決を取り消してXの請求をいずれも棄却するとの判決をすることができる。
予R3-44-3

➡ 選択的併合の場合、一方の請求が認容されることが他方の解除条件となる。そのため、一方が棄却されれば他方について審理を求める原告の意思は全審級で維持される　　×

CORE PLUS

1 客観的併合の分類、審理・判決

		意　義	審理・判決
❶	単純併合	相互に両立し得る数個の請求を並列的に併合し、すべての請求について審判を求める併合形態	裁判の矛盾を防止するため弁論の分離や一部判決をすることが適当でないとされる場合を除き、原則として弁論の分離も一部判決も可能であり、それをするか否かは裁判所の裁量に委ねられている
❷	選択的併合	同一の目的を有し法律上両立し得る複数の請求を、そのうちの1つが認容されることを他の請求の審判申立ての解除条件とした併合形態	弁論の分離も一部判決も許されない H24-72-1
❸	予備的併合	法律上両立し得ない複数の請求に順位を付し、先順位の請求（主位請求）が認容されることを後順位の請求（副位請求）の審判申立ての解除条件とした併合形態	弁論の分離も一部判決も許されない H24-72-1

14章 複雑請求訴訟

223

〈CORE TRAINING〉2 訴えの変更

CORE TRAINING

02 訴えの変更

□□□ 債務者が第三者に無償で譲渡した不動産につき、債権者が詐害行為取消権を行使して所有権移転登記抹消登記手続請求訴訟を提起する場合において、訴訟係属中に被保全債権を甲債権から乙債権に変更することは、訴えの変更に当たる。 予H28-38-1

➡ 最判平22.10.19 ✕
2 ❶iv

□□□ 判例の趣旨によれば、いわゆる訴えの交換的変更においては、旧請求について訴えの取下げ及び相手方の同意又は請求の放棄がなくても、旧請求の訴訟係属は消滅する。 H26-61-3

➡ 最判昭32.2.28 ✕
（百選33事件）
2 ＊

□□□ 被告が主張する積極否認の内容となる重要な間接事実に立脚した新たな請求の追加的変更であっても、従前の請求と請求の基礎の同一性がない場合には、このような訴えの変更は、許されない。 H24-72-2 、予H30-37-ア 、予H28-38-4

➡ 最判昭39.7.10 ✕
2 ❶iii

□□□ 判例の趣旨によれば、ある土地の所有権確認請求訴訟において、原告が初め被告からのその売買による取得を主張し、後にその時効による取得を主張することは、訴えの変更に当たる。 H26-61-4

➡ 最判昭29.7.27 ✕
2 ❶iv

□□□ 離婚請求に当該婚姻の取消請求を追加することは、請求の基礎の変更にかかわらず、許される。 H26-61-5

➡ 人訴18 I 2 ※ ◯
1

□□□ 訴えの変更は、著しく訴訟手続を遅滞させる場合であっても、相手方の同意があるときは、許される。 H26-61-2 、予H28-38-3

➡ 最判昭42.10.12 ✕
参照 2 ❷

□□□ 控訴審における訴えの変更は、請求の基礎に同一性が認められる場合であっても、相手方の同意が必要である。 予H28-38-2

➡ 2 ❸ ✕

□□□ 訴えの変更を許さない旨の決定に対しては、独立の不服申立てをすることができない。 予H28-38-5

➡ 大決昭8.6.30 ◯
2 ※2

224

〈CORE TRAINING〉2　訴えの変更

CORE PLUS

② 訴えの変更の要件

❶ 請求の基礎に変更がないこと (143本文)	i 旧請求をめぐる裁判資料を新請求の審理に利用でき、かつ、新旧両請求の利益関係が、社会生活上共通する場合をいう ii 被告が同意あるいは異議なく応訴した場合には不要であるとされる (最判昭29.6.8) iii 相手方の陳述した事実に基づいて訴えの変更をする場合には、請求の基礎に変更があってもよい (最判昭39.7.10) H24-72-2 、予H30-37-ア 、予H28-38-4 iv なお、訴えの変更となるのは主として請求の趣旨の変更に限られ、詐害行為取消における債権者の被保全債権に係る主張が交換的に変更された場合 (最判平22.10.19) や、所有権確認請求訴訟における所有権の取得原因の変更 (最判昭29.7.27) については、攻撃防御の変更にすぎず、訴えの変更に当たらない H26-61-4 、予H28-38-1
❷ 著しく訴訟手続を遅滞させないこと (143ただし書)	被告の応訴・同意がある場合でも、従前の資料があまり利用できないなどの理由で手続が著しく遅れるような場合には、訴えの変更は許されない (最判昭42.10.12参照) H26-61-2 、予H28-38-3
❸ 事実審の口頭弁論終結前であること (143本文)	控訴審では、被告の同意を要せず訴えの変更はできるものとされている一方、法律審である上告審においては、請求の趣旨が変更となるだけで実質は旧請求のままと評価できる場合のような例外を除き、訴えの変更は許されない 予H28-38-2
❹ 請求の客観的併合の要件を満たしていること (136)	i 追加的変更のみならず交換的変更の場合にも要求される ii 交換的変更の場合で、裁判所が新請求について管轄権を有していないときであっても、裁判所は訴えの変更を許したうえで、新請求を管轄裁判所に移送すべきである (最判平5.2.18)
❺ 相手方の同意	交換的変更の場合、旧請求の係属を消滅させる点では訴えの取下げの場合と同様であるから、261条2項によって相手方の同意が要求されることとなる*

* 　判例は、訴えの交換的変更における旧請求について、訴えの取下げ及び相手方の同意又は請求の放棄がなければ、その訴訟係属は消滅しないとしている (最判昭32.2.28百選33事件)。 H26-61-3

※1　離婚請求訴訟などの人事訴訟に関しては、請求の基礎の変更にかかわらず、請求又は請求の原因の変更が許されている (人訴18 I)。 H26-61-5

※2　訴えの変更が許されない場合には、裁判所は申立て又は職権によって変更を許さない旨の決定をする (143Ⅳ) ところ、これに対する不服は終局判決に対する上訴の方法によることとなる (大決昭8.6.30)。 予H28-38-5

14章 複雑請求訴訟

225

〈CORE TRAINING〉3　反訴／4　中間確認の訴え

CORE TRAINING

03　反訴

□□□　判例によれば、土地の占有に基づく占有保持の訴えが係属している場合、被告は、所有権に基づく土地明渡しを求める反訴を提起することができる。H22-69-2

➡ 最判昭40.3.4（百選34事件）
3 ❶ ii
〇

□□□　反訴を提起することができるのは、本訴の事実審の口頭弁論の終結に至るまでである。H25-64-オ

➡ 146 I 柱書本文
3 ❷
〇

□□□　反訴の提起後に本訴が取り下げられた場合には、本訴の訴訟資料を反訴の判決の基礎とすることはできない。H24-72-4

➡ 3 ＊
✕

□□□　原告の土地明渡請求に対し、第一審裁判所が判決でその土地について賃借権を有するとの被告の抗弁に係る事実を認めた場合には、被告は、控訴審において、反訴として、原告の同意を要せずに、その土地についての賃借権存在確認の訴えを提起することができる。予H30-37-イ

➡ 最判昭38.2.21
3 ❷ ii
〇

□□□　控訴審において、反訴の提起の相手方が異議を述べないで反訴の本案について弁論をしたときは、反訴の提起に同意したものとみなされる。H26-65-オ

➡ 300 II　3 ❷ iii
〇

□□□　判例によれば、反訴請求が本訴請求又はこれに対する防御方法と関連しない場合には、反訴は不適法である。H22-69-1

➡ 146 I 柱書本文、最判昭41.11.10
3 ※
〇

04　中間確認の訴え

□□□　中間確認の訴えに対する裁判は、中間判決である。H23-62-3

➡ 全部判決たる終局判決である
4 ❶
✕

□□□　中間確認の訴えによって、当事者間に争いがある訴訟要件の存否の確認を求めることはできない。H23-62-2

➡ 145 I 本文参照
4 ❷ i
〇

□□□　中間確認の訴えは、その確認の請求につき他の裁判所の専属管轄とする旨の合意がある場合には、許されない。H24-72-3、H23-62-5

➡ 145 I ただし書括弧書　4 ❷ iv
✕

226

〈CORE TRAINING〉3　反訴／4　中間確認の訴え

CORE PLUS

③ 反訴の要件 (146 I)

反訴が成立するためには、まず136条の一般的な要件を満たすことが必要。

❶ 反訴請求が本訴請求又はこれに対する防御方法と関連するものであること	i 訴えの変更における請求の基礎の同一性と基本的に対応
	ii 判例は、土地の占有に基づく占有保持の訴えが係属している場合、被告は、所有権に基づく土地明渡しを求める反訴を提起することができるとしている（最判昭40.3.4 百選34事件）H22-69-2
❷ 本訴が事実審に係属し、口頭弁論終結前であること H25-64-オ	i 反訴提起後に本訴が却下・取り下げられても反訴は影響されない*
	ii 控訴審での反訴提起は、原告の審級の利益との関係で、訴えの変更の場合と異なり、原告の同意を要するとされる（300 I）。ただし、反訴請求について第一審で実質的に審理されている場合のように、反訴被告の審級の利益を害さないときには、同意は不要であるとされる（最判昭38.2.21）予H30-37-イ
	iii また、控訴審において、反訴の提起の相手方が異議を述べないで反訴の本案について弁論をしたときは、反訴の提起に同意したものとみなされる（300 II）H26-65-オ
❸ 反訴請求について他の裁判所の専属管轄に属さないこと	ここにいう専属管轄には専属的合意管轄は含まれず、本訴の係属する裁判所とは別の裁判所を専属管轄とする旨の合意(11)がある請求については、なおこれを反訴の目的とすることができる(146 I 柱書ただし書、146 I ①括弧書参照)
❹ 著しく訴訟手続を遅滞させないこと	

* 反訴の提起後に本訴が取り下げられた場合であっても、本訴の訴訟資料を反訴の判決の基礎とすることはできる。H24-72-4

※ 判例は、反訴要件を欠く訴えについて不適法却下とすべきとしている（最判昭41.11.10）。H22-69-1

④ 中間確認の訴えの意義と要件

❶ 意　義	訴訟係属中に、当該請求の当否の判断の先決関係たる権利・法律関係の存否につき、原告又は被告が追加的に提起する確認訴訟(145)であり、中間確認の訴えに対する判決は既判力の生ずる終局判決である H23-62-3
❷ 要　件	i 本来の請求の当否の判断について、先決関係にある権利又は法律関係の存否について争いがあること
	→訴訟要件の存否について争いがある場合は含まれない H23-62-2
	ii 確認請求であること
	iii 本来の請求に関する訴訟が事実審に係属し、口頭弁論終結前であること
	iv 他の裁判所の専属管轄（専属的合意管轄を除く）に属しないこと（145 I ただし書）H24-72-3 、H23-62-5

14章 複雑請求訴訟

227

〈CORE TRAINING〉 4 中間確認の訴え

CORE TRAINING

□□□ 地方裁判所における中間確認の訴えは、書面でしなければならない。 H23-62-1 ➡ 145Ⅳ・143Ⅱ ⑤❶ ○

□□□ 中間確認の訴えを控訴審で提起する場合、相手方の同意は不要である。 H23-62-4 ➡ ⑤❸ ○

□□□ 建物収去土地明渡請求訴訟の係属中に、原告が土地所有権についての中間確認の訴えを提起し、原告の請求をいずれも認容する判決がされた場合には、被告は控訴して、この判決のうちの建物収去土地明渡請求についての部分のみならず、所有権確認請求についての部分に対しても不服を申し立てることができる。 H18-61-ウ ➡ ⑤❷ ○

CORE PLUS

⑤ 中間確認の訴えの手続

❶ 手 続	中間確認の訴えの申立ては、簡易裁判所における場合を除き（271）、書面によってしなければならない（145Ⅳ・143Ⅱ）。そして、裁判所はこれを相手方に送達しなければならない（145Ⅳ・143Ⅲ）H23-62-1
❷ 審 判	中間確認の訴えと本来の請求は併合して審判され、弁論の分離、一部判決は認められていない →上訴された場合には中間確認の訴えと本来の請求の双方が移審することとなり、当事者は中間確認の訴えに関する裁判所の判断についても不服を申し立てることができる H18-61-ウ
❸ 相手方の同意 H23-62-4	ⅰ 中間確認の訴えの要件に被告の同意は要件とされていないことから、原告は第一審・控訴審を問わず被告の同意なしに中間確認の訴えを提起することができる ⅱ 被告が中間確認の訴えを提起することは性質上反訴に当たると解されるところ、控訴審で被告が中間確認の訴えを提起するに当たり原告の同意が必要とされるか（300Ⅰ参照）が問題となる。通説は、原告が控訴審において中間確認の訴えを提起するのに被告の同意が必要とされていないこととの均衡から、原告の同意は不要と解している

228

| No. 057 | 論 賃貸人及び転借人に対する建物明渡請求訴訟　予H27-37・|

賃貸人が自己所有の建物を賃借人に賃貸していたところ、賃借人の無断転貸の事実が判明したため、賃貸人が原告となり、賃借人に対しては無断転貸による解除を理由とする賃貸借契約の終了に基づく建物明渡しを、転借人に対しては所有権に基づく建物明渡しを、それぞれ求める訴えを併合提起した。この訴訟（以下「本訴」という。）について、次の1から5までの各記述のうち、判例の趣旨に照らし誤っているものはどれか。

1. 訴状等を受領した転借人が最初の口頭弁論期日に答弁書その他の準備書面を提出しないで欠席したときは、裁判所は、弁論を分離し、転借人に対する建物明渡請求を認容する判決をすることができる。
2. 賃借人が取調べを申し出た証人が、賃貸人が転貸借について承諾した事実を証言したときは、当該証言は、転借人に対する建物明渡請求についても、転借人の援用を要することなく証拠資料となる。
3. 訴訟代理人によって代理されていない賃借人が訴訟の係属中に死亡したときは、転借人に対する建物明渡請求訴訟も中断する。
4. 賃貸人は、本訴提起に先立ち、転借人が建物の占有を他に移転することに備えて、転借人に対し、占有移転禁止の仮分を申し立てることができる。
5. 賃借人に対する建物明渡請求において、賃借人の転貸借が賃貸人に対する背信的行為と認めるに足りない特段の事情があることを基礎付ける事実は、賃借人が主張立証責任を負う。

第6編　複雑訴訟

| No.
057 | 正解 3 | 通常共同訴訟に関する条文・判例について正確
に理解しよう。 | 正答率
66.0% |

1　正しい。

　本訴における賃借人に対する建物明渡請求と転借人に対する建物明渡請求は、訴訟の目的である権利又は義務が同種であって事実上及び法律上同種の原因に基づくことから、通常共同訴訟となる（38条後段）。**通常共同訴訟では、共同訴訟人の1人について生じた事項**は、**他の共同訴訟人に影響を及ぼさず**（共同訴訟人独立の原則、39条）、裁判所が**弁論の分離**（152条1項）をすることも**許される**。そして、訴状等を受領した被告が、最初の口頭弁論の期日に出頭せず、かつ、答弁書その他の準備書面を提出しない場合には、訴状に記載された事実について擬制自白が成立する（159条3項本文・1項）。本記述の場合、裁判所は、弁論を分離し、転借人に対する建物明渡請求を認容する判決をすることができる。

2　正しい。

　判例は、**共同訴訟人の1人が提出した証拠**は、援用の有無にかかわらず、**他の共同訴訟人についても証拠として裁判所の事実認定の資料**とすることが**できる**としている（共同訴訟人間における証拠共通の原則、最判昭45.1.23）。本記述における証言は、転借人の援用を要することなく証拠資料となる。

3　誤り。

　訴訟代理人によって代理されていない当事者が訴訟の係属中に死亡したときは、訴訟手続は中断する（124条1項1号、2項）。もっとも、**通常共同訴訟では、共同訴訟人独立の原則**（39条）により、**共同訴訟人の1人について生じた事項**は、**他の共同訴訟人に影響を及ぼさない**。したがって、転借人に対する訴訟は中断しない。

4　正しい。

　係争物に関する仮処分に係る保全命令は、係争物の現状の変更により給付請求権を執行することが不能又は著しく困難になるおそれがある場合（保全の必要性、民保23条1項）でなければ発せられないところ、係争物の占有を第三者に移転するおそれがあることは、この場合に当たる。したがって、賃貸人は、本訴提起に先立ち、転借人に対し、占有移転禁止の仮処分を申し立てることができる。

5　正しい。

　判例は、「土地の賃借人が賃貸人の承諾を得ることなくその賃借地を他に転貸した場合においても、賃借人の右行為を**賃貸人に対する背信行為と認めるに足りない特段の事情**があるときは、賃貸人は民法612条2項による解除権を行使し得ない」としたうえで、「かかる特段の事情の存在は**土地の賃借人において主張、立証**すべき」であるとしている（最判昭41.1.27百選64事件）。

文献　試験対策講座263、315、316、333、334、447〜451頁。判例シリーズ47事件

230

第1節　共同訴訟

| No. 058 | 論 | 共同訴訟 | 予H29-32 | ☐ 月 日
☐ 月 日
☐ 月 日 |

　　主債務者と保証人を共同被告とする訴訟に関する次の1から5までの各記述
のうち、判例の趣旨に照らし正しいものを2個選びなさい。

☐☐☐　　1．訴訟の係属中に主債務者が死亡した場合には、主債務者に訴訟代理人が
　　　　あるときを除き、主債務者についての訴訟手続は中断するが、保証人につ
　　　　いての訴訟手続は、保証人に訴訟代理人があるか否かを問わず、中断しな
　　　　い。

☐☐☐　　2．原告が主債務者に対する訴えを取り下げた場合には、保証人に対する訴
　　　　えも、同時に取り下げられたことになる。

☐☐☐　　3．主債務者が主たる債務の弁済の事実を主張した場合には、保証人がその
　　　　事実を主張していなくても、保証人との関係でその事実が主張されたこと
　　　　になる。

☐☐☐　　4．被告らがいずれも主たる債務の弁済の事実を主張した場合において、主
　　　　債務者が提出した証拠によりその事実が認められるものの、保証人が証拠
　　　　を提出しないときは、保証人との関係でその事実を認定することはできな
　　　　い。

☐☐☐　　5．主債務者が請求原因事実を争っている場合には、保証人が請求原因事実
　　　　の全てを自白したとしても、主債務者との関係で請求原因事実の証明を要
　　　　しないことになるわけではない。

15章 多数当事者訴訟

第6編　複雑訴訟

No. 058　正解 **1、5**　通常共同訴訟の基礎的な理解を問う問題なので、しっかりと確認しよう。　正答率 **72.5%**

　主債務者と保証人を共同被告とする訴訟は、通常共同訴訟に当たる。以下では、このことを前提として解説する。

1　正しい。

　当事者が訴訟係属中に死亡した場合、当事者に訴訟代理人がいるときを除き、訴訟手続は中断する（124条1項1号、2項）。したがって、本記述の場合、主債務者に訴訟代理人があるときを除き、主債務者についての訴訟手続は中断する。もっとも、共同訴訟人の1人に生じた事項は、他の共同訴訟人に影響を及ぼさない（共同訴訟人独立の原則、39条）。したがって、本記述の場合、主債務者が死亡したとしても、保証人についての訴訟手続は中断しない。

2　誤り。

　共同訴訟人の1人の訴訟行為は、他の共同訴訟人に影響を及ぼさない（共同訴訟人独立の原則、39条）。したがって、本記述の場合、原告が主債務者に対する訴えを取り下げたとしても、保証人に対する訴えが取り下げられたことにはならない。

3　誤り。

　最判昭43.9.12は、通常共同訴訟における共同訴訟人間の主張共通を否定している。したがって、主債務者と保証人を共同被告とする訴えにおいては、主債務者による主債務の弁済の事実に関する主張が保証人との関係でも主張されたものとすることはできない。

4　誤り。

　前掲最判昭45年は、通常共同訴訟における共同訴訟人間の証拠共通を肯定している。したがって、主債務者が提出した証拠により弁済の事実が認定できれば、保証人との関係でもその事実を認定することができる。

5　正しい。

　通常共同訴訟においては、共同訴訟人独立の原則（39条）により、共同訴訟人の1人の訴訟行為の効果は、行為者と相手方との間においてのみ生ずることから、共同訴訟人の1人がした自白は、かりに他の共同訴訟人がこれを争っていたとしても、自白をした者と相手方との間で効力を生じる。したがって、本記述の場合、保証人が請求原因事実のすべてを自白したとしても、主債務者に自白の効果は及ばず、主債務者との関係で請求原因事実の証明を要しないことにはならない。

文献　試験対策講座263、447〜451頁

第1節　共同訴訟

No. 059	当事者		
		H26-57	□　月　日 □　月　日 □　月　日

　当事者に関する次の1から5までの各記述のうち、誤っているものを2個選びなさい。

□□□　1．訴え又は訴えられることにより判決の名宛人となる者が当事者であるとする考え方によれば、訴訟物として他人の権利を主張する者であっても当事者になることができる。

□□□　2．判例の趣旨によれば、土地の共有者の一人が不実の登記名義を有する者を被告としてその抹消登記手続を求める訴えを提起することはできない。

□□□　3．胎児は、不法行為に基づく損害賠償請求権を訴訟物とするときは、当事者になることができる。

□□□　4．判例の趣旨によれば、土地所有者がその所有権に基づいて土地上の建物の共有者を相手方として建物収去土地明渡しを求める訴えを提起する場合には、建物共有者全員を被告にしなければならない。

□□□　5．解散した法人は、清算の目的の範囲内では存続するとみなされるから、その限度で当事者となることができる。

15章
多数当事者
訴訟

第6編　複雑訴訟

No.
059　　正解　**2、4**　　当事者能力の有無の判断と固有必要的共同訴訟　正答率
に関する判例を正確におさえよう。　83.4%

1　正しい。

本記述の考え方（**形式的当事者概念**）によれば、「当事者」であるためには、**自己の名において判決を求めればよく、必ずしも権利者自身であることを要しない**。そのため、訴訟物として他人の権利を主張する者が当事者となることも可能である。

2　誤り。

判例は、ある**不動産の共有者の1人**が、その**持分に基づき**当該不動産の**登記簿上の所有名義人**に対してその登記の抹消を求めることは、妨害排除の請求にほかならず、いわゆる**保存行為に属する**ものであるとして、共有者の1人は、**単独で当該不動産に対する所有権移転登記の全部の抹消を求め得る**（民252条5項参照）としている（最判昭31.5.10）。

3　正しい。

民事訴訟の当事者となることのできる一般的資格を当事者能力という。当事者能力の有無の判断は、基本的に**実体法上の権利能力の有無の判断に準じて行われる**（28条前段）。そして、胎児については、権利能力が認められていないため（民3条1項）、原則として当事者能力が認められないが、損害賠償請求権に関しては権利能力が認められるため（民721条）、その限度で当事者能力も認められる。したがって、胎児は、不法行為に基づく損害賠償請求権を訴訟物とするときは、当事者になることができる。

4　誤り。

判例は、**土地の所有者**がその所有権に基づき当該**土地上の建物の共同所有者**に対して**建物収去土地明渡しを請求する訴訟**は、**固有必要的共同訴訟ではない**としている（最判昭43.3.15百選99事件）ため、本問の事案において、建物共有者全員を被告としなくても、当事者適格は認められ、訴えは適法に提起できる。

5　正しい。

3の解説で述べたように、当事者能力の有無の判断は、基本的に**実体法上の権利能力の有無の判断に準じて行われる**ため（28条前段）、実体法上権利能力を認められる法人は、当然に当事者能力が認められる。そして、解散した法人は、清算の目的の範囲内において、清算が結了するまではなお存続するものとみなされるため（一般法人207条、会社476条、645条、宗法48条の2等）、その限度で、当事者能力も認められる。

文献　試験対策講座126、132、453〜458頁。判例シリーズ75事件

234

No.	論	固有必要的共同訴訟の成否	□ 月 日

第1節 共同訴訟

予H30-33

固有必要的共同訴訟の成否に関する次の1から5までの各記述のうち、判例の趣旨に照らし誤っているものはどれか。

1. 不動産の共有者は、共有者以外の者がその不動産につき不実の所有権移転登記を経由した場合には、その者を被告として、各自単独で、持分権に基づき、所有権移転登記の抹消登記手続を求める訴えを提起することができる。

2. 被相続人から被相続人名義の不動産の贈与を受けた者は、被相続人の共同相続人のうちの一人を被告として、贈与契約に基づき、所有権移転登記手続を求める訴えを提起することができる。

3. 不動産の共有者は、他の共有者のうちの一人を被告として、各自単独で、共有物分割を求める訴えを提起することができる。

4. 土地の所有者は、土地上の建物の共有者のうちの一人を被告として、所有権に基づき、建物収去土地明渡しを求める訴えを提起することができる。

5. 不動産の賃貸人は、共同賃借人のうちの一人を被告として、賃貸借契約の終了に基づき、不動産の明渡しを求める訴えを提起することができる。

15章 多数当事者訴訟

第6編　複雑訴訟

| No. 060 | 正解 3 | 固有必要的共同訴訟に関する重要判例はとても多いので、判例の思考過程を1つひとつ正確に理解しよう。 | 正答率 64.9% |

1　正しい。

前掲最判昭31年は、本記述と同様の事案において、当該請求は「妨害排除の請求に外ならずいわゆる**保存行為**〔民252条5項〕に属する」として、**共有権者の1人による所有権移転登記の抹消登記請求を認めている**。

2　正しい。

判例は、不動産の買主が売主の共同相続人に対して売買契約に基づく所有権移転登記を求めた事案において、**通常共同訴訟**であるとしている（最判昭44.4.17）。これは、売買契約に基づく所有権移転登記義務が**不可分債務**（民430条）であるところ、**債権者は不可分債務者の1人に対して全部の履行を請求できる**（430条・436条）からである。

3　誤り。

判例は、本記述と同様の事案において、**共有物分割の訴えは固有必要的共同訴訟である**としている（大判明41.9.25）。これは、共有者全員に画一的な紛争解決基準を示す必要があり、また、共有者各人に重大な利害関係があるため、各共有者の手続保障を図る必要があるからである。

4　正しい。

前掲最判昭43年（百選99事件）は、本記述と同様の事案において、「共同相続人らの義務はいわゆる**不可分債務**であるから、その請求において理由があるときは、同人らは土地所有者に対する関係では、**各自係争物件の全部についてその侵害行為の全部を除去すべき義務を負う**のであって、**土地所有者は共同相続人ら各自に対し、順次その義務の履行を訴求することができ**、必ずしも全員に対して同時に訴を提起し、同時に判決を得ることを要しない」こと等を理由に、**通常共同訴訟**であるとしている。

5　正しい。

前掲最判昭43年（百選99事件）は、建物収去土地明渡しの義務が不可分債務に当たることを理由として、土地上の建物の共有者に対する所有権に基づく建物収去土地明渡請求訴訟は固有必要的共同訴訟ではないとしているが、賃貸借契約の終了に基づく明渡請求訴訟についても同様に解すべきものとしている（東京高判昭56.10.26参照）。したがって、不動産の賃貸人は、共同賃借人のうちの1人を被告として、賃貸借契約の終了に基づき、不動産の明渡しを求める訴えを提起することができる（大阪高判昭51.5.7参照）。

文献　試験対策講座453〜458頁。判例シリーズ75事件

236

第1節　共同訴訟

No.
061

必要的共同訴訟

H23-57

□　月　日
□　月　日
□　月　日

　必要的共同訴訟に関する次の1から5までの各記述のうち、誤っているもの
はどれか。

□□□　1．必要的共同訴訟において共同訴訟人の一人が死亡した場合、その者に訴
　　　訟代理人がいるときを除き、訴訟手続は、共同訴訟人の全員について中断
　　　する。

□□□　2．必要的共同訴訟の口頭弁論の期日に共同訴訟人の一部が欠席した場合、
　　　相手方は、準備書面に記載していない事実を主張することはできない。

□□□　3．必要的共同訴訟の口頭弁論の期日に共同訴訟人の一部が欠席した場合、
　　　出頭した共同訴訟人がその期日において自白をしても、欠席した共同訴訟
　　　人は、その後の期日において、その自白に係る事実を争うことができる。

□□□　4．必要的共同訴訟において共同訴訟人の一人について上訴期間が経過して
　　　も、他の共同訴訟人の上訴期間が経過していなければ、判決は全体として
　　　確定しない。

□□□　5．必要的共同訴訟において共同訴訟人の一人が上訴をすれば、共同訴訟人
　　　の全員に対する関係で判決の確定が遮断され、当該訴訟は全体として移審
　　　する。

15章
多数当事者
訴訟

第6編　複雑訴訟

| No. 061 | 正解 2 | 必要的共同訴訟と通常共同訴訟との手続上の規律の相違点を整理しよう。 | 正答率 82.5% |

1　正しい。

　訴訟手続は、当事者が死亡すると、その者に訴訟代理人がいるときを除き、中断する（124条1項1号、2項）。そして、必要的共同訴訟において、共同訴訟人の1人について**訴訟手続の中断又は中止の原因があるとき、その中断又は中止は、全員についてその効力を生ずる**（40条3項）。

2　誤り。

　相手方が在廷していない口頭弁論においては、**準備書面に記載した事実でなければ、主張することができない**（161条3項）。もっとも、**必要的共同訴訟においては、共同訴訟人の1人に対する相手方の訴訟行為は、全員に対してその効力を生ずる**（40条2項）。したがって、必要的共同訴訟の口頭弁論の期日に共同訴訟人の一部が欠席した場合であっても、相手方は、準備書面に記載していない事実を主張することができる。

3　正しい。

　必要的共同訴訟においては、共同訴訟人の1人の訴訟行為は、全員の利益においてのみその効力を生ずる（40条1項）。すなわち、他の共同訴訟人の不利になる訴訟行為については、他の共同訴訟人に対する関係のみならず、訴訟行為をした本人についても、その効力を生じない。したがって、本記述の場合、欠席した共同訴訟人は、その後の期日において、自白に係る事実を争うことができる。

4　正しい。

　判決の確定とは、判決が通常の不服申立手段による取消しの可能性のない状態に至ることをいう。必要的共同訴訟においては、共同訴訟人の1人について上訴期間が経過しても、上訴期間を経過していない他の共同訴訟人は、他の全員のために上訴することができる（40条1項）。よって、必要的共同訴訟においては、判決は、共同訴訟人全員について上訴期間が経過するまでは確定しない。

5　正しい。

　必要的共同訴訟において、判決に対し**共同訴訟人の1人が上訴**すれば、全員に対する関係でその判決の**確定が遮断**され、当該訴訟は全体として、**上訴審に移審**する（最判平12.7.7百選101事件）。

文献 試験対策講座263、451、457、458頁。判例シリーズ76事件

238

第2節　補助参加訴訟

No.
062

論　　　　　　　　補助参加訴訟

H23-59

☐　月　日
☐　月　日
☐　月　日

　補助参加に関する次の1から5までの各記述のうち、正しいものを2個選び
なさい。

☐☐☐　1．被参加人が訴訟外で解除権を行使したとしても、被参加人が訴訟におい
　　　　てその事実を主張しない限り、補助参加人は、その事実を主張すること が
　　　　できない。

☐☐☐　2．貸主Xの借主Yに対する貸金返還請求訴訟において、Yの連帯保証人Z
　　　　がYに補助参加した場合、Yが自白をしても、Zは、その自白に係る事実
　　　　を争うことができる。

☐☐☐　3．判例の趣旨によれば、補助参加人がする上告の提起は、被参加人が上告
　　　　を提起することができる期間内にしなければならない。

☐☐☐　4．Xは、その所有する建物をYに賃貸し、Yは、Xの承諾を得てその建物
　　　　をZに転貸した。その後、Xが、Yの債務不履行を理由にYとの建物賃貸
　　　　借契約を解除したとして、Zに対し、建物の明渡しを求める訴えを提起し
　　　　た場合、Yは、Zに補助参加することができる。

☐☐☐　5．当事者が補助参加について異議を述べた場合、補助参加人は、補助参加
　　　　を許す旨の裁判が確定するまでの間は、訴訟行為をすることができない。

15章
多数当事者
訴訟

第6編　複雑訴訟

No.
062　正解　**3、4**　42条と45条を、具体的な適用場面を踏まえて理解しよう。　正答率 84.5%

1　誤り。

　補助参加人は、訴訟について、攻撃又は防御の方法の提出、異議の申立て、上訴の提起、再審の訴えの提起その他**一切の訴訟行為**をすることが**できる**（45条1項本文）。これは、独自の利益を確保すべく訴訟に参加した補助参加人における、訴訟追行上の地位の独立性を確保する趣旨である。したがって、被参加人が訴訟外で解除権を行使すれば、被参加人が訴訟においてその事実を主張しなくても、補助参加人は、その事実を主張することができる。

2　誤り。

　補助参加人の訴訟行為は、**被参加人の訴訟行為と抵触するとき**は、**その効力を生じない**（45条2項）。これは、補助参加人はあくまで一方当事者を補助する者にすぎないという、その地位の従属性の側面に由来する制約である。したがって、被参加人Yが自白をした場合、参加人Zは、その自白に係る事実を争うことができない。

3　正しい。

　判例は、「**補助参加人**は、独立して上訴の提起その他一切の訴訟行為をなしうるが、補助参加の性質上、当該訴訟状態に照らし被参加人のなしえないような行為はもはやできないものであるから、**被参加人……のために定められた控訴申立期間内に限って控訴の申立をなしうる**」としている（最判昭37.1.19百選A34①事件）。この趣旨からすれば、補助参加人がする上告の提起も、被参加人が上告を提起することができる期間内にしなければならない。

4　正しい。

　賃貸人が建物の賃借人（転貸人）の債務不履行を理由に賃借人との建物賃貸借契約を解除し、これを理由として、転借人に建物の明渡しを求める訴えを提起した場合、賃借人（転貸人）は、当該訴えの結果につき利害関係を有する第三者に該当し、転借人のために補助参加（42条）することができる（東京地判昭47.12.20）。

5　誤り。

　補助参加人は、補助参加について異議があった場合においても、補助参加を許さない裁判が確定するまでの間は、訴訟行為をすることができる（45条3項）。これは、裁判の確定を待たずに適時適切な攻撃防御活動を行う機会を補助参加人に保障する趣旨である。

文献　試験対策講座466〜471頁

第2節　補助参加訴訟

No. 063	論	補助参加訴訟		□　月　日
			予R3-33	□　月　日
				□　月　日

補助参加に関する次のアからオまでの各記述のうち、判例の趣旨に照らし正しいものを組み合わせたものは、後記1から5までのうちどれか。

- ア．補助参加人は、補助参加をした訴訟において証人となることができる。
- イ．補助参加の許否についての裁判に対しては、不服を申し立てることができない。
- ウ．訴訟告知を受けた者は、当然に当該訴訟における補助参加人の地位を取得する。
- エ．原告を補助するためその訴訟に参加した補助参加人は、当該訴訟に係る訴えの取下げをすることができない。
- オ．補助参加に係る訴訟における判決の補助参加人に対する効力（いわゆる参加的効力）は、判決の主文中の訴訟物に係る判断の前提として理由中でされた事実の認定や先決的権利関係の存否についての判断には生じない。

1．ア　イ　　2．ア　エ　　3．イ　ウ　　4．ウ　オ　　5．エ　オ

15章　多数当事者訴訟

241

第6編　複雑訴訟

| No. 063 | 正解 2 | 補助参加及び訴訟告知の基本的知識の理解を問われている。判例も含めて正確に整理しておこう。 | 正答率 72.7% |

ア　正しい。

　補助参加とは、訴訟の結果について利害関係を有する第三者が、当事者の一方を補助するために当該訴訟に参加する行為をいう（42条）。**補助参加人**は、**訴訟の当事者ではなく**、当事者との関係では**訴訟手続上第三者として扱われる**。その結果、訴訟においては、補助参加人を証人又は鑑定人として尋問することが許される。

イ　誤り。

　当事者が補助参加について異議を述べたときは、裁判所は、補助参加の許否について、決定で、裁判をし（44条1項前段）、この参加許否の決定に対しては、当事者及び補助参加人は即時抗告をすることができる（44条3項）。

ウ　誤り。

　訴訟告知（53条）とは、訴訟の係属中当事者が第三者に対して**訴訟係属の事実を通知**する訴訟行為をいう。訴訟告知は、訴訟告知を受けた者（**被告知者**）に**参加の機会を与える**のみであり、その効果として被告知者が当然に告知者の補助参加人となるものではない。

エ　正しい。

　補助参加人は、一定の請求について訴訟係属が生じていることを前提として、主たる当事者のために訴訟行為をなす者であるから、**訴えの取下げ、請求の放棄・認諾、和解などによって訴訟係属を消滅させることは認められない**。

オ　誤り。

　判例は、70条（現46条）所定の判決の補助参加人に対する効力は、**既判力ではなく、判決の確定後補助参加人が被参加人に対してその判決が不当であると主張することを禁ずる効力**であって、判決の主文に包含された訴訟物たる権利関係の存否についての判断だけではなく、その前提として**判決の理由中でなされた事実の認定や先決的権利関係の存否についての判断にも及ぶ**ものと解すべきであるとしている（最判昭45.10.22百選103事件）。

文献　試験対策講座466、467、469～475頁。判例シリーズ80事件

第3節　三面訴訟

No. 064	論	独立当事者参加		□	月	日
		H22-71 改題		□	月	日
				□	月	日

　独立当事者参加に関する次の1から5までの各記述のうち、正しいものを2個選びなさい。

□□□　1．独立当事者参加の申出は、原告及び被告双方を相手方としなければならず、当事者の一方のみを相手方とすることは許されない。

□□□　2．独立当事者参加がされた訴訟においては、原告、被告又は参加人の一人について中断の事由が生ずると、すべての者との関係において訴訟手続が中断する。

□□□　3．判例によれば、上告審における独立当事者参加の申出は、許されない。

□□□　4．独立当事者参加がされた訴訟において原告が脱退した場合、原告と被告との間の請求との関係で訴訟係属は遡及的に消滅し、原告が脱退前にした主張立証は、以後の訴訟における裁判資料とならない。

□□□　5．債権者が債務者に対する甲債権を被保全債権とし、債務者が第三債務者に対して有する乙債権に基づく金銭の支払を求めて債権者代位訴訟を提起した場合、債務者が債権者に対し甲債権の不存在を主張し、第三債務者に対し乙債権に基づく自己への金銭の支払を求めて独立当事者参加をすることは許されない。

15章　多数当事者訴訟

243

第6編　複雑訴訟

| No. 064 | 正解 2、3 | 解説中の条文・判例はいずれも極めて重要なので確実におさえよう。 | 正答率 96.0% |

1　誤り。

　訴訟の結果によって権利が害されることを主張する第三者又は訴訟の目的の全部若しくは一部が自己の権利であることを主張する第三者は、その訴訟の**当事者の双方又は一方を相手方として**、当事者としてその**訴訟に参加**することが**できる**（47条1項）。

2　正しい。

　独立当事者参加の審判手続において、共同訴訟人の**1人**について**訴訟手続の中断又は中止の原因があるとき**、その中断又は中止は、**全員**についてその**効力を生ずる**（47条4項・40条3項）。

3　正しい。

　判例は、上告審における独立当事者参加（47条）の可否について、「上告審である当裁判所に対し同条による本件参加の申出をすることは許されない」としている（最判昭44.7.15）。

4　誤り。

　訴訟脱退（48条）は、脱退者が将来に向かって訴訟関係から離脱するものであり、訴えの取下げと異なり、その者を当事者とする訴訟係属が遡及的に消滅するわけではない。そのため、脱退以前に脱退者がした主張・立証も、残存当事者についての裁判資料となる。

5　誤り。

　平成29年改正前民法下の判例（最判昭48.4.24百選108事件）は、債務者による権利主張参加を認めた。もっとも、債権者が被代位権利を行使した場合であっても被代位権理について処分権限を失わない（民423条の5前段）こととされた平成29年改正民法下では、権利主張参加の要件である請求の両立不可能性が満たされるとは断言しがたく、権利主張参加を認めた判例法理を維持できるかについては議論があるところである。

　有力説は、債務者が被保全債権の存在を争うかたちで債権者代位訴訟に関与する場合には、権利主張参加が認められると解する。この場合には、少なくとも債務者の立場からみれば、債権者には当事者適格が認められないこととなり、当事者適格の非両立が部分的に生じるため、本訴請求と参加人の請求が論理的に両立しえない関係にあるといいうるからである。

■**文献**■ 試験対策講座481、485、490～494頁。判例シリーズ85事件

第3節　三面訴訟

No.065	論	独立当事者参加	□ 月 日 □ 月 日 □ 月 日

予R1-33

　独立当事者参加に関する次の1から5までの各記述のうち、判例の趣旨に照らし正しいものはどれか。

1．訴訟の結果によって権利が害されることを主張する第三者は、原告の請求を棄却する判決を求める旨を述べれば、自ら請求を定立しなくとも、その訴訟に参加することができる。

2．訴訟の目的の全部が自己の権利であることを主張する第三者が原告及び被告を相手方として参加の申出をした場合において、原告と被告のいずれもが異議を述べなかったときは、裁判所は、その第三者がその訴訟に参加することを許さなければならない。

3．土地の所有権確認請求訴訟において、原告が売買契約により土地を取得したと主張し、被告がこの売買契約の成立の事実を認めた場合であっても、その訴訟係属前からその土地の所有権を有することを主張する第三者が原告及び被告を相手方としてその訴訟に参加し、その売買契約の成立の事実を否認したときは、裁判所は、終局判決において、証拠調べの結果に基づき、その売買契約の成立を認めないとの判断をすることができる。

4．第三者が自己の権利を主張するために原告及び被告を相手方として訴訟に参加した場合に、原告は、被告の同意を得てその訴訟から脱退することができるが、被告及び参加人の同意を得ても訴えを取り下げることはできない。

5．訴訟の目的の全部が自己の権利であることを主張する第三者が原告及び被告を相手方として訴訟に参加した場合において、原告の訴えが訴えの利益を欠き不適法であるときは、裁判所は、その参加に係る訴えについて、不適法なものとして却下しなければならない。

15章
多数当事者訴訟

第6編　複雑訴訟

No.
065　正解　3　　三面訴訟は論文式試験でも重要であるから、この機会にこの分野の知識を一度整理しよう。　正答率 65.9%

1　誤り。

　判例は、独立当事者参加の申出は、参加人が参加を申し出た訴訟において裁判を受けるべき請求を提出しなければならず、単に当事者の一方の請求に対して訴え却下又は請求棄却の判決を求めるだけの参加の申出は許されないとしている（最決平26.7.10）。独立当事者参加の申出は、訴え提起の実質を有し、またもし参加人が訴え却下又は請求棄却の判決を求めるのみであるとすれば、当事者と参加人との間に審理の対象となるべき請求が存在しないこととなるからである。なお、当事者の一方のみを相手方として請求を定立し参加する片面的独立当事者参加は認められる（47条1項）。

2　誤り。

　参加人は、補助参加（42条）の場合と異なり、自ら訴訟の当事者になることから、参加申出のなかには第三者が新たな訴えを提起する行為が含まれる。したがって、このような参加申出の訴え提起としての性質に鑑みると、参加人の相手方となる従前の訴訟の当事者は、参加につき異議（44条1項）を述べることはできない。そして、判例も同様に解している（大判昭15.4.10）。

3　正しい。

　独立当事者参加については**必要的共同訴訟についての特則**が準用されており、判決の合一性を確保するために**当事者の1人のなす訴訟行為**は、**参加人の不利益になる限りその効力を生じない**（47条4項・40条1項）。本問において被告が売買契約の成立の事実を認めたことは裁判上の自白であるが、裁判上の自白は参加人にとって不利益になる訴訟行為であるから、効力を生じない。そのため、本問のように参加人が売買契約の成立の事実を否認したときは、自白は成立せず、審判排除効も生じない。

4　誤り。

　判例は、参加人としては、残存当事者に対して勝訴すれば、脱退者に対する勝訴も保障されるから（48条後段）、訴訟脱退における「相手方」（48条前段）には、参加人は含まれないとしているので（大判昭11.5.22）、原告は、被告の同意のみで訴訟から脱退することができる。また、判例は、合一確定の要請される独立当事者参加においては、参加人も本訴の維持について利益を有するから、被告の同意だけでなく、参加人の同意も要するとしている（最判昭60.3.15）。そのため、原告は、被告及び参加人の同意があれば訴えを取り下げることができる。

5　誤り。

　原告の訴えが却下される場合、参加申出は、他人間に訴訟が係属しているという参加要件を欠くことになるが、裁判例は、これを新訴の提起と解し、一般の訴訟要件を具備している場合には、これを却下することなく、本案について審理しなければならないものと解するのが相当であるとしている（東京高判昭46.6.11）。

文献　試験対策475〜547頁

第4節　当事者の交替

No.		
066	訴訟承継	☐ 月 日
	H25-58 改題	☐ 月 日
		☐ 月 日

訴訟承継に関する次の1から5までの各記述のうち、誤っているものを2個選びなさい。

☐☐☐　1．貸金返還請求訴訟の係属中に、当事者が死亡したときは、その者の相続人は、相続の放棄をしない限り、当事者となる。

☐☐☐　2．貸金返還請求訴訟の係属中に、訴訟物とされている貸金債権を譲り受けた者は、参加承継の申立てをして訴訟を承継する義務を負う。

☐☐☐　3．貸金返還請求訴訟の係属中に、訴訟物とされている貸金債権を譲り受けた者が適法に参加承継をしたときは、その参加は、訴訟の係属の初めにさかのぼって時効の完成猶予の効力を生ずる。

☐☐☐　4．貸金返還請求訴訟の係属中に、訴訟物とされている貸金債権を譲り受けた者が適法に参加承継をしたときは、参加前の原告は、相手方の承諾を得ることなく訴訟から脱退する。

☐☐☐　5．貸金返還請求訴訟の係属中に、訴訟物とされている貸金債権に係る債務を第三者が引き受けたときは、原告は、当該第三者に対して、訴訟引受けの申立てをすることができる。

15章　多数当事者訴訟

第6編　複雑訴訟

No.
066 　正解 2、4　　　訴訟承継に関する条文を正確に理解して確実に
　　　　　　　　　　 得点しよう。　　　　　　　　　　　　　正答率
　　　　　　　　　　　　　　　　　　　　　　　　　　　　　 84.3%

1　正しい。
　当事者が死亡した場合、その相続人は、訴訟手続を受け継がなければならない（124条1項1号）。もっとも、相続の放棄をした者は、その相続に関しては、初めから相続人とならなかったものとみなされることから（民939条）、この場合でも当事者とはならない。したがって、相続人は、相続の放棄をしない限り、当事者となる。

2　誤り。
　訴訟の係属中その訴訟の目的である権利の全部又は一部を譲り受けたことを主張する第三者は、当事者としてその訴訟に参加することが**できる**（**参加承継**、49条）。これは、従来の当事者間の訴訟状態をそのまま、承継人と相手方との紛争の解決に利用できるよう、承継人が自発的に参加して訴訟の承継をなすことを認めたものである。したがって、本記述において、貸金債権を譲り受けた者は、参加承継の申立てをして訴訟を承継する**義務を負うわけではない**。

3　正しい。
　訴訟係属中その訴訟の目的である権利の全部又は一部を譲り受けたことを主張して、47条1項の規定により第三者が訴訟参加をしたときは、その参加は、訴訟係属の初めに遡って時効の完成猶予又は法律上の期間の遵守の効力を生ずる（49条）。

4　誤り。
　47条1項の規定により自己の権利を主張するため**訴訟に参加した者がある場合**には、**参加前の原告又は被告**は、**相手方の承諾を得て訴訟から脱退**することができる（48条前段）。したがって、本記述において、参加前の原告は、相手方の承諾を得ることなく訴訟から脱退することはできない。

5　正しい。
　訴訟の係属中に第三者がその訴訟の目的である**義務の全部又は一部を承継**したときは、裁判所は、**当事者の申立て**により、決定で、その**第三者に訴訟を引き受けさせる**ことが**できる**（50条1項）。これは、権利承継人の場合（49条）と同様に、訴訟係属中に訴訟の目的物となっている権利又は義務、係争物の譲渡があった場合に、承継人となる第三者との間の請求についても、従来の訴訟手続の成果を活かしつつ併合審理を求める機会を提供する趣旨である。したがって、本記述において、原告は、訴訟物とされている貸金債権に係る債務を引き受けた第三者に対して、訴訟引受けの申立てをすることができる。

文献　試験対策講座491、498、501～503頁

248

〈CORE TRAINING〉1　共同訴訟人独立の原則

CORE TRAINING

01　共同訴訟人独立の原則

□□□　XがY1とY2を共同被告として、Y1に対して貸金の返還を求める訴えを、Y2に対して保証債務の履行を求める訴えをそれぞれ提起したところ、第一審裁判所は、Y1に対する請求を認容し、Y2に対する請求を棄却する判決をした。この場合において、Xのみが控訴をしたときは、第一審判決のうちY1に対する請求に関する部分については、移審の効果は生じない。予R3-44-4

➡ 共同訴訟人独立の原則（39）からすれば、Y1に対する請求部分は移審しない　○

□□□　入会集落の構成員の一部は、入会地についての使用収益権に基づいて、入会地への立入りを妨害する者に対し、その排除を求める訴えを提起することができる。予H27-44-1

➡ 最判昭57.7.1 [1] ❶　○

□□□　A及びBが共有する甲土地について、第三者Cに対し、Aが甲土地の共有持分権を有することの確認を求める訴えは、Aが単独で提起することができる。予H27-44-3

➡ 最判昭40.5.20 [1] ❷　○

CORE PLUS

[1] 通常共同訴訟と固有必要的共同訴訟の区別その1

判　例	結論	判旨・理由
❶ 入会権に基づく使用収益権の確認請求、妨害排除請求 （最判昭57.7.1） 予H27-44-1	通常共同訴訟	「入会部落の構成員が入会権の対象である山林原野において入会権の内容である使用収益を行う権能は、入会部落の構成員たる資格に基づいて個別的に認められる権能であって、入会権そのものについての管理処分の権能とは異なり……、本来、各自が単独で行使することができるものである」から、「各自が単独で、その者を相手方として自己の使用収益権の確認又は妨害の排除を請求することができる」
❷ 共有持分権確認請求 （最判昭40.5.20） 予H27-44-3	通常共同訴訟	「共有持分権の及ぶ範囲は、共有地の全部にわたる（民法249条）のであるから、各共有者は、その持分権にもとづき、その土地の一部が自己の所有に属すると主張する第三者に対し、単独で、係争地が自己の共有持分権に属することの確認を訴求することができる」

15章

多数当事者訴訟

249

〈CORE TRAINING〉1　共同訴訟人独立の原則

CORE TRAINING

□□□　Aが所有する甲土地とB及びCの共有に属する乙土地とが筆界（境界）を挟んで隣接する場合において、Aが境界確定の訴えを提起するときは、B及びCの双方を被告としてこれを提起しなければならない。予H27-44-5

➡ 最判昭46.12.9
②❶　　　　⭕

□□□　土地共有者の一部の者が隣地の所有者に対して筆界（境界）確定の訴えを提起することに同調しない場合には、その他の共有者は、訴えの提起に同調しない者を隣地の所有者と共に被告として訴えることができる。予R2-32-1

➡ 判例は、筆界確定訴訟で土地の共有者のうちに訴え提起に同調しない者がいる場合、その者を被告にして訴えを提起することができるとしている（最判平11.11.9）　⭕

□□□　AがBから甲土地を買い受けた場合において、その所有権移転登記がされる前にBが死亡し、C及びDがAに対して所有権移転登記手続をする義務をBから共同相続したときは、Aは、C又はDのいずれか一方を被告としてB名義で登記されている甲土地につき所有権移転登記手続を求める訴えを提起することができる。予H27-44-4

➡ 最判昭44.4.17
②❷　　　　⭕

□□□　土地所有権に基づく建物収去土地明渡しを請求する訴訟の係属中、建物所有者である被告が死亡した場合、訴訟代理人がいない限り訴訟手続は中断するが、その後、共同相続人の一部の者が訴訟手続を受継したとき、受継した者との間だけで審理、判決することは許されない。H21-72-4

➡ 124Ⅰ①、Ⅱ。最判昭43.3.15（百選99事件）②❸　　❌

□□□　ある財産が共同相続人による遺産分割前の共有関係にあることの確認を求める訴えにおいては、遺産分割審判の申立てをすることができる共同相続人全員を原告又は被告としなければならない。予R2-32-2

➡ 最判平元.3.28（百選100事件）。40Ⅰ参照　②❹　⭕

□□□　共同相続人が、他の共同相続人のうちの一人のみを被告とし、遺産分割の前提として、被告が被相続人の遺言書を隠匿又は破棄した行為が相続欠格事由に当たることを理由に、相続人の地位を有しないことの確認を求める訴えは不適法である。H21-72-5

➡ 最判平16.7.6
②❺　　　　⭕

250

〈CORE TRAINING〉1　共同訴訟人独立の原則

CORE PLUS

② 通常共同訴訟と固有必要的共同訴訟の区別その2

判　例	結論	判旨・理由
❶ 境界確定訴訟 （最判昭46.12.9） 予H27-44-5	固有必要的共同訴訟	「土地の境界は、土地の所有権と密接な関係を有するものであり、かつ、隣接する土地の所有者全員について合一に確定すべきもの」であるから、境界確定訴訟は、「共有者全員が共同してのみ訴え又は訴えられることを要する固有必要的共同訴訟と解する」
❷ 共同相続人に対する移転登記手続請求 （最判昭44.4.17） 予H27-44-4	通常共同訴訟	「不動産について被相続人との間に締結された契約上の義務の履行を主張して、所有権移転登記手続を求める訴訟は、その相続人が数人いるときでも、必要的共同訴訟ではない」 ∵共同相続人の所有権移転登記義務は不可分債務
❸ 共同相続人に対する建物収去土地明渡請求 （最判昭43.3.15百選99事件） H21-72-4	通常共同訴訟	「共同相続人らの義務はいわゆる不可分債務であるから、その請求において理由があるときは、同人らは土地所有者に対する関係では、各自係争物件の全部についてその侵害行為の全部を除去すべき義務を負うのであって、土地所有者は共同相続人ら各自に対し、順次その義務の履行を訴求することができ、必ずしも全員に対して同時に訴を提起し、同時に判決を得ることを要しない」
❹ 遺産確認の訴え （最判平元.3.28百選100事件） 予R2-32-2	固有必要的共同訴訟	遺産確認の訴えは、「当該財産が現に共同相続人による遺産分割前の共有関係にあることの確認を求める訴え」であり、「その原告勝訴の確定判決は、当該財産が遺産分割の対象である財産であることを既判力をもって確定し、これに続く遺産分割審判の手続及び右審判の確定後において、当該財産の遺産帰属性を争うことを許さないとすることによって共同相続人間の紛争の解決に資する」
❺ 共同相続人間における相続人の地位不存在確認の訴え （最判平16.7.6） H21-72-5	固有必要的共同訴訟	共同相続人間における相続人の地位不存在確認の訴えは、「当該他の共同相続人に相続欠格事由があるか否か等を審理判断し、遺産分割前の共有関係にある当該遺産につきその者が相続人の地位を有するか否かを既判力をもって確定することにより、遺産分割審判の手続等における上記の点に関する紛議の発生を防止し、共同相続人間の紛争解決に資することを目的とする」

15章 多数当事者訴訟

251

〈CORE TRAINING〉1　共同訴訟人独立の原則

CORE TRAINING

□□□　A、B及びCは、甲土地を3名で共有している（以下、A、B及びCを「Aら3名」という。）。Aら3名がYに対して、甲土地がAら3名の共有であることの確認を求める訴えを提起した場合において、Aが訴えを取り下げるとの書面を裁判所に提出し、Yがこれに同意したときは、裁判所は、B及びCの訴えを不適法として却下しなければならない。 H18-66-ア 、予 H27-44-2

⊃ 最判昭46.10.7（百選A31事件）。Aらの訴えは、固有必要的共同訴訟に当たり、Aの訴えの取下げは無効であるから（40Ⅰ参照）、B及びCの訴えは適法 ③　✕

□□□　A、B及びCは、甲土地を3名で共有している（以下、A、B及びCを「Aら3名」という。）。Aら3名のYに対する甲土地の共有権確認訴訟が提起された場合において、裁判所がA及びB並びにYのみを名宛人とする一部判決をしたときは、Cは、この判決に対して、控訴をすることができる。 H18-66-エ

⊃ 最判昭和46.10.7。必要的共同訴訟では、一部判決（243Ⅱ、Ⅲ）は許されない ③　○

□□□　A、B及びCは、甲土地を3名で共有している（以下、A、B及びCを「Aら3名」という。）。A及びBのみが原告となり、Yに対して、甲土地がAら3名の共有であることの確認を求める訴えを提起した場合は、口頭弁論の終結前にCがこの訴訟に共同訴訟人として参加することは許されず、裁判所は、訴えを不適法として却下しなければならない。 H18-66-オ

⊃ 最判昭和46.10.7、大判昭9.7.31参照。口頭弁論終結時に全員が当事者になっていれば、当該訴えは適法である ③　✕

□□□　株主X1が提起した取締役Yの責任を追及する訴訟に株主X2が共同訴訟参加をした場合において、X1がYの主張した抗弁事実について自白をしたとき、この事実をX2が争えば、X1の自白はその効力を生ずることはない。 H19-63-1

⊃ 最判平12.7.7参照。40Ⅰ ③ ※　○

□□□　通常共同訴訟は、共同訴訟のうち、訴訟共同の必要がなく、合一確定の必要もない類型のものをいう。通常共同訴訟に当たるものとして、不動産の全共有者であるX1及びX2が共同して当該不動産の登記名義人Yに対して提起する当該不動産全体の共有権に基づく所有権移転登記手続請求の訴えがある。 予R3-32-ア

⊃ 前段は正しいが、後段の訴えは固有必要的共同訴訟となるため、後段は誤りである ④❶ ⅱ　✕

□□□　固有必要的共同訴訟は、共同訴訟のうち、訴訟共同の必要がないが、合一確定の必要はある類型のものをいう。固有必要的共同訴訟に当たるものとして、不動産の全共有者であるX1及びX2が共同して当該不動産に隣接する不動産の所有者であるYに対して提起した筆界（境界）確定の訴えがある。 予R3-32-イ

⊃ 後段は正しい。しかし、固有必要的共同訴訟では訴訟共同が要請されるため、前段は誤りである ④❷ⅱ　✕

〈CORE TRAINING〉1　共同訴訟人独立の原則

□□□　類似必要的共同訴訟は、共同訴訟のうち、訴訟共同の必　　➡ 4 ❸ ii　　✕
要があるが、合一確定の必要がない類型のものをいう。類似必
要的共同訴訟に当たるものとして、株主X1及びX2が共同
して株式会社の取締役Yに対して提起した責任追及等の訴え
がある。予R3-32-ウ

CORE PLUS

③ 通常共同訴訟と固有必要的共同訴訟の区別その3

判　例	結論	判旨・理由
共有権確認請求 （最判昭46.10.7 百選A 31事件） H18-66-ア・エ・オ、 予H27-44-2	固有必要的共同訴訟	「1個の物を共有する数名の者全員が、共同原告となり、いわゆる共有権（数人が共同して有する1個の所有権）に基づき、その共有権を争う第三者を相手方として、共有権の確認を求めているときは、その訴訟の形態はいわゆる固有必要的共同訴訟と解するのが相当である……。けだし、この場合には、共有者全員の有する1個の所有権そのものが紛争の対象となっているのであって、共有者全員が共同して訴訟追行権を有し、その紛争の解決いかんについては共有者全員が法律上利害関係を有するから、その判決による解決は全員に矛盾なくなされることが要請され、かつ、紛争の合理的解決をはかるべき訴訟制度のたてまえからするも、共有者全員につき合一に確定する必要があるというべきだからである。また、これと同様に、1個の不動産を共有する数名の者全員が、共同原告となって、共有権に基づき所有権移転登記手続を求めているときは、その訴訟の形態も固有必要的共同訴訟と解するのが相当であり……、その移転登記請求が真正な所有名義の回復の目的に出たものであったとしても、その理は異ならない」

※　株主が提起した責任追及等の訴え（会社847）は、他の株主が共同訴訟参加した場合
（849 I 本文、民訴52 I）、類似必要的共同訴訟になる（最判平12.7.7）。そして、必要的
共同訴訟において、共同訴訟人の1人の自白は、不利益な訴訟行為であるから、他の共同
訴訟人がその事実を争ったときは、その効力を生じない（40 I）。H19-63-1

④ 通常共同訴訟と固有・類似必要的共同訴訟

訴訟類型	i 判　例	ii 性　質
❶ 通常共同訴訟	共有持分権確認請求、共同相続人に対する登記移転手続請求など	訴訟共同の必要がなく、合一確定の必要もない 予R3-32-ア
❷ 固有必要的共同訴訟	共有権に基づく所有権移転登記手続請求、筆界確認請求など	訴訟共同の必要があり、合一確定も必要 予R3-32-イ
❸ 類似必要的共同訴訟	複数の株主が提起した責任追及の訴え、総会決議取消の訴えなど	訴訟共同の必要はないが、合一確定は必要 予R3-32-ウ

15章
多数当事者
訴訟

〈CORE TRAINING〉 1 共同訴訟人独立の原則

CORE TRAINING

□□□ 土地の工作物の占有者及び所有者を共同被告とする、その工作物の瑕疵を理由とする損害賠償請求訴訟において、原告の申出があれば、その弁論及び裁判は分離することができなくなる。 H21-72-2

➡ 土地の占有者及び所有者に対する工作物の瑕疵を理由とする損害賠償請求（民717Ⅰ）は、「法律上併存し得ない関係」に当たり、申出があれば弁論及び裁判は分離することができなくなる（民訴41Ⅰ）⑤❷ i、❸ i ○

□□□ 同時審判の申出は、第一審の口頭弁論の終結の時までにしなければならない。 予R2-32-5

➡ 41Ⅱ ⑤❷ ii ✕

□□□ 共同被告の一方に対する訴訟の目的である権利と共同被告の他方に対する訴訟の目的である権利とが法律上併存し得ない関係にある場合において、原告が同時審判の申出をしたときは、裁判所は、原告と一方の被告との間で裁判上の自白が成立した事実については、他方の被告との間でも判決の基礎としなければならない。 予R2-32-4

➡ 同時審判申出共同訴訟は、通常共同訴訟なので、共同訴訟人独立の原則（39）が働くから、主張共通の原則は認められない ⑤＊ ✕

□□□ Ｘは、甲土地上に設置されているブロック塀の一部が突然倒壊して頭部に当たり負傷したことから、甲土地を占有するＹ又は甲土地を所有するＺのいずれかが、Ｘに生じた損害を賠償すべきであるとして、Ｙ及びＺを共同被告として訴えを提起し、同時審判の申出をした。Ｚは、Ｙが甲土地を占有しているとして、ＹＺ間で締結された賃貸借契約に係る賃貸借契約書を書証として提出した。この場合、裁判所は、ＸのＹに対する請求の関係で当該賃貸借契約書を証拠として利用することができる。 H20-65-1

➡ 同時審判申出共同訴訟（41Ⅰ）は通常共同訴訟であり、証拠共通の原則が働く（最判昭45.1.23）⑤＊ ○

254

〈CORE TRAINING〉1 共同訴訟人独立の原則

□□□ Xは、甲土地上に設置されているブロック塀の一部が突然倒壊して頭部に当たり負傷したことから、甲土地を占有するY又は甲土地を所有するZのいずれかが、Xに生じた損害を賠償すべきであるとして、Y及びZを共同被告として訴えを提起し、同時審判の申出をした。Xは、Yに対する訴えのみを取り下げることができない。 H20-65-3

➡ 同時審判申出共同訴訟においても共同訴訟人独立の原則が働くため、XはYに対する訴えのみ取り下げることができる ✕
5 ❸ iii

CORE PLUS

5 同時審判申出共同訴訟

❶ 意 義	共同被告と原告との間の実体法上両立し得ない請求 (e.g. 本人に対する契約上の請求と無権代理人に対する請求〔民117Ⅰ〕) につき、通常共同訴訟ではあるが、弁論及び裁判の分離を禁じる (民訴41)
❷ 要 件	i 共同被告の一方に対する訴訟の目的である権利と共同被告の他方に対する訴えの目的である権利とが法律上併存し得ない関係にある場合であること H21-72-2 ii 控訴審の口頭弁論終結時までに、原告が同時審判の申出をすること (41Ⅱ) 予R2-32-5
❸ 効 果	i 弁論及び裁判を分離しないでしなければならない (41Ⅰ) H21-72-2 ii 第一審で同時審判の申出があり、共同被告に対する判決が同時にされた場合において、原告と敗訴した被告がそれぞれ控訴し、控訴事件が同一の控訴裁判所に別々に係属するときにも、弁論及び裁判が併合して行われる (41Ⅲ) iii あくまでも通常共同訴訟にすぎないので、共同訴訟人独立の原則 (39) が働く* H20-65-3

* 訴訟関係自体は通常共同訴訟なので、証拠共通の原則は認められるが (最判昭45.1.23)、主張共通の原則は認められない (通説・判例〔最判昭43.9.12百選95事件〕)。 H20-65-1 、予R2-32-4

15章 多数当事者訴訟

255

〈CORE TRAINING〉2 補助参加訴訟

CORE TRAINING

02 補助参加訴訟

□□□ 当事者が補助参加について異議を述べなければ、補助参加人が参加の理由を疎明する必要はない。H26-65-イ 、予H27-43-1　　➡ 44 I 　6❶　○

□□□ 補助参加の理由が、友情に基づき応援したいというものである場合は、裁判所は、当事者の異議がなくても、参加を許さない旨の裁判をすることができる。H20-71-エ　　➡ 44I前段 6＊1　✕

□□□ Y及びZの共同不法行為を理由とするY及びZに対するXの損害賠償請求訴訟の第一審において、Yに対する請求を認容し、Zに対する請求を棄却する判決がされ、Yが自己に対する判決につき控訴しない場合に、Yは、自己の求償権の保全を理由としてXZ間の判決について控訴するためXに補助参加をすることができる。予R4-32-4　　➡ 最判昭51.3.30（百選A32事件）○

□□□ 補助参加を許可する旨の裁判に対する抗告審が、即時抗告の相手方たる補助参加申出人に対し、即時抗告申立書の副本の送達をせず、反論の機会を与えることなく、補助参加を許さない旨の判断をしたことは、憲法第32条所定の「裁判を受ける権利」を侵害するものではない。予R4-32-1　　➡ 最判平23.9.30 ○

□□□ 補助参加を許さない旨の決定が確定しても、同じ理由に基づく再度の補助参加の申出をすることは許される。予R4-32-2　　➡ 最決昭58.6.25 ✕

□□□ 通常共同訴訟においては、共同訴訟人間に共通の利害関係があるときでも、補助参加の申出をしない限り、当然には補助参加をしたと同一の効果を生ずるものではない。予R4-32-3　　➡ 最判昭43.9.12（百選95事件）6❷i　○

□□□ 補助参加人は、補助参加について異議があった場合においても、補助参加を許さない裁判が確定するまでの間は、訴訟行為をすることができる。予R1-45-4　　➡ 45Ⅲ 6❷ii ○

□□□ 補助参加人の訴訟行為は、補助参加を許さない裁判が確定した場合には、当事者が援用してもその効力を有しない。予H27-43-2　　➡ 45Ⅳ 6❷ii ✕

256

〈CORE TRAINING〉2　補助参加訴訟

CORE PLUS

6 補助参加の手続

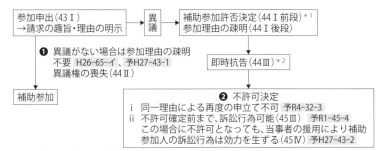

＊1　友情に基づいて応援したいという理由は法律上の利害関係ではなく、補助参加が認められないのが原則である（42）。もっとも、当事者の異議がなければ、法律上の利害関係を有しない者に対しても、参加を許さない旨の裁判をすることはできない（44Ⅰ前段）。H20-71-エ 。
＊2　補助参加の許否いずれの決定についても即時抗告で争える（44Ⅲ）。

〈CORE TRAINING〉2 補助参加訴訟

CORE TRAINING

□□□ 判決が確定した後でも、補助参加の申出とともに再審の訴えを提起することができる。H20-71-イ → 43Ⅱ、45Ⅰ本文 ⑦❶ ◯

□□□ 補助参加人は、参加後は証人になることはできない。H20-71-ア → 42、47Ⅰ参照 ⑦※1 ✕

□□□ 貸主の借主に対する貸金返還請求訴訟において、保証人が借主側に補助参加した場合、借主が、参加申出よりも前に、請求原因事実の一部を自白し、これを撤回することができない場合であっても、保証人はその自白に係る事実を争うことができる。予H27-43-5 → 45Ⅱ ⑦❷ib ✕

□□□ 補助参加人がする訴訟行為は、被参加人に有利なものであっても、効力を生じないことがある。H20-71-ウ → 45Ⅰただし書、45Ⅱ ⑦❷ ◯

□□□ 検察官を被告とする認知請求訴訟に、第三者が当該訴訟の結果により相続権を害されるとして検察官のために補助参加をしていた場合において、検察官自身は上告や上告受理申立てをせず、補助参加人のみが上告を提起したときは、当該上告は、補助参加人のための上訴期間満了前にされたものであっても、当事者である検察官のための上訴期間が経過した後にされた場合には、不適法なものとして許されない。予R4-32-5 → 最判平28.2.26参照 ✕

□□□ 原告側に補助参加をした補助参加人は、訴えの取下げをすることができない。予H27-43-3 → 補助参加人は、訴訟自体を処分する行為をすることはできない ⑦❷ iia ◯

□□□ 補助参加の申出は、参加的効力が及ぶ被参加人の同意がなければ、取り下げることができない。H20-71-オ → ⑦※2 ✕

258

〈CORE TRAINING〉2　補助参加訴訟

CORE PLUS

7 補助参加人の訴訟行為

❶ 原　則		訴訟について、攻撃又は防御の方法の提出、異議の申立て、上訴の提起、再審の提起その他一切の訴訟行為をすることができる（45Ⅰ本文）H20-71-イ
❷ 例　外 H20-71-ウ	ⅰ 条文上制限されている行為	a 被参加人のなし得ない行為（45Ⅰただし書）→e.g. 時機に後れた攻撃防御方法（157）の提出、自白の撤回
		b 被参加人の行為と矛盾・抵触する行為（45Ⅱ）→e.g. 既に被参加人が裁判上の自白（179）をしているのにそれを争うこと 予H27-43-5
	ⅱ 解釈上制限される行為	a 訴訟を処分・変更する行為や被参加人に不利な行為→e.g. 訴えの取下げ 予H27-43-3、訴えの変更、自白、上訴の取下げ
		b 被参加人の形成権の行使→明文の規定がある場合（民457Ⅱ等）を除き認められない（通説）

※1　補助参加人は、当事者として訴訟に参加するわけではないので、参加後も証人適格は否定されない。H20-71-ア

※2　参加人に訴訟告知することにより参加的効力を発生させられる（53Ⅰ、Ⅳ）以上、補助参加の申出の取下げに被参加人の同意を要求する実益はなく、同意は不要である。H20-71-オ

※3　令和4年法律第48号により、45条5項が新設された。これによって補助参加人は訴訟記録等について当事者として閲覧謄写等の請求ができるようになった。なお、この法律は、公布日より4年以内に施行される。

259

〈CORE TRAINING〉3　三面訴訟

CORE TRAINING

03　三面訴訟

□□□　甲土地は、もともとAが所有していた。Xは、Aの唯一の相続人として、甲土地の所有権を相続により取得したと主張しているが、YはAから、ZはXから、それぞれ甲土地を買い受けたと主張している。甲土地につきAからYに所有権移転登記がされているので、XはYに対して甲土地の所有権の確認と移転登記の抹消登記手続を求める訴えを提起したとする。この場合、Zは、Yに対しては所有権の確認とAからYへの所有権移転登記の抹消登記手続を求め、Xに対しては所有権の確認と相続登記をした上での所有権移転登記手続を求めて、XY間の訴訟に独立当事者参加をすることができるので、これに代わる別訴を提起することは許されない。H18-57-1

➡ 独立当事者参加することができる場合であっても、参加するか否かは第三者の任意であり、同一の紛争について、独立当事者参加をせずに別訴を提起することが禁止されているわけではない　✕

□□□　上記の事例において、Zが上記の独立当事者参加をした場合、YがAから甲土地を購入した事実をXが自白しても、Zがその事実を争っている限り、Zに対して自白の効力が及ばないのみならず、Xに対しても自白としての効力は認められない。H18-57-2

➡ 47Ⅳ前段・40Ⅰ　⑧❷　◯

□□□　YはAに建物新築工事を注文した。Aはこれを請け負い、同建物の左官工事についてはXがAから下請けした。建物は完成してYに引き渡されたものの、AのYに対する請負代金債権（以下「甲債権」という）についても、XのAに対する下請工事代金債権（以下「乙債権」という）についても弁済がなされないまま、Aが経営に行き詰まり、無資力となった。そこで、Xは、Aから乙債権について弁済を受けられないとして、債権者代位権に基づき、Yを被告として甲債権について支払を求める訴えを提起した。この場合において、乙債権が全額支払済みであることが明らかになった場合、裁判所は、Xの請求を棄却しなければならない。H19-61-3

➡ 棄却ではなく、却下である　⑧※　✕

260

〈CORE TRAINING〉3 三面訴訟

CORE PLUS

8 独立当事者参加

❶ 類　型	ⅰ 詐害防止参加（47Ⅰ前段） →「訴訟の結果によって権利が害される」とは、当事者がその訴訟を通じて詐害意思を持つと客観的に認められる場合をいう
	ⅱ 権利主張参加（47Ⅰ後段） →「訴訟の目的の全部若しくは一部が自己の権利」とは、参加人の請求と本訴の請求と論理的に両立し得ない関係にある場合をいう
❷ 効　果	○必要的共同訴訟の規定（40Ⅰ～Ⅲ）が準用される（47Ⅳ前段） H18-57-2 ○弁論の分離（152）・一部判決（243Ⅱ、Ⅲ）は許されない
❸ 債権者代位訴訟における債務者の参加形態	ⅰ 債務者が被保全債権の存在を認めている場合 →共同訴訟参加（52Ⅰ）*1
	ⅱ 債務者が被保全債権の存在を争っている場合*2 →独立当事者参加（権利主張参加、47Ⅰ後段）

*1 平成29年民法改正により、債務者の被保全債権に対する管理処分権は喪失せず（民423の5）、当事者適格は失われないこととなる。そうだとすると、債務者にも判決効が及ぶことになるので、共同訴訟参加（52Ⅰ）という参加形態が考えられる（学説）。

*2 この事例において、平成29年民法改正前の判例は、独立当事者参加が認められるとしていた（最判昭48.4.24百選108事件）。平成29年改正民法下の有力説も、債務者が被保全債権の存在を争うかたちで債権者代位訴訟に関与する場合には、権利主張参加が認められると解する。

※ 債権者代位訴訟において、被保全債権の存在は、当事者適格を基礎付ける訴訟要件であるところ、これを欠くと裁判所は訴えを却下しなければならない。 H19-61-3

15章
多数当事者訴訟

261

〈CORE TRAINING〉4 当事者の交替

CORE TRAINING

04 当事者の交替

□□□ 訴訟物が一身専属権である訴訟において、原告が死亡した場合には、訴訟手続は中断せず、訴訟は終了する。予H29-36-イ

➡ 最大判昭42.5.24憲法百選Ⅱ131事件 ⑨ ※　○

□□□ 参加承継の場合、承継人は独立当事者参加の形式で参加の申出をすることから、被承継人と承継人との間に争いがないときであっても、相手方に加えて被承継人に対しても請求を立てなければならない。H21-71-2

➡ 49、51前段・47Ⅰ。参加人と被承継人との間に争いがなければ、相手方当事者に対してだけ請求を立てて訴訟に参加することができる　×

□□□ 被承継人の相手方は、承継人に対し、承継したものが義務であっても権利であっても訴訟引受けの申立てをすることができるが、申立ての時期は事実審の口頭弁論終結前に限られる。H21-71-1、予R2-33-3

➡ 50Ⅰ、51後段、最決昭37.10.12 ⑩ ※　○

□□□ 参加承継後の訴訟の審理は必要的共同訴訟の手続によるのに対し、引受承継後の訴訟の審理は、通常共同訴訟と同様の手続によるので、前者においては弁論の分離、一部判決が禁止されるのに対し、後者においてはそれらが許容される。H21-71-3

➡ 49Ⅰ、51前段・47Ⅰ、47Ⅳ・40ⅠからⅢまで、50Ⅲ、51後段・41Ⅰ、Ⅲ ⑩ ⅰ、ⅱ　×

□□□ XのYに対する訴訟の係属中にZがYから訴訟の目的である義務の全部を承継した場合において、裁判所がZに訴訟を引き受けさせる決定をしたときは、Zがした訴訟行為は、Yの利益においてのみその効力を生ずる。予R2-33-1

➡ 50Ⅲ・41Ⅰ、Ⅲ。通常共同訴訟と同様の規律に服することとなり、Zのした訴訟行為はYの利益と関係なく効力が生ずる ⑩ ❸ⅰ　×

□□□ 参加承継においては参加があれば被承継人は相手方の承諾を得ずに訴訟から脱退できるが、引受承継においては引受決定がされても、被承継人が訴訟から脱退するには相手方の承諾が必要である。H21-71-4

➡ 49、51前段、51後段・50Ⅲ・48前段 ⑩ ⅲ　×

□□□ XのYに対する訴訟の係属中にZがYから訴訟の目的である義務の全部を承継した場合において、裁判所がZに訴訟を引き受けさせる決定をし、YがXの承諾を得て訴訟から脱退したときは、その確定判決の効力は、Yに対しては及ばない。予R2-33-5

➡ 50Ⅲ・48後段 ⑩ ❸ⅲ　×

262

〈CORE TRAINING〉 4　当事者の交替

CORE PLUS

9 当事者の交替

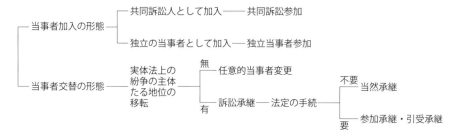

※　判例は、生活保護法に基づく医療扶助に関する行政処分取消訴訟において、訴訟物たる権利が一身専属権である場合には、原告の死亡によって、訴訟は当然に終了するとしている（最大判昭42.5.24憲法百選Ⅱ131事件）。予H29-36-イ

10 参加承継・引受承継の準用関係

		i 同時審判申出共同訴訟の規定（41Ⅰ、Ⅲ）H21-71-3	ii 独立当事者参加の規定（47）H21-71-3*	iii 訴訟脱退（48）H21-71-4
参加承継	❶ 権利承継人の訴訟参加（49）	×	○（49Ⅰ）	○（49Ⅰ）
	❷ 義務承継人の訴訟参加（51前段）	×	○（51前段）	○（51前段）
引受承継	❸ 義務承継人に対する訴訟引受け（50Ⅰ）	○（50Ⅲ）予R2-33-1	×	○（50Ⅲ）予R2-33-5
	❹ 権利承継人に対する訴訟引受け（51後段）	○（51後段・50Ⅲ）	×	○（51後段・50Ⅲ）

＊　独立当事者参加の規定が適用されると、47条4項前段により、必要的共同訴訟の規律（40ⅠからⅢまで）が及ぶこととなる。

※　判例は、訴訟引受けの申立て（50Ⅰ、51後段）の時期について、「民訴74条（現：50条）による訴訟引受の申立は事実審の口頭弁論終結前に限ってなされるべきものであり、上告審において右申立をなすことは許されない」としている（最決昭37.10.12）。H21-71-1、予R2-33-3

第6編　複雑訴訟

MEMO

第**7**編

不服申立手続と略式手続

第1節　上訴総説

No. 067

控訴の利益

H23-72

　Xは、Yに1000万円を貸し付けたとして、Yに対して、そのうち400万円の貸金の返還を求める訴えを提起した。これに対し、Yは、請求棄却の判決を求め、当該貸付けの事実を否認するとともに、消滅時効又は相殺による当該貸金債権の消滅を主張した。この事例に関する次の1から5までの各記述のうち、判例の趣旨に照らし正しいものを2個選びなさい。

1．第一審裁判所が、XのYに対する貸付けの事実を認めた上で、Yの主張する消滅時効を理由にXの請求を全部棄却した場合、Yは、貸付けの事実を認めたことを不服として控訴することができる。
2．第一審裁判所がXの請求を全部認容した場合、Xは、Yに対する請求を1000万円に拡張するために控訴することができる。
3．第一審裁判所がYの主張する相殺を理由にXの請求を全部棄却した場合、Yは、これを不服として控訴することができる。
4．第一審裁判所がXの請求を全部認容し、Yがこれを不服として控訴した場合、Xは、附帯控訴の方式により、請求を1000万円に拡張することができる。
5．第一審裁判所が、Xの請求を全部認容したが、訴訟費用の一部をXの負担とした場合、Xは、訴訟費用の負担の裁判を不服として控訴することができる。

第7編　不服申立手続と略式手続

| No. 067 | 正解 3、4 | 控訴の利益の有無について、判例の考え方を正確に理解しよう。 | 正答率 84.4% |

1　誤り。

　控訴を提起するには、原判決に対する不服（控訴）の利益が必要であり、この不服の対象は、訴訟物についての判決主文中の判断に限定され、判決理由中の判断は、原則として不服の対象とならない（最判昭31.4.3百選110事件参照）。したがって、貸付けの事実を裁判所が認めたことに不服があるとしても、それが判決理由中の判断にすぎず、また、Xの請求が全部棄却されている以上、不服の利益は認められず、Yは、控訴することができない。

2　誤り。

　本問において、Xは、一部請求であることを明示したうえで400万円の貸金の返還を求める訴えを提起しており、このような**明示的一部請求訴訟**においては、**訴訟物**は、その**明示された債権の一部に限定される**（最判昭37.8.10）。そして、Xは、一部に限定された訴訟物について全部認容判決を得ており、また、後訴において残部を請求することが妨げられない以上、不服の利益は認められず、Yに対する請求を1000万円に拡張するために控訴することはできない。もっとも、一部であることを明示しなかった場合には、請求の拡張のため控訴することが許される。

3　正しい。　　　　　　　　　　　　　　　　　　　　　　　　　　　　　類 予R3-44-2

　控訴における不服の対象は、訴訟物についての判決主文中の判断に限定され、判決理由中の判断は、原則として不服の対象とならないが、例外的に、**理由中の判断により当事者に不利益な効力が生じる場合**には、**不服の対象となる**。相殺の抗弁の成否については、判決理由中の判断にも**既判力を生じ**（114条2項）、その成立が認められた場合、**自働債権は消滅**し、その**不存在が既判力をもって確定**されることから、当事者に不利益な効力が生じる場合に当たる。したがって、本記述において、Yは、控訴することができる。

4　正しい。

　判例は、「第一審において、**全部勝訴の判決を得た当事者**（原告）も、相手方が該判決に対し控訴した場合、**附帯控訴の方式により、その請求の拡張をなし得る**」としている（最判昭32.12.13百選A38事件）。したがって、Xは、附帯控訴の方式により、請求を1000万円に拡張することができる。

5　誤り。

　訴訟費用の負担の裁判に対しては、独立して控訴をすることができない（282条）。本記述において、Xの請求は全部認容されており、本案の判決に対して控訴することができないのであるから、Xは、訴訟費用の負担の裁判のみを不服として控訴することができない。

文献　試験対策講座209、512、519頁。判例シリーズ87事件

268

第2節　控訴

| No. 068 | 控　訴　　　　　　　　　　H25-73 | □　月　日
□　月　日
□　月　日 | 16章　上訴 |

　控訴に関する次の1から5までの各記述のうち、判例の趣旨に照らし正しいものを2個選びなさい。

□□□　1. 被告が第一審で請求棄却を求めた場合において、訴えを却下する判決が言い渡されたときは、被告には控訴の利益が認められない。

□□□　2. 第一審判決が予備的相殺の抗弁を認めて原告の請求を棄却したのに対し、原告が控訴し、被告が控訴も附帯控訴もしない場合において、控訴裁判所が原告の請求債権はそもそも存在しないと判断するときは、控訴裁判所は、第一審判決を維持し、控訴を棄却しなければならない。

□□□　3. 裁判所は、控訴審の第一回口頭弁論期日において初めて提出された攻撃又は防御の方法を、時機に後れたものとして却下することはできない。

□□□　4. 一部請求であることを明示した訴えにおいて全部勝訴した原告は、被告が控訴をしたときは、附帯控訴により残部について請求を拡張することができる。

□□□　5. 控訴審が原判決を取り消し、事件を原審に差し戻す判決をした場合には、それにより事件が原裁判所に移審するため、当該差戻判決に対して上告をすることはできない。

269

第7編　不服申立手続と略式手続

| No. 068 | 正解 2、4 | 控訴に関する重要判例をしっかり整理しておこう。 | 正答率 87.0% |

1　誤り。

　判例は、第一審判決が**訴えの利益がないとして原告の請求を排斥**した場合、被告は形式的には全部勝訴の判決を得たようなかたちとなるが、**被告は更に原告の請求棄却を求めるため**、第一審判決に対し**控訴の利益を有する**としている（最判昭40.3.19）。

2　正しい。

　判例は、「訴求債権が有効に成立したことを認めながら、**被告の主張する相殺の抗弁を採用して原告の請求を棄却した第一審判決**に対し、**原告のみが控訴し被告が控訴も附帯控訴もしなかった場合において、控訴審が訴求債権の有効な成立を否定したときに、第一審判決を取消して改めて請求棄却の判決**をすることは、民訴法199条2項〔現114条2項〕に徴すると、控訴した原告に不利益であることが明らかであるから、**不利益変更禁止の原則に違反して許されない**ものというべきであり、控訴審としては被告の主張した相殺の抗弁を採用した第一審判決を維持し、**原告の控訴を棄却する**にとどめなければならない」としている（最判昭61.9.4百選112事件）。

3　誤り。

　大判昭8.2.7は、控訴審における157条の適用について、第一審における訴訟手続の経過をも考慮して時機に後れたか否かを判断すべきであるとしている。したがって、裁判所は、控訴審の第1回口頭弁論期日において初めて提出された攻撃又は防御の方法であっても、157条1項の要件を充足するときは、時機に後れたものとして却下することができる（297条本文・157条1項）。

4　正しい。

　前掲最判昭32年（百選A38事件）は、「第一審において、**全部勝訴の判決を得た当事者**（原告）も、相手方が該判決に対し控訴した場合、**附帯控訴の方式**により、その**請求の拡張をなし得る**」としている。

5　誤り。

　判例は、第一審判決を取り消し、事件を第一審に差し戻した控訴審判決によって、事件は当該審級から離脱するのであるから、当該判決は終局判決であると解するのが相当であるとして、これに対して直ちに上告することができるとしている（最判昭26.10.16）。

文献　試験対策講座257、515〜520頁。判例シリーズ89事件

270

第2節 控訴

No. 069	論	控訴審	予R1-44

□ 月 日
□ 月 日
□ 月 日

16章 上訴

　控訴審における審理に関する次のアからオまでの各記述のうち、判例の趣旨に照らし正しいものを組み合わせたものは、後記1から5までのうちどれか。

□□□　ア．当事者の一方が控訴審の第1回口頭弁論期日に欠席した場合に、その期日に出頭した当事者は、当事者双方に係る第一審口頭弁論の結果を陳述することができる。

□□□　イ．第一審において、被告が請求原因事実の全部を自白したとみなされたために請求を全部認容する判決がされた場合であって、被告が控訴審において当該請求原因事実の全部又は一部を争うときは、その旨を明らかにするとともに、その争おうとする請求原因事実が真実でないことを立証しなければならない。

□□□　ウ．第一審において弁論準備手続を終結している場合であって、当事者が控訴審において新たな攻撃防御方法を提出しないときは、控訴裁判所は、事件を弁論準備手続に付することはできない。

□□□　エ．第一審裁判所が専属管轄を定める合意があることを理由とする管轄違いの主張を排斥して本案判決をした場合であって、当該管轄違いの主張に係る判断に誤りがあるときは、当事者は、控訴審において、当該合意があることを理由として、第一審裁判所が管轄権を有しないことを主張することができる。

□□□　オ．当事者が控訴審において新たに提出した攻撃防御方法について、控訴裁判所は、控訴審の審理経過だけでなく、第一審における審理経過についても考慮し、時機に後れたものであるか否かを判断する。

1．ア　イ　　2．ア　オ　　3．イ　ウ　　4．ウ　エ　　5．エ　オ

271

第7編　不服申立手続と略式手続

| No. 069 | 正解 2 | 上訴は手薄になりがちだが、短答式試験では頻出なので、条文・判例知識を確認しておこう。 | 正答率 65.4% |

ア　正しい。

　控訴審において当事者は第一審における口頭弁論の結果を陳述しなければならない（296条2項）。そして、判例は、「控訴審において当事者が第一審における口頭弁論の結果を陳述すべき場合、当事者の一方が口頭弁論期日に欠席したときは出頭した方の当事者に双方に係る第一審口頭弁論の結果を陳述させることができるものと解すべきである」としている（最判昭33.7.22）。

イ　誤り。

　第一審においてした訴訟行為は、控訴審においてもその効力を有するが（298条1項）、判例は、擬制自白は、当事者の行為たる真正の自白とは異なり、法規により自白とみなすという裁判所の判断であるから、各審級において独自に生ずる問題であり、その効力が当然に上級審に及ぶことはないとしている（大判昭8.4.18）。したがって、第一審で擬制自白が成立しても、控訴審で被告が請求原因事実の全部又は一部を争うときは、その旨を明らかにすれば足り、その争おうとする請求原因事実が真実でないことの立証まではする必要はない。

ウ　誤り。

　第一審の訴訟手続は特別の定めがある場合を除き、控訴審の訴訟手続にも準用されるから（297条本文）、控訴審でも弁論準備手続を行うことは可能であり、本記述のような制限は規定されていない。

エ　誤り。

　控訴審においては、専属管轄の場合、第一審の管轄違いの主張をすることができるが（299条1項ただし書）、専属的合意管轄の場合は除かれているので（同項ただし書括弧書）、専属管轄を定める合意の存在を理由とした第一審の管轄違いの主張をすることはできない。これは専属的合意管轄が公益とは無関係だからである。

オ　正しい。

　判例は、控訴審で提出された攻撃防御方法が時機に後れたかどうかは、第一審・第二審の弁論全体を通じて判断されるとしている（大判昭8.2.7参照）。

文献　試験対策講座257、515〜520頁

272

第2節 控訴

No.
070

上　訴

予H28-45

□ 月　日
□ 月　日
□ 月　日

16章
上訴

　民事訴訟における上訴に関する次の1から5までの各記述のうち、正しいものを2個選びなさい。

1．第一審の判決の言渡し後その判決書又は判決書に代わる調書の送達を受ける前においては、控訴を提起することは、許されない。

2．裁判所に対し控訴権を放棄する旨の申述をした者が附帯控訴をすることは、許されない。

3．控訴の取下げには、相手方の同意を要しない。

4．上告は、判決に憲法の解釈の誤りがあることその他憲法の違反があることを理由とするときに限り、することができる。

5．即時抗告期間は、裁判の告知を受けた日から1週間の不変期間である。

273

第7編　不服申立手続と略式手続

| No. 070 | 正解 3、5 | 上訴に関する条文は手薄になりがちなので、しっかり確認しておこう。 | 正答率 68.7% |

1　誤り。

　控訴は、判決書又は判決書に代わる調書の送達を受けた日から2週間の不変期間内に提起しなければならないが（285条本文）、当該期間前に提起した**控訴の効力は妨げられない**（同条ただし書）。この規定は、特に、仮執行宣言付判決に基づく強制執行を事前に防ぐために、判決送達前に控訴を提起し執行停止決定（403条）を得る必要があることから、実務的にも有用とされる。したがって、第一審の判決の言渡し後その判決書又は判決書に代わる調書の送達を受ける前に控訴を提起することは、許される。

＊　令和4年法律第48号により、判決書及び調書は電磁的記録として作成されることとなり、名称も電子判決書及び電子調書に変更される。なお、この法律は公布日より4年以内に施行される。

2　誤り。

　被控訴人は、控訴権が消滅した後であっても、口頭弁論の終結に至るまで、附帯控訴をすることができる（293条1項）。したがって、裁判所に対し控訴権を放棄する旨の申述をしたことにより控訴権が消滅した者も、控訴審の口頭弁論が終結するまでの間は、附帯控訴をすることが許される。

3　正しい。

　判例は、控訴の取下げについて訴えの取下げに関する規定の準用を定める292条2項は、261条2項を準用していないため、控訴の取下げに、相手方の同意は不要であるとしている（最判昭34.9.17）。これは、訴えの取下げと異なり、控訴が取り下げられても、相手方としては自己に有利な第一審の判決が確定するのみで、何ら不利益を被る可能性がないからである。

4　誤り。

　上告は、**判決に憲法の解釈の誤りがあることその他憲法の違反があること**を理由とするとき（312条1項）のほか、**絶対的上告理由があること**を理由とするとき（同条2項各号）、**高等裁判所**にする場合は、**判決に影響を及ぼすことが明らかな法令の違反がある**ことを理由とするとき（同条3項）にもすることができる。

5　正しい。

　即時抗告は、**裁判の告知を受けた日から1週間の不変期間内**にしなければならない（332条）。これは、一定の決定又は命令については、迅速に確定させる必要があるため、その不服申立ての方法を即時抗告としたうえで、その申立期間を、通常抗告と比べて限定的なものとしたものである。

文献　試験対策講座515〜522、524頁

第3節　上告

| No. 071 | 上告審　H25-74 | □ 月 日
□ 月 日
□ 月 日 | 16章 上訴 |

　上告審に関する次の1から5までの各記述のうち、正しいものを2個選びなさい。

□□□　1．最高裁判所は、上告理由や上告受理の申立ての理由において上告人が主張していない限り、判決に影響を及ぼすことが明らかな法令の違反が認められる場合であっても、原判決を破棄することはできない。

□□□　2．最高裁判所への上告も、高等裁判所への上告も、判決に憲法の解釈の誤りがあることその他憲法の違反がある場合のほか、重大な手続違反（絶対的上告理由）がある場合に限り、許される。

□□□　3．上告裁判所が、上告状、上告理由書、答弁書その他の書類を調査して上告に理由がないと判断したときは、口頭弁論を開かずに、上告棄却の判決をすることができる。

□□□　4．最高裁判所は、上告受理決定をする場合であっても、上告受理の申立ての理由中に重要でないと認めるものがあるときは、これを排除することができる。

□□□　5．判例の趣旨によれば、上告受理の申立てに対して附帯上告をし、又は上告に対して附帯上告受理の申立てをすることができる。

275

第7編　不服申立手続と略式手続

| No. 071 | 正解 3、4 | 上告理由の制限を中心に、上告審特有の規律について整理しよう。 | 正答率 83.4% |

1　誤り。

判決に影響を及ぼすことが明らかな法令の違反があることは、最高裁判所への上告理由とはならない（312条3項参照）。もっとも、**最高裁判所は、適法な上告を契機として職権調査をした結果、憲法違反**（同条1項）**又は絶対的上告理由**（同条2項各号）**に当たる事由がない場合でも、判決に影響を及ぼすことが明らかな法令の違反が認められるときは、原判決を破棄できる**（特別破棄、325条2項）。この場合、職権調査事項については調査事項の限定がなされず（320条、322条）、最高裁判所は、上告理由とは関係のない事項についても調査できる。

2　誤り。

最高裁判所への上告は、判決に憲法の解釈の誤りがあることその他憲法の違反がある場合（312条1項）のほか、重大な手続違反（絶対的上告理由、同条2項各号）がある場合に限り、許される。もっとも、**高等裁判所への上告は、これらの場合に加えて、判決に影響を及ぼすことが明らかな法令の違反がある場合にも、することができる**（同条3項）。

3　正しい。

上告裁判所が、上告状、上告理由書、答弁書その他の書類により、上告を理由がないと認めるときは、口頭弁論を経ないで、判決で、上告を棄却することができる（319条）。これは、訴訟経済及び上告裁判所の負担軽減の見地から、必要的口頭弁論の原則（87条1項本文）の例外（同条3項）を認めたものである。

4　正しい。

最高裁判所は、上告受理決定をする場合において、上告受理の申立ての理由中に重要でないと認めるものがあるときは、これを排除できる（318条3項）。これは、最高裁判所の負担軽減の見地から、上告審として調査する範囲（320条参照）を、最高裁判所が自ら判断に値すると認めるものに限定したものである。

5　誤り。

293条は、上告手続に準用されるから（313条）、被上告人は、上告に附帯して、原判決を自己に有利に変更することを求める申立て（附帯上告）をすることができ（313条・293条1項）、また、被上告受理申立人は、上告受理の申立てに附帯して、原判決を自己に有利に変更することを求める申立てをすることができる（318条5項・313条・293条1項）。もっとも、判例は、「上告受理の申立てに対して附帯上告を提起し、又は上告に対して附帯上告受理の申立てをすることはできない」としている（最決平11.4.23）。

文献　試験対策講座521～523頁

〈CORE TRAINING〉 1　上訴総説／2　控訴

CORE TRAINING

16章 上訴

01　上訴総説

□□□　第一審において、被告に訴訟能力が欠けていることを看過して請求棄却判決が言い渡された場合には、勝訴している被告の法定代理人は、本人に訴訟能力がないことを理由として控訴することはできない。H19-62-オ

➡ 形式的不服説からは、上訴の利益に欠けることとなる　1❶　　○

02　控訴

□□□　二つの請求が併合されている訴訟において、第一審裁判所がそのうちの一つの請求について判決をした場合には、当事者は、残りの請求についての判決を待たなければ、控訴を提起することができない。H22-73-1

➡ 一部判決も終局判決の一種であるから、当事者は独立して上訴できる（243Ⅲ・Ⅱ）　　×

□□□　控訴状に控訴の理由の記載がない場合において、控訴人が最高裁判所規則で定める期間内に控訴裁判所に控訴理由書を提出しないときは、控訴裁判所は、決定で、控訴を却下しなければならない。H24-73-ア

➡ 控訴を提起する場合には控訴理由書を提出する旨定められているが（民訴規182）、制裁の定めはない　　×

CORE PLUS

1　上訴の利益

	結　論	理　由
❶ 形式的不服説（通説、最判昭31. 4. 3百選110事件）	原審における当事者の申立てと、判決主文を比較して、後者が前者に及ばない場合に上訴の利益を認める H19-62-オ	○上訴の利益の有無は形式的に捉えた方が一義的に明確 ○実体的不服までも問題にすると不服の範囲が過度に広範になり、紛争解決が遅延する ○自ら訴訟物を決定したことに対する自己責任
❷ 実体的不服説	当事者が上級審で、原裁判よりも実体法上有利な判決を求め得る可能性があれば上訴の利益を認める	現行法上、控訴審は続審制を採用している

277

〈CORE TRAINING〉2 控訴

CORE TRAINING

□□□ 控訴審の審判の対象は、裁判所が職権で調査すべき事項を除き、不服申立ての範囲に限定される。 H24-73-ウ
➡ 296 I 参照
② ❻　　○

□□□ 控訴審において提出することができる攻撃又は防御の方法は、第一審の口頭弁論終結後に生じた事由に関するものに限られない。 H24-73-エ
➡ 297本文・156参照　② ❺、＊1　○

□□□ 第一審の口頭弁論の終結後に当事者から書証として提出された文書は、第一審判決の資料とすることはできないが、控訴審において第一審の口頭弁論の結果が陳述された場合には、訴訟記録につづられていれば、当該文書も証拠として控訴審における判決の資料となる。 H25-64-エ
➡ ② ＊2　　×

□□□ 控訴裁判所は、第一審判決を取り消す場合には、事件を第一審裁判所に差し戻さず、自判をすることができる。 H24-73-オ
➡ ② ❼ i　　○

□□□ 被控訴人が附帯控訴をしているときは、その同意がなければ、控訴の取下げをすることができない。 H23-70-5
➡ 292 II は261 II を準用していない
② ❽ ii　　×

□□□ 請求を一部認容した第一審判決に対し、原告が控訴を提起した場合、控訴裁判所は、訴訟要件がないと判断すれば、不利益変更禁止の原則にかかわらず、訴えを却下することができる。 H22-73-3
➡ ③ ❸　　○

□□□ 亡Aの配偶者Xが子であるY及びZを共同被告としてYがAの相続人の地位を有しないことの確認を求める訴えを提起したところ、第一審裁判所が、Xの請求のうち、Yに対する請求を認容し、Zに対する請求を棄却するとの判決をした場合において、Yのみが控訴をし、Xが控訴又は附帯控訴をしていないときであっても、控訴裁判所は、合一確定に必要な限度で、第一審判決のうちZに関する部分をZに不利益に変更することができる。 予R3-44-5
➡ 最判平22.3.16
③ ❸　　○

278

〈CORE TRAINING〉2 控訴

CORE PLUS

16章
上訴

② 控訴概論

❶ 控訴の対象	簡易裁判所又は地方裁判所の第一審終局判決（281Ⅰ）
❷ 控訴要件	ⅰ 原裁判が不服申立てできる裁判、ⅱ 控訴の利益がある、ⅲ 不控訴合意又は控訴権の放棄がない、ⅳ 法定の期間・方式に合致して控訴が提起されている
❸ 控訴権の消滅	控訴期間の徒過、控訴権放棄の申述（284、民訴規173）
❹ 控訴期間・方式	判決言渡後から判決書等の送達後2週間の不変期間内（民訴285）に、必要的記載事項（286Ⅱ）を記載した控訴状を原裁判所に提出して行う（286Ⅰ）
❺ 控訴審の構造*¹、*²	続審主義＝第一審の訴訟資料を基礎に、控訴審で得られた資料も加えて、控訴審の口頭弁論終結時を基準時として、控訴の適否と第一審判決の当否を審査する H24-73-エ
❻ 控訴審の審理	控訴要件の欠缺が補正できない場合（290）を除き、必ず口頭弁論を開き、当事者の不服申立ての限度で弁論がなされる（296Ⅰ参照） H24-73-ウ
❼ 終局判決	ⅰ 控訴認容（305、306）の場合、控訴審も事実審であるから自判が原則 H24-73-オ ⅱ 第一審が却下判決で更に弁論の必要があるときは差し戻さなければならない（307、必要的） ⅲ 第一審が棄却判決で更に弁論の必要がある場合には差し戻すことができる（308Ⅰ、任意的）
❽ 控訴取下げ	ⅰ 取下げにより、控訴は遡及的に効力を失い（292Ⅱ・262Ⅰ）、控訴期間経過により第一審判決が確定する ⅱ 取下げは控訴審の終局判決までいつでも可能で（292Ⅰ）、取下げには常に相手方の同意は不要（292Ⅱは261Ⅱを準用していない） H23-70-5

*1 続審主義の下、控訴審において当事者は、第一審で提出しなかった攻撃防御方法を提出できる（297、156）。H24-73-エ ただし、訴訟遅延を避けるため、時機に後れた攻撃防御方法は却下される（297、157Ⅰ）。この時、時機に後れたか否かは、第一審と控訴審を通じて判断される。

*2 第一審口頭弁論終結後に提出された証拠は、訴訟記録につづられても第一審の裁判資料にならないから、弁論の更新（296Ⅱ）をしても控訴審の裁判資料にはできない。 H25-64-エ

③ 不利益変更禁止の原則

❶ 内 容	控訴又は附帯控訴によってされた不服申立ての限度内においてのみ、第一審判決の取消し及び変更をすることができる原則（304）
❷ 趣 旨	上訴は上訴人の不服申立ての範囲で審判され（296Ⅰ、304、313、320、331）、上訴人が上訴審で自己の主張した不服の範囲を超えて不利益な判決を受けることはないという処分権主義（246参照）の現れ
❸ 判断基準と適用範囲	○不服対象である原裁判中の既判力の生ずべき判断と、上訴審の裁判中の既判力を生ずべき判断とを比較して決する ○当事者主義の妥当しない領域（訴訟費用の裁判、仮執行宣言の変更、職権調査事項、境界確定訴訟、離婚訴訟での財産分与の申立て）においては適用されない H22-73-3 ○必要的共同訴訟では、合一確定に必要な範囲で不服申立てがされていない部分も変更できる 予R3-44-5
❹ 判 例	主位的請求を棄却し予備的請求を認容した第一審判決に対し、第一審被告のみが控訴し、第一審原告が控訴も附帯控訴もしない場合には、主位的請求に対する第一審の判断の当否は、控訴審の審判の対象とはならない（最判昭58.3.22百選111事件）

279

〈CORE TRAINING〉3　上告／4　抗告・特別上訴

CORE TRAINING

03　上告

□□□　最高裁判所への上告は、判決に憲法解釈の誤りがあることその他憲法の違反がある場合のほか、判決に影響を及ぼすことが明らかな法令の違反がある場合に限り許される。 H22-74-イ

➡ 312 I 、Ⅲ
④❸
　✕

□□□　判決の理由に食違いがあることは、絶対的上告理由に当たる。 H22-67-4

➡ 312Ⅱ⑥　④❷
　○

□□□　最高裁判所に上告がされた場合において、上告人が主張している事由が上告理由に該当しないことが明らかなとき、最高裁判所は、決定で、当該上告を棄却することができる。 H22-74-ア

➡ 317Ⅱ　⑤❹
　○

□□□　請求を全部認容する旨の控訴審の判決に対して上告がされた場合、被上告人は、請求を拡張するため、附帯上告をすることができる。 H22-74-ウ

➡ ⑤＊2
　✕

□□□　上告裁判所は、職権調査事項を除いて、原判決において適法に確定された事実に拘束される。 H22-74-エ

➡ 321 I 、322
⑤❸
　○

□□□　高等裁判所が上告審としてした終局判決に対しては、憲法違反を理由として最高裁判所に対して更に不服を申し立てることができる。 H22-74-オ

➡ 最高裁が憲法判断の終審裁判所である（憲81）から、高裁が上告審に当たる場合でも、憲法違反を理由に最高裁に特別上告できる（327 I ）
　○

04　抗告・特別上訴

□□□　適法に即時抗告がされた場合、原裁判をした裁判所又は裁判長は、抗告を理由があると認めるときは、その裁判を更正しなければならない。 予H28-34-オ

➡ 再度の考案(333)
　○

280

〈CORE TRAINING〉3 上告／4 抗告・特別上訴

4 上告理由

上告審は、法律審であり事実認定の誤りは争えないため、上告の利益とともに一定の上告理由が存在して初めて上告が可能で、上告理由を欠けば不適法却下される。

❶	憲法解釈の誤りがあることその他憲法の違反 (312 I)	高裁上告、最高裁上告ともに認められる
❷	絶対的上告理由 (312 II)	高裁上告、最高裁上告ともに認められ、判決への影響の有無を問わず、常に原判決を破棄する →判決裁判所の構成に誤りがあったこと (①②)、一部管轄違反 (②の 2、③)、代理人に必要な代理権の欠缺 (④)、口頭弁論の公開違反 (⑤)、判決に理由を付せず又は理由に食違い (⑥) H22-67-4
❸	判決に影響を及ぼすことが明らかな法令違反 (312 III)	高裁上告の場合のみ認められる H22-74-イ
❹	結果的に上告理由となる場合 (325 II)	審理の結果として「判決に影響を及ぼすことが明らかな法令の違反」があることが分かった場合
❺	上告受理申立て (裁量上告、318)	原判決に最高裁判例に反する判断がある事件、法令解釈に関して重要事項を含む事件については「上告受理申立て」に基づき、決定で事件を受理できる

5 上告審の手続

❶	上告の提起	原判決送達後 2 週間以内に、原裁判所に上告状を提出 (314 I、313・285本文)[*1]
❷	上告受理申立て	申立書を原裁判所に提出 (318 V・314 I) し、最高裁で受理決定すると上告があったものとみなされる (318 IV)
❸	上告の審理	○原則、控訴審手続の規定を準用 (313) ○職権調査事項を除き、上告理由書における不服申立ての限度で原判決の当否を審理し、判決する (320、322) H22-74-エ ○上告審は法律審なので、原審までに確定した事実に基づき裁判する (321)[*2] ○必ずしも口頭弁論を開いて審理する必要はないが、認容する場合には口頭弁論が必要となる (319参照)
❹	上告審の終了	○上告が不適法→上告却下決定 (317 I) ○主張が明らかに上告理由に該当しない→上告棄却決定 (317 II) H22-74-ア ○上告理由が認められない→上告棄却判決 (319参照) ○上告理由が認められる→原判決破棄判決 (325、326)

[*1] 令和 4 年法律第48号により、285条本文の「判決書」「調書」は「電子判決書」「電子調書」となる。なお、この法律は、公布日より 4 年以内に施行される。

[*2] 請求の拡張は訴えの変更に当たると解されるところ、法律審である上告審において訴えの変更は認められていないから (143 I 本文参照)、控訴審の全部認容判決に対する上告で請求拡張のための附帯上告をすることはできない。H22-74-ウ

〈CORE TRAINING〉再審

[第17章（再審）には、登載基準を満たすフル問題がありません。]

CORE TRAINING

□□□　XのYに対する請求を棄却するとの判決の正本がXに送達されたが、Xは、当該判決には判断の遺脱があることを認識しながら控訴をしなかった。この場合に、Xは、その後確定した当該判決に対して再審の訴えを提起し、当該判断の遺脱を再審事由として主張することはできない。予R3-45-5

➡ 最判昭41.12.22
1 ＊　〇

□□□　法律により判決に関与することができない裁判官が判決に関与した場合には、当事者が上告によりその事由を主張したときであっても、再審の訴えを提起することができる。H26-75-1

➡ 338 I 柱書ただし書　1❷　✕

□□□　株式会社Yの株主ZがYを被告として提起した新株発行無効の訴えにおいて、YがZの請求を実質的に争わず不誠実な訴訟追行をした結果、Zの請求を認容した判決が確定した場合に、新株発行に係る株式の株主であるXは、Y及びZを被告として株主たる地位の確認請求を定立して独立当事者参加の申出をするとともに再審の訴えを提起すれば、当該再審の訴えの原告適格が認められる。予R3-45-2

➡ 最決平25.11.21
（百選118事件）
2❶ii　〇

□□□　XのYに対する土地の所有権確認請求訴訟につき、Xの請求を棄却するとの判決が確定した。その後、Xが死亡し、Xの唯一の相続人であるZがYを被告として、この確定判決に対する再審の訴えを提起した場合に、この訴えに係るZの原告適格は認められない。予R3-45-4

➡ 最判昭46.6.3
（百選117事件）
2❶iii　✕

□□□　確定判決が前に確定した判決と抵触することを再審事由とする場合には、再審期間の制限はない。H26-75-2

➡ 338 I ⑩、342 III
2❸i　〇

□□□　Xは、XのYに対する請求を棄却する判決の確定から3か月後、この判決の証拠となった証人Aの証言が虚偽であることを知り、その1年後に、Aの偽証につき有罪判決が確定したことを知った。この場合において、Aの偽証を理由とする上記棄却判決に対するXの再審の訴えは、XがAに対する有罪判決の確定を知った日から30日の不変期間内に提起しなければならない。予R3-45-3

➡ 342 I　2❸ii　〇

□□□　Xが甲地方裁判所においてYに対して提起した訴えについて請求を棄却するとの判決がされ、控訴がされず、この判決は確定した。この確定した判決に対してXが再審の訴えを提起する場合には、管轄裁判所は、その管轄区域内に甲地方裁判所が所在する高等裁判所である。予R3-45-1

➡ 340 I　2❹　✕

282

〈CORE TRAINING〉再審

1 再審事由

❶ 再審事由 (338 I)*	裁判所の構成に違法がある（①②）、当事者が適法に代理されておらず手続保障に欠缺がある（③）、判決の基礎資料に犯罪と関係する重大な欠陥がある（④から⑦まで、Ⅱ）、判決の基礎の変更（⑧）、重要な事実についての判断遺脱（⑨）、既判力の抵触（⑩）
❷ 補充性	再審事由があっても、当事者が判決確定前に上訴によって当該事由を主張したが棄却されている場合、あるいは知りながら上訴で主張しなかった場合には、当該事由に基づく再審の訴え提起不可（338 I 柱書ただし書）H26-75-1

* 「これを知りながら主張しなかったとき」（338 I 柱書ただし書後段）とは、再審事由のあることを知ったにもかかわらず、上訴を提起しながら上訴審においてこれを主張しない場合のみならず、上訴を提起しないで判決を確定させた場合も含む。
  →判断遺脱のような再審事由については、特別の事情のない限り、終局判決の正本送達により、当事者はこれを知ったものと解すべき（最判昭41.12.22）。予R3-45-5

2 再審の訴えの要件

❶ 再審原告	確定判決の既判力を受け、これに対し不服の利益を有する者。通常は前訴で全部又は一部敗訴した当事者 ⅰ 補助参加による再審申立て（45 I 本文） ⅱ 新株発行の無効の訴えに係る請求を認容する確定判決の効力を受ける第三者→上記確定判決に係る訴訟について独立当事者参加の申出をすることで再審原告となり得る（最決平25.11.21百選118事件）予R3-45-2 ⅲ 承継人（115）→一般承継人・特定承継人を問わず再審原告となり得る（最判昭46.6.3百選117事件）予R3-45-4 ∵再審の訴えは、判決確定後その判決の効力を是認することができない欠缺がある場合に具体的正義のため法的安定を犠牲にしても取消を許容しようとする非常手段であるから、判決の既判力を受ける者に対しその不利益を免れさせる必要がある
❷ 再審被告	再審原告との間で確定判決の効力を受け、その取消しによって不利益を受ける者。通常は勝訴当事者
❸ 再審期間	ⅰ 代理権の欠缺（338 I ③）、確定判決の抵触（338 I ⑩）を理由とする再審期間の制限はない（342 Ⅲ）H26-75-2 ⅱ その他は判決確定後、再審事由のあることを知った日から30日の不変期間内で（342 I）、かつ確定から5年の除斥期間内（342 Ⅱ）という制約に服する 予R3-45-3
❹ 管轄	不服申立てに係る判決をした裁判所の専属管轄（340 I）予R3-45-1

〈CORE TRAINING〉再審

CORE TRAINING

□□□ 再審の訴えを提起した当事者は、不服の理由を変更することができる。H26-75-3 ➡ 344 ○

□□□ 裁判所は、再審の訴えが不適法である場合には、判決で、これを却下し、再審の事由がない場合には、判決で、再審の請求を棄却しなければならない。H26-75-4 ➡ 345Ⅰ、Ⅱ ③❶、❷ ✕

□□□ 裁判所は、再審の本案の審理及び裁判をする場合において、判決を正当とするときは、再審の請求を棄却しなければならない。H26-75-5 ➡ 348Ⅱ、Ⅰ ③❸ ○

CORE PLUS

③ 審理の手続

❶ 適法要件の審理	再審の訴えの訴訟要件を調査し、不適法である場合には決定でこれを却下する（345Ⅰ）H26-75-4
❷ 再審事由の審理	○再審事由がない場合には決定で再審請求を棄却し（345Ⅱ）、確定すると同一事由を理由に更に再審の訴えを提起することはできなくなる（345Ⅲ）H26-75-4 ○再審事由があると認められる場合には、裁判所は再審開始決定をし（346Ⅰ）、手続保障のために相手方の審尋をする（346Ⅱ）
❸ 本案の審理	再審開始決定により、不服申立ての限度で本案の審理を行い（348Ⅰ）、原判決が不当なら原判決を取り消しこれに代わる本案判決をし（348Ⅲ）、正当なら再審請求を棄却する（348Ⅱ）H26-75-5

284

第1節　特別手続

No.
072

異　議

H20-73

☐　月　日
☐　月　日
☐　月　日

　民事訴訟法における異議に関する次の1から5までの各記述のうち、誤っているものを2個選びなさい。

☐☐☐　1．裁判長の釈明権の行使に対して不服がある当事者は、受訴裁判所に対して異議を申し立てることができる。

☐☐☐　2．裁判所書記官の処分に対する異議の申立てについては、その裁判所書記官の所属する裁判所が裁判をする。

☐☐☐　3．少額訴訟の終局判決に対して不服がある当事者は、異議を申し立てることも控訴をすることもできる。

☐☐☐　4．手形訴訟の認容判決に対して不服のある当事者は、異議を申し立てることができ、その場合、事件は控訴審に係属することになる。

☐☐☐　5．支払督促に対して適法な督促異議の申立てがあったときは、第一審裁判所に訴えの提起があったものとみなされる。

18章

特別手続

285

第7編　不服申立手続と略式手続

| No. 072 | 正解 3、4 | 異議に関する条文について、この機会に整理しよう。 | 正答率 86.3% |

1　正しい。

　当事者が、149条1項の定める裁判長の釈明権の行使に対し異議を述べたときは、裁判所は、決定でその異議について裁判をする（150条）。これは、釈明権行使（149条1項、2項）をする裁判官に対して、合議体による監督を及ぼす必要があることから、その監督の手続を定めたものである。したがって、当事者は裁判長の釈明権の行使に対して異議を述べることができる。

2　正しい。

　裁判所書記官の処分に対する異議の申立てについては、その裁判所書記官の所属する裁判所が、決定で、裁判をする（121条）。これは、裁判所書記官の処分に対する訴訟法上の不服申立てを認め、その手続を規定したものである。

3　誤り。

　少額訴訟の終局判決に対しては、判決書又はそれに代わる調書の送達を受けた日から2週間の不変期間内であれば、その判決をした裁判所に異議を申し立てることができるが（378条1項本文）、控訴をすることはできない（377条）。

＊　令和4年法律第48号により、判決書及び調書は電磁的記録として作成されることとなり、名称も電子判決書及び電子調書に変更される。なお、この法律は公布日より4年以内に施行される。

4　誤り。

　手形訴訟の終局判決に対しては、訴えを却下した判決を除き、判決書又は254条2項の調書の送達を受けた日から2週間の不変期間内に、その判決をした裁判所に異議を申し立てることができる（357条本文）。そして、適法な異議があったときは、訴訟は、口頭弁論の終結前の程度に復し、この場合においては、通常の手続によりその審理及び裁判が行われる（361条）。すなわち、手形判決に対し異議が申し立てられた場合には、同一審級で通常の訴訟手続により審判がやり直されるのであって、事件が控訴審に係属するわけではない。

＊　令和4年法律第48号により、判決書及び調書は電磁的記録として作成されることとなり、名称も電子判決書及び電子調書に変更される。なお、この法律は公布日より4年以内に施行される。

5　正しい。

　適法な督促異議の申立てがあったときは、督促異議に係る請求については、その目的の価額に従い、支払督促の申立ての時に、支払督促を発した裁判所書記官の所属する簡易裁判所又はその所在地を管轄する地方裁判所に訴えの提起があったものとみなされる（395条前段）。これは、支払督促に対し適法に督促異議の申立てがあった場合は、督促異議がなされた範囲で、督促手続を当然に通常訴訟に移行させる趣旨である。

文献　試験対策講座302～304、534～543頁

286

〈CORE TRAINING〉1　手形・小切手訴訟

CORE TRAINING

01　手形・小切手訴訟

□□□　支払督促は、債務者を審尋しないで発する。 予H28-44-4　　➡ 386 I　　〇

□□□　手形による金銭の支払の請求は、手形訴訟によらなければならない。 予H28-44-1　　➡ 350 I　1 ❶　×

□□□　手形訴訟においては、原告は、口頭弁論の終結に至るまで、被告の承諾を要しないで、訴訟を通常の手続に移行させる旨の申述をすることができる。 予H28-44-2　　➡ 353 I　1 ❺　〇

CORE PLUS

1　手形・小切手訴訟の特色

❶ 対　象	手形による金銭支払請求・附帯法定利率による損害賠償請求を目的とする訴訟（350 I） →利用は原告の任意的な判断による 予H28-44-1
❷ 訴訟手続を利用する 意思表明の時期	利用する場合、原告が訴状に手形訴訟を利用する旨記載（350 II）
❸ 審　理	原則として、最初の期日で弁論終結（民訴規214）
❹ 証拠調べ	○原則として、書証に限定（352 I）＊1 ○文書提出命令、文書送付嘱託は不可（352 II） ○文書の成立の真否・手形の呈示に関する事実については当事者尋問が可能（352 III）＊2
❺ 通常手続への移行 予H28-44-2	○原告の申述により通常手続へ移行（353 I、II） ○被告の承諾は不要（353 I）

＊1　令和4年法律第48号により、書証に加えて、電磁的記録に記録された情報の内容に係る証拠調べが認められた。なお、この法律は公布日より4年以内に施行される。

＊2　令和4年法律第48号により、電磁的記録の成立の真否に関する事実についての当事者尋問が認められた。なお、この法律は公布日より4年以内に施行される。

18章　特別手続

287

〈CORE TRAINING〉2　簡易裁判所の訴訟手続

CORE TRAINING

02　簡易裁判所の訴訟手続

□□□　簡易裁判所の訴訟手続について、訴えは、口頭で提起することができる。予H24-45-1　　➡ 271　②❼ ii　○

□□□　簡易裁判所に訴状を提出して訴えを提起する場合には、紛争の要点を明らかにすることで請求の原因に代えることはできない。予R3-43-ア、予H24-45-2　　➡ 272　②❽ ii　✕

□□□　簡易裁判所の訴訟手続においては、反訴を提起することができない。予H24-45-3　　➡ 274 I　②❷ ii　✕

□□□　簡易裁判所の訴訟手続においては、原告又は被告が口頭弁論の続行の期日に出頭しない場合であっても、裁判所は、その者が提出した準備書面に記載した事項を陳述したものとみなし、出頭した相手方に弁論をさせることができる。予R3-43-イ、予H24-45-4　　➡ 277・158　②❻ ii　○

□□□　簡易裁判所の訴訟手続において、証拠調べは、即時に取り調べることができる証拠に限ってすることができる。予H24-45-5　　➡ 簡易裁判所の証拠調べについて特別の規定は設けられていない　✕

□□□　当事者双方の申出があり、簡易裁判所が相当と認めるときは、口頭弁論の期日を公開せずに行うことができる。予R3-43-ウ　　➡ 簡易裁判所も司法権を行使する裁判所であるから、対審は公開法廷で行われるのが原則（憲82 I、II）②❾ ii　✕

□□□　被告が反訴で地方裁判所の管轄に属する請求をした場合には、簡易裁判所は、職権により、決定で、本訴及び反訴を地方裁判所に移送しなければならない。予R3-43-エ　　➡ 274 I 前段　②❷ ii　✕

□□□　簡易裁判所においては、その許可を得て、弁護士でも司法書士でもない者を訴訟代理人とすることができる。予R3-43-オ　　➡ 54 I ただし書　②❹ ii　○

288

〈CORE TRAINING〉2 簡易裁判所の訴訟手続

CORE PLUS

2 地方裁判所と簡易裁判所の手続の区別

	ⅰ 地方裁判所	ⅱ 簡易裁判所
❶ 裁判権	○裁33Ⅰ①の請求以外の請求に係る訴訟 ○裁33Ⅰ①の請求に係る訴訟のうち不動産に関する訴訟（裁24①）	訴訟の目的の価額が140万円を超えない請求（裁33Ⅰ①）
❷ 反 訴	可能（146）	○可能（274Ⅰ）予H24-45-3 ○なお、274Ⅰ前段 予R3-43-エ
❸ 控 訴	高等裁判所（裁16①）	地方裁判所（裁24③）
❹ 訴訟代理人	法令による訴訟代理人、弁護士（民訴54Ⅰ本文）	簡易裁判所の許可を得て弁護士でない者を訴訟代理人とすることができる（民訴54Ⅰただし書）予R3-43-オ
❺ 口頭弁論	書面で準備する必要（161Ⅰ）	○原則書面での準備は不要（276Ⅰ） ○例外として276Ⅱ
❻ 陳述擬制	原告又は被告が最初にすべき期日に出頭せず、又は出頭したが本案の弁論をしないとき（158）	原告又は被告が口頭弁論の続行期日に出頭せず、又は出頭したが本案の弁論をしないとき（277・158）予R3-43-イ、予H24-45-4
❼ 訴えの提起等	訴状を裁判所に提出（134Ⅰ）し、裁判長が口頭弁論期日を指定し、当事者を呼び出す（139）	○訴えは口頭でなし得る（271、273）予H24-45-1 ○当事者双方が任意に出頭すれば、直ちに口頭弁論の開始を求めることができる（273）
❽ 訴状の記載事項	当事者・法定代理人、請求の趣旨・原因（134Ⅱ）	紛争の要点を明らかにすれば足りる（272）予R3-43-ア、予H24-45-2
❾ 裁判の公開	原則公開（憲82Ⅰ、Ⅱ）	原則公開（憲82Ⅰ、Ⅱ）予R3-43-ウ

18章

特別手続

289

〈CORE TRAINING〉3　少額訴訟手続

CORE TRAINING

03　少額訴訟手続

□□□　簡易裁判所において、訴訟の目的の価額が60万円以下の金銭の支払の請求を目的とする訴えは、簡易裁判所における少額訴訟によらなければならない。予H28-44-3 ➡ 368 I 本文 ③❶ i ✕

□□□　同一の簡易裁判所において同一の年に少額訴訟による審理及び裁判を求めることができる回数については、制限はない。H24-74-ア ➡ 368 I ただし書、民訴規223 ③❶ ii ✕

□□□　少額訴訟においては、反訴を提起することができない。H24-74-イ ➡ 369 ③❷ ◯

□□□　少額訴訟においては、証拠調べは、即時に取り調べることができる証拠に限ってすることができる。H24-74-ウ ➡ 371 ③❹ ◯

□□□　少額訴訟において、被告は、最初にすべき口頭弁論の期日において弁論をした後であっても、訴訟を通常の手続に移行させる旨の申述をすることができる。H24-74-エ ➡ 373 I ③❺ ✕

CORE PLUS

③ 少額訴訟の特色

❶ 対　象	i　金銭支払請求でかつ訴訟の目的額が60万円以下の訴訟（任意的、368 I 本文）予H28-44-3
	ii　同一簡裁で年に10回を超えて少額訴訟を利用することはできない（368 I ただし書、民訴規223）H24-74-ア
❷ 訴訟手続を利用する意思表明の時期	○訴えの提起の際に少額訴訟を利用する旨を申述（368 II）
	○なお、反訴を提起することはできない（369）H24-74-イ
❸ 審　理	原則として最初にすべき口頭弁論の期日で終結（370 I）
❹ 証拠調べ	○即時に取り調べることができる証拠に限定（371）H24-74-ウ
	○即時にできれば証人尋問も可能で、宣誓させないで尋問することができる（372 I）
❺ 通常手続への移行	被告の申述により通常手続に移行するが、最初にすべき口頭弁論期日において弁論をし、又はその期日が終了した後は申述できない（373 I）H24-74-エ

290

第**8**編

総合問題

No. 073	論	訴訟要件		☐ 月 日
			予R1-36	☐ 月 日
				☐ 月 日

訴訟要件に関する次の1から5までの各記述のうち、正しいものを2個選びなさい。

☐☐☐ 1．第一審裁判所は、法律の定めにより他の裁判所が専属的な土地管轄を有する訴えが提起された場合には、判決でその訴えを不適法なものとして却下しなければならない。

☐☐☐ 2．第一審裁判所は、訴えが不適法であると認める場合には、口頭弁論を経ずに判決で訴えを却下しなければならない。

☐☐☐ 3．第一審裁判所の裁判長は、訴えの適法性を判断するための事実上及び法律上の事項について、当事者に対して釈明権を行使することができない。

☐☐☐ 4．第一審裁判所は、当事者間で争いになった訴訟要件の存在について中間判決をすることができる。

☐☐☐ 5．第一審裁判所は、訴えの取下げが効力を生じた後においては、その訴えが不適法であると認める場合であっても、訴えを却下する判決をすることができない。

総合問題

293

第8編　総合問題

| No. 073 | 正解 4、5 | 訴訟要件に関する知識が幅広く問われている。この機会に知識を整理して、条文をチェックしよう。 | 正答率 65.8% |

1　誤り。

　訴訟要件に不備がある場合、訴えを却下するのが原則である。もっとも、訴訟要件の欠缺の一場面である管轄権の不存在の場合に訴えを却下し、当事者が新たに管轄裁判所に訴えを提起したのでは時効の完成猶予や出訴期間厳守の利益を失うおそれがある。そこで、裁判所は、管轄違いの訴えは却下せず、申立てにより又は職権で、これを管轄裁判所に移送する（16条1項）。このように移送することで、訴訟は最初の訴えの提起の時点から管轄裁判所に係属したものとみなされ（22条3項）、時効の完成猶予や出訴期間厳守の利益は失われないですむことになる。

2　誤り。

　訴えが不適法でその不備を補正することができないときは、裁判所は、口頭弁論を経ないで、判決で、訴えを却下することができる（140条）。もっとも、本記述は、「その不備を補正することができないとき」という要件を欠く。また、裁判所は訴えを「却下することができる」のであり、**却下しなければならないのではない。**

3　誤り。

　裁判長は、口頭弁論の期日又は期日外において、**訴訟関係を明瞭にするため、事実上及び法律上の事項**に関し、当事者に対して**問いを発し、又は立証を促す**ことができる（149条1項、**釈明権**）。したがって、第一審裁判所の裁判長は、訴えの適法性を判断するための事実上及び法律上の事項について、当事者に対して釈明権を行使することができる。

4　正しい。

　裁判所は、独立した攻撃又は防御の方法その他中間の争いについて、裁判をするのに熟したときは、中間判決をすることができる（245条前段）。ここでいう中間の争いとは、訴訟手続上の事項の争いのうち必要的口頭弁論に基づき判断するものをいい、訴訟要件の存否はこれに含まれる。したがって、第一審裁判所は、当事者間で争いになった訴訟要件の存在について中間判決をすることができる。もっとも、中間確認の訴えとは異なり既判力までは生じない。

5　正しい。

　訴えの取下げが効力を生じると、**訴訟係属は遡及的に消滅**する（262条1項）。したがって、裁判所の**証拠調べや裁判も当然に失効**し、裁判所がその訴えが不適法であると認める場合であっても、**訴えを却下する判決**をすることができない。

文献　試験対策講座212、302～304、365頁

No. 074	訴訟法上の義務	□ 月 日
	予R1-39	□ 月 日 □ 月 日

訴訟上の義務に関する次の1から5までの各記述のうち、誤っているものはどれか。

- 1．当事者は、訴訟において引用した文書を自ら所持する場合に、その文書につき文書提出命令の申立てがされたときは、その文書を提出しなければならない。
- 2．鑑定に必要な学識経験を有し、鑑定人となることができる者は、受訴裁判所により鑑定人に指定された場合には、鑑定をしなければならない。
- 3．裁判所は、事件を弁論準備手続に付する裁判をした場合において、当事者の一方がその取消しを申し立てたときは、当該裁判を取り消さなければならない。
- 4．被告は、訴訟が係属した場合には、送達を受けるべき場所を受訴裁判所に届け出なければならない。
- 5．単独の裁判官が代わった場合において、その前に尋問をした証人について、当事者が更に尋問の申出をしたときは、裁判所は、その尋問をしなければならない。

総合問題

第8編　総合問題

| No.074 | 正解 3 | 訴訟法上の義務に関する条文知識を確認しよう。 | 正答率 68.3% |

1　正しい。

　当事者が訴訟において**引用した文書**を自ら所持するときは、文書の所持者は、その**提出を拒むことができない**（220条1号）。争点整理のために当事者が十分な訴訟準備を行い、また争点についての審理の充実を図るためには、当事者が自ら所持する証拠だけではなく、相手方当事者が有する証拠の利用も可能にすべきである。また、証拠の構造的偏在が生じている場合には、当事者の地位の実質的平等を図る必要もある。そこで、訴訟に協力する国民の義務として、文書提出義務が定められている。

2　正しい。

　鑑定に必要な学識経験を有する者は、鑑定をする義務を負う（212条1項）。

3　誤り。

　裁判所は、相当と認めるときは、申立てにより又は職権で、弁論準備手続に付する裁判を取り消すことができる。ただし、当事者双方の申立てがあるときは、これを取り消さなければならない（172条）。したがって、当事者の一方が取消しを申し立てたにすぎない場合は、当該裁判を取り消さなければならないわけではない。

4　正しい。

　当事者は、送達を受けるべき場所を受訴裁判所に届け出なければならない（104条1項前段）。

＊　令和4年法律第48号により、電磁的記録の送達の制度が創設されたことに伴い、104条1項の「送達」は、「書類の送達」に文言が変更されている。なお、この法律は公布日より4年以内に施行される。

5　正しい。

　単独の裁判官が代わった場合又は合議体の裁判官の過半数が代わった場合において、その前に尋問をした証人について、当事者が更に尋問の申出をしたときは、**裁判所は、その尋問をしなければならない**（249条3項）。**証人尋問**については、証人の供述の把握、殊に証言の信憑性の判断に当たって、**証人の供述態度が裁判官の心証形成を大きく左右するからである。**

文献　試験対策講座168、246、252、345、348頁

296

No.	裁判に対する不服申立て	☐ 月 日
075	予H27-45	☐ 月 日 ☐ 月 日

　裁判に対する不服申立てに関する次の1から5までの各記述のうち、誤っているものを2個選びなさい。

☐☐☐　1．忌避の申立てを認容する決定に対しては、不服を申し立てることができない。

☐☐☐　2．移送の申立てを却下する決定に対しては、不服を申し立てることができる。

☐☐☐　3．文書提出義務がないことを理由として文書提出命令の申立てを却下する決定に対しては、不服を申し立てることができない。

☐☐☐　4．補助参加の申出を認める決定に対しては、不服を申し立てることができない。

☐☐☐　5．訴訟費用の負担の裁判に対しては、独立して不服を申し立てることができない。

総合問題

297

第8編　総合問題

| No. 075 | 正解 3、4 | 不服申立てについての総合問題である。しっかり条文を確認しておこう。 | 正答率 67.1% |

1　正しい。

　忌避を理由があるとする決定に対しては、不服を申し立てることができない（25条4項）。これは、忌避を申し立てた当事者は、申立てが認められた以上、不服申立ての必要がなく、相手方当事者は、利害関係人に当たらないことから不服申立てをすることができないことに加え、対象裁判官は、他の裁判機関によって忌避の原因があると判断された以上、公平な裁判を維持するためにその判断に従うことが望ましいという理由に基づく規定である。

2　正しい。

　移送の申立てを却下した決定に対しては、即時抗告をすることができる（21条）。これは、いずれの裁判所で審判を受けるかは当事者にとって重大な関心事であり、特に一方当事者が経済上の優位を利用して合意管轄を定めたような場合には、移送の申立てを却下した決定に対する即時抗告を認めないと、当事者の利益の救済が十分でないからである。

3　誤り。

　文書提出命令の申立てについての決定に対しては、即時抗告をすることができる（223条7項）。これは、証拠申出の採否の決定には独立の不服申立てが認められないのが原則であるが（328条1項参照）、文書提出命令の申立てについての決定は、単なる証拠申出の採否の決定とは異なり、文書の所持者に文書提出義務という特別の義務を課すものであるから、独立の不服申立てを認めて迅速な解決を可能にすることで、文書の所持者及び申立人を保護するものである。

4　誤り。

　補助参加の許否についての決定（44条1項）に対しては、即時抗告をすることができる（同条3項）。

5　正しい。

　訴訟費用の負担の裁判に対しては、独立して控訴をすることができない（282条）。これは、訴訟費用の負担の裁判は、本案の請求の当否についての判断をしなければこれをすることができないものであるところ、仮に、訴訟費用の負担の裁判のみに対する不服申立てを許すとすれば、その当否を審判するためだけに、不服のない本案の請求の当否までも改めて判断することを要することとなり、裁判所の負担があまりに重くなるからである。

文献　試験対策講座117、120、353、469、515頁

MEMO

登載フル問題一覧

　この一覧表は、復習用に用意しました。司法試験及び予備試験において出題された全問題のうち、本書のフル問題としての基準を満たすものを一覧としました。

　これにより、年度別に学習する際には、絶対に正解すべき問題が明確になるため、より戦略的な時間配分が可能になります。また、目次と併せて利用することで、複数回出題された問題を更に可視化でき、出題可能性が高い問題を見落とすことのない学習が可能です。

【司法試験】

年度	問題	タイトル	本書 No.	正答率
平成18年	56	訴訟外の合意	Y	—
	62	明示的一部請求	Y	—
	63	控訴審	Y	—
	64	訴訟上の和解	Y	—
	67	訴訟行為	Y	—
	70	消滅時効	Y	—
平成19年	54	非訟事件	Y	87.1%
	55	合意管轄	5	93.6%
	58	相殺	54	83.1%
	59	複数請求訴訟	Y	82.4%
	68	判決の効力	Y	92.4%
平成20年	55	訴訟物	Y	91.8%
	57	遺言執行者の訴訟上の地位	Y	88.3%
	58	送達	14	86.1%
	63	攻撃防御方法	Y	85.6%
	66	主張立証責任	Y	87.1%
	73	異議	72	86.3%
平成21年	60	訴えの利益	18	87.1%
	61	申立事項と判決事項	Y	82.3%
	66	推定等の効果	Y	91.1%
	67	訴訟上の和解	Y	82.7%
	73	控訴審	Y	88.3%
	74	要件事実	Y	75.4%
平成22年	59	訴状を却下する命令	Y	87.6%
	62	裁判上の自白	Y	83.9%
	65	訴えの取下げ	47	91.2%
	70	選定当事者	21	90.4%
	71	独立当事者参加	64	96.0%
	72	訴訟の承継	Y	96.0%
平成23年	57	必要的共同訴訟	61	82.5%
	59	補助参加訴訟	62	84.5%
	65	証拠調べ	42	85.2%
	68	文書提出命令	46	82.1%
	72	控訴の利益	67	84.4%
	74	不法行為に基づく損害賠償請求訴訟	37	83.7%

平成24年	61	口頭弁論	31	87.0%
	62	弁論準備手続	28	80.6%
	66	文書提出命令	40	88.2%
	68	否認と抗弁の区別	3	72.8%
	70	判決の確定	51	84.6%
	71	判決の効力	12	83.0%
平成25年	58	訴訟承継	66	84.3%
	60	訴訟代理人	9	87.6%
	63	抗弁	1	83.3%
	65	準備書面	25	83.7%
	69	処分権主義と一部認容判決	17	87.7%
	70	確定判決の既判力	53	94.8%
	72	訴訟上の和解	49	89.9%
	73	控訴	68	87.0%
	74	上告審	71	83.4%
平成26年	57	当事者	59	83.4%
	58	選定当事者	22	89.3%
	60	請求の併合	56	81.3%
	66	弁論準備手続	29	92.5%
	72	訴えの取下げ	48	93.2%
	73	当事者が訴訟外でした合意	33	93.6%

Ｙ：直近12年以前の問題につき、登載見送り

―：平成19年以降と異なる統計基準につき、数値未記入

【予備試験】

年度	問題	タイトル	本書No.	正答率
平成24年	38	証拠	38	82.2%
	39	文書提出命令	40*	88.2%
平成25年	35	訴訟代理人	9*	87.6%
平成26年	33	訴えの利益	19	76.4%
平成27年	32	訴訟能力、法定代理人及び法人の代表者	8	69.4%
	37	賃貸人及び転借人に対する建物明渡請求訴訟	57	66.0%
	39	裁判上の自白	35	66.0%
	40	争点及び証拠の整理手続	26	75.7%
	45	裁判に対する不服申立て	75	67.1%
平成28年	32	訴訟代理人	10	65.5%
	33	責問権	32	72.0%
	36	確定判決の既判力	52	80.9%
	39	釈明	34	78.0%
	40	証拠	36	79.0%
	45	上訴	70	68.7%
平成29年	32	共同訴訟	58	72.5%
	37	争点及び証拠の整理手続	27	67.5%
	39	証拠調べ手続	41	67.2%
	40	判決	50	73.8%
	42	承継人の範囲	55	59.5%
平成30年	32	当事者	6	69.6%
	33	固有必要的共同訴訟の成否	60	64.9%
	38	抗弁	2	65.3%
令和元年	31	管轄	4	79.7%
	33	独立当事者参加	65	65.9%
	34	訴訟上の和解	CT	81.1%
	36	訴訟要件	73	65.8%
	37	当事者が第一審の期日に欠席した場合	CT	74.5%
	38	弁論準備手続	30	69.3%
	39	訴訟法上の義務	74	68.3%
	40	電話会議又はテレビ会議による手続	45	66.1%
	41	証拠調べ	39	68.3%
	42	処分権主義	15	70.5%
	44	控訴審	69	65.4%
令和2年	32	共同訴訟	CT	77.8%
	33	訴訟引受け	CT	66.7%
	36	送達	CT	69.0%
令和3年	33	補助参加訴訟	63	72.7%
	34	訴訟代理人	11	77.4%
	41	証拠保全	44	79.5%
令和4年	31	法人でない社団の当事者性	7	73.1%
	34	確認の利益	20	74.0%
	35	境界確定の訴え	13	71.8%
	39	民事訴訟法上の証拠及び情報の収集の制度	24	73.3%
	40	証人尋問	43	73.7%
	41	直接主義に関わる手続	23	74.8%
	42	申立て事項と判決事項	16	68.1%

CT： **CORE TRAINING** として収録

＊：司法試験と同一の問題

伊藤 真（いとう・まこと）

[略　歴]
1958年　東京生まれ。　1981年　司法試験に合格後、司法試験等の受験指導に携わる。
1982年　東京大学法学部卒業後、司法研修所入所。　1984年　弁護士登録。
1995年　15年間の司法試験等の受験指導のキャリアを活かし、合格後、どのような法律家になるかを視野に入れた受験指導を理念とする「伊藤真の司法試験塾」（その後、「伊藤塾」に改称）を開塾。
　　　　伊藤塾以外でも、大学での講義（慶應義塾大学大学院講師を務める）、代々木ゼミナールの教養講座講師、日経ビジネススクール講師、全国各地の司法書士会、税理士会、行政書士会、弁護士会等の研修講師も務める。
　　　　現在は、予備試験を含む司法試験や法科大学院入試のみならず、法律科目のある資格試験や公務員試験を目指す人達の受験指導をしつつ、「一人一票実現国民会議」及び「安保法制違憲訴訟」の発起人となり、弁護士として社会的問題にも取り組んでいる。
　　　　（一人一票実現国民会議 URL：https://www.2.ippyo.org/）

[主　著]
『伊藤真の法律入門シリーズ』、『明日の法律家へ』（以上、日本評論社）、『伊藤真試験対策講座シリーズ』、『伊藤真ファーストトラックシリーズ』、『伊藤真の条文シリーズ』、『伊藤真の判例シリーズ』、『試験対策問題集　短答』、『試験対策問題集　論文』、『試験対策問題集　予備論文』、『試験対策問題集　新・論文』（以上、弘文堂）、『伊藤真が選んだ短答式一問一答1000』（法学書院）など多数。

伊藤塾
〒150-0031　東京都渋谷区桜丘町17-5　☎03（3780）1717
https://www.itojuku.co.jp/

伊藤塾　合格セレクション

司法試験・予備試験　短答式過去問題集　民事訴訟法 ［第2版］

●──2021年10月15日　第1版第1刷発行
　　2023年 1 月20日　第2版第1刷発行

監修者──伊藤　真

編　者──伊藤　塾

発行所──日本評論社サービスセンター株式会社

発売所──株式会社日本評論社

　　　　　〒170-8474 東京都豊島区南大塚3-12-4
　　　　　電話03-3987-8621（販売）──8592（編集）　振替 00100-3-16
　　　　　https://www.nippyo.co.jp/

印刷所──精文堂印刷株式会社

製本所──株式会社難波製本

装　幀──銀山宏子

検印省略 © M. ITOH, Itojuku 2023

Printed in Japan
ISBN 978-4-535-52707-2

JCOPY 〈(社)出版者著作権管理機構　委託出版物〉
本書の無断複写は著作権法上での例外を除き禁じられています。複写される場合は、そのつど事前に、(社)出版者著作権管理機構（電話 03-5244-5088、FAX 03-5244-5089、e-mail：info@jcopy.or.jp）の許諾を得てください。また、本書を代行業者等の第三者に依頼してスキャニング等の行為によりデジタル化することは、個人の家庭内の利用であっても、一切認められておりません。

受験生必携の書、続々刊行中！

伊藤 真／監修・**伊藤塾**／編

司法試験 予備試験
短答式過去問題集

伊藤塾 合格セレクション

◆司法試験・予備試験の短答式試験の受験生が多く正解した問題を厳選！

◆試験合格のために必要な法解説も織り込んだ過去問題集。受験生必携の書！

憲法 2021(令和3)年収録版 [第2版] ■定価3,300円

民法 2021(令和3)年収録版 [第2版] ■定価4,950円

刑法 2021(令和3)年収録版 [第2版] ■定価3,960円

商法 2022(令和4)年収録版 [第2版] ■定価3,080円

民事訴訟法 2022(令和4)年収録版 [第2版] ■定価3,190円

刑事訴訟法 2022(令和4)年収録版 [第2版] ■定価3,080円

行政法 2022(令和4)年収録版 [第2版] ■定価2,970円

好評発売中!!

日本評論社 ※表示価格は税込
https://www.nippyo.co.jp/